受け入れ現場から考える
外国人労働問題と
介護の取り組み

NPO法人
AHPネットワークス 編

ひつじ書房

まえがき

　本書は、NPO 法人 AHP ネットワークスに集う医療・福祉関係者が、外国人看護師や介護職員受け入れに関わってきた経験を基に構成したものである。もとより研究書ではないためデータより経験知を重んじる現場からの報告が中心になっている。それぞれの報告に描かれたのは個別の経験であり、広く共有するのは難しいかもしれないが参考程度なら意外に受け入れ易いかもしれない。現場といっても法人の方針や考えがあり、それぞれに関わり方が違う。このような時、私たちは違いを間違いと捉えず、多彩なアプローチがあっていいというのが原則である、目標は一緒だから。

　私たちの特長は主にベトナムを中心にプロジェクトを行ってきたことにある。何故ベトナムかと問われても、説明に窮する。縁があって、としか言いようがない。でも縁があったからここまで長続きしたのだとは言える。こういう奇妙な説明が現場では相通じてしまうところが現場ならではの空気感であろう（AHP については巻末に紹介文掲載）。長くやっているといろんな方と繋がりが出来るもので、日本語学や社会学の研究者との関わりも深い。そのような方々にも本書に登場していただいたお陰で厚みが出来たのではないかと思う次第である（10 章、11 章）。

　最近は日々のニュースで「高齢者」や「少子化」を耳にしない日がないほど国の重要課題になっているが、高齢化が始まったのは今から半世紀前になる。1970 年に日本は高齢者人口（65 歳以上）が 516 万人になり、総人口の 7% を超えて高齢化社会に入った。この年はアジアで初の万国博覧会が大阪で開催されて 6,400 万人もの入場者が押し寄せたり、第二次ベビーブームが到来する頃でもあり社会的に高齢者が目立つことはなかった。2 年後の 1972 年には沖縄返還があり、札幌冬季オリンピック開催や日中国交回復でパンダブームが沸き上がり、カシオ計算機が世界初の電卓を発売したり、セイコーがクオーツ腕時計の量産化で世界を席巻するなど、成長を続ける日本の姿が

あった。

　一方でこの年に有吉佐和子が『恍惚の人』を発表した。認知症の舅と介護をする嫁と家族を扱った介護小説で、出版社にビルが建ったと言われたほどの大ベストセラーになった。その背景には高度経済成長の陰で都市化と核家族化が進み、親の介護が必要になったときにどう対処すればいいのか、家族介護に思い悩む人が多くいたのだった（"恍惚の人"というアイロニカルな題名も魅力的だ）。それでも1980年代までの日本の高齢化率は欧米主要国に比較して低水準で推移していた。それから20年が経ち、公的介護保険制度の運用が開始される2000年には高齢化率が17.2％に達し、2007年にはあっという間に20％を超えて超高齢社会に突入した。世界に例をみない高齢社会が出現し、そこに私たちは生きている。老々介護、介護離職、ヤングケアラー等々、介護は社会問題になった。

　高齢者介護を題材にした文学の世界では、佐江衆一の『黄落』（1995）や佐伯一麦の『還れぬ家』（2013）など重い物語から、芥川賞を受賞したモブ・ノリオの『介護入門』（2004）や羽田圭介の『スクラップ・アンド・ビルド』（2015）など、寝たきりの祖母や認知症の祖父を介護する若い私を描きながら青春文学の香りすら放つものもある。そして2021年にすばる文学賞を受賞した『ミシンと金魚』の著者永井みみは現役のケアマネージャーである。介護が当事者の書き手を獲得したのは、ちょうど『恍惚の人』から半世紀が経って高齢者介護が文学の一ジャンルになったことを示唆しているようである。また映画でも2023年の年明け早々に話題になった『茶飲み友達』は、性ビジネスを介して孤独を抱える高齢者と若者の心の空白を描いた社会派映画であり、高齢になってからの人生が長く、「何のために生きているのか」という青春のテーマが高齢になって再浮上してくることをリアルに表現している。

　『恍惚の人』から50年。健康寿命が延びて定年後に続く長い時間をどのように過ごすか。ちなみに最近の高齢者（65歳〜69歳）の就業率は男性が61.0％で女性が41.3％という調査がある（総務省統計局「労働力基本調査2023年1月分結果」）。70歳以上でもそれぞれ25.6％と12.6％と働く高齢者が多い。働く場はいろいろあるが、介護現場もその一つである。「介護労働

実態調査」(2019)によれば、45.2％の入所・通所施設で高齢者が活躍している。一方20代は10％を上回る程度で、若い人手が不足しているのが現状だ。介護ロボットの導入も進んでいるが、やはり安定した若い労働力の存在は施設全体の介護力を高めてくれる。

　1990年に改正出入国管理及び難民認定法が施行された。この改正で「医療」という在留資格(通称、ビザ)が設けられ、医師をはじめ看護師や准看護師などコメディカルのビザも整えられた。しかし1987年に国家資格となった介護福祉士にビザが設けられることはなかった。その後2010年に研修技能実習を整備して新たな在留資格として「技能実習」ができて80職種以上が認められたがこの時にも介護は入らず、介護の技能実習が認められるには2017年まで待たなければならなかった。ところが同時期に国家資格の介護福祉士資格取得者に交付される「介護」ビザが設けられると、2019年には「特定技能1号」が創設されるなど、矢継ぎ早に3つものドアが開いたのである。二国間経済連携協定(EPA)は2008年にインドネシアとフィリピンが、2012年にはベトナムが加わって年間最大750名程度の介護福祉士候補者受け入れが始まっているが、2017年から一気にビザが開放された背景にはEPAは受け入れ施設が主に特別養護老人ホームや介護老人保健施設に限られているため、その他多くの介護事業者や医療機関にとっては技能実習や特定技能のように、就労場所をあまり限定しないビザが必要だったからである。そのような事情もあり外国人が介護職員として働くためのビザが4種にも分けられることとなったのだが、それぞれのビザをどのように組み合わせれば外国人介護職員がより良く働ける現場を創り出すことができるのか。多様なビザが、多様な働き方の可能を広げることになるのではないかと考えるのが現場のユニークさである(就労制限のない定住外国人を加えると5種類に分けられる)。しかし肝心の人材を送り出す海外から、この状態はどのように見えるのだろうか。「介護」ひとつに4種ものビザがある日本の制度の背景を理解するのは難しいだろう。私たちが外国のビザ制度に詳しくないのと同様に。

　本書に収められた各論考は、外国人看護師・介護職員受け入れに直接携わってきた書き手が、試行錯誤しながら自分たちのスタイルを産み出した記

録であるが、これまでの仕事を振り返り、なかなかできなかった調査やインタビュー、法人の枠を超えた交流などを交えて更にバージョンアップへ向かうきっかけとなったのは、2019年度にトヨタ財団の助成を受けた「家族介護の国から介護保険の国へ…日本の高齢者介護施設等で働く外国人介護士の安定化と異文化協働の構築」プロジェクトのおかげである。この機会がなかったら本書をまとめることもなかったであろう。ここに記して感謝申し上げる次第である。

　最後に、私が外国人医療・福祉人材のテーマに関わるきっかけは1993年に始まったベトナム人看護師養成支援事業であり、すべてのスタートはここにある(詳しくは第1章)。無謀ともいえるこの稀有な事業を支えてくださった別府龍平氏に心より感謝申し上げたい。そして多くの仲間と共に本書が成ったことに、多謝、多謝！！

2023年4月9日
二文字屋修

目次

まえがき　iii

第1章　支援プロジェクトが生んだ偶然と共鳴の出会い ─────── 1
　　　二文字屋修

第2章　外国人介護職員との協働から得た目に見えないもの ───── 59
　　　剣持敬太

第3章　ベトナムと地域（奈良・大阪）を軸にした循環型受け入れ態勢 ── 105
　　　岡田智幸

第4章　ベトナム中部都市ダナンにおける介護人材育成の経過と
　　　　受け入れについて ──────────────────── 133
　　　原国芳

第5章　介護福祉士養成校における留学生教育と育成について ───── 153
　　　桝豪司

第6章　外国人介護職員の雇用と職員教育の効果 ─────────── 169
　　　中之庄まき

第7章　外国人医療・福祉人材受け入れの展望 ──────────── 179
　　　① 外国籍職員との関わりから見えてきた定着のアイディア　　179
　　　　矢田高裕
　　　② インタビュー「ベトナムでの草の根活動と医療・福祉人材育成の経験」　188
　　　　大田泰正

第8章　よりよいベトナム人介護士を受け入れるために ──────── 197
　　　レティ ビック ホップ

第9章　ベトナムの高齢者および介護士教育の概要 ───────── 211
　　　ファム ドゥック ムック

第10章　持続可能な介護の日本語教育への探究 ———————— 227
　　　―ある日本語教師の足跡
　　神村初美

第11章　座談会　外国人介護職員受け入れの諸問題 ———————— 263
　　　―日本型移民政策を考える糸口
　　川村千鶴子・安里和晃・万城目正雄・マイ アィン・岡田智幸・二文字屋修（司会）

　　執筆者紹介　　297
　　あとがき　　303

第1章
支援プロジェクトが生んだ偶然と共鳴の出会い

二文字屋修
NPO法人AHPネットワークス執行役員

1. はじめに

　私がベトナムと関わることになったきっかけは、1992年に転職したことによる。転職先は広告制作会社だったが、身近なところでベトナム人看護師養成支援事業プロジェクト（以下、支援プロジェクト）の準備が進んでいた。その手伝いをすることになってから現在まで外国人看護・介護人材受け入れ制度の変化に合わせて活動も変化してきた。
　本章ではこの支援プロジェクトや経済連携協定（以下、EPA）の看護師・介護福祉士候補者の受け入れなどの体験を語りながらその時々に出会った人と事を紹介していきたい。そこにどんな出来事があったのかを記述することで外国人医療・福祉人材受け入れの、今につながる課題が見えてくることを期待しながら稿を進めていこう。

2. ここからすべてが始まった

2.1 「外国人看護婦養成支援事業」が厚生省の事業認可を受ける

　1993年11月22日、外国人看護婦養成支援事業の発案者であり、組合理事長のB氏が1年がかりで厚生省（当時）医政局看護課と話し合ってきた支援プロジェクトにようやく事業認可が下りた（収健政308号）。そしてベトナムをプロジェクト対象として「ベトナム人看護師養成支援事業」と名付

け、千葉にある5病院(柏戸病院、板倉病院、袖ケ浦さつき台病院、三枝病院、井上記念病院)と共に、1994年早々にベトナム側のカウンターパートである保健省健康マンパワーセンターと労働・傷兵・社会省海外労働局(以下、DOLAB)、および教育訓練省と協定を結び支援プロジェクトがスタートした。記者発表などはしていないが、1月22日に日本経済新聞が、同月27日には東京新聞が「20年間で2650人養成計画」との見出しで支援プロジェクトを取り上げた。日本経済新聞は好意的な内容だったが東京新聞には否定的なコメントも掲載されたのが印象に残っている(図1)。見出しにある「20年間で2650人」というのは厚生大臣が支援プロジェクトを認可した際に規定した養成者数の上限である。東京新聞の記事によると、認可を出した厚生省看護課が「正看護婦資格をとるにはかなりきちんと勉強しないと取得できない。帰国後リーダーとして技術を発揮することが期待できる」と事業目的を評価した。それに対して日本看護協会は「資格取得後に四年間研修するというのですが、実力をつけるのにふさわしい病院かどうかが問題ですね。職能団体として見守っていく必要があると思います」と、看護協会らしい物言いであった。また医労連組織部国際係は「民間企業は損してまで金は出さないですよ。見返りを求めるのは当然」と断じ、「国際貢献が目的なら、国の政策として行うべきだと思う」とコメントした。

　事業認可を受けたのは喜ばしいが、机上の企画書を現場の実践にコマを進めていくのは生易しいものではない。ここからいばらの道を歩むことになる。

　支援プロジェクト参加者はハノイで約17か月間、日本語や入試科目の学習をして毎年12月に実施される日本語能力試験(以下、JLPT)2級(当時のレベル表記で、現在のN2に相当)に合格しなければ「留学」の在留資格(以下、ビザ[1])がもらえない。公立看護専門学校の入学試験は日本人受験生と同じ評価で合否判定がなされるため、英語、数学、化学、国語、作文の一次試験に合格し、二次試験の面接もクリアしなければならない。そのためにこれらの課題が解決できる教室をハノイに立ち上げる必要があり、日本語教育と受験対策をハノイでどのように実現するかが支援プロジェクトの成否のカギを握った。日本語教育の専門家ならこのようなプロジェクトは不可能と判断

図 1　東京新聞の記事 1994 年 1 月 27 日

するのが常識的かと思うが、我がリーダーB氏は「ベトナム人ならできるよ」と事も無げに言うばかりであった。

　1994年9月にハノイ市内にある教育訓練省の施設を借りて日本語センターがオープンし、第1期生 31 名の教育が始まった。翌年 12 月に日本語能力試験を受けて 1996 年 1 月に来日して看護専門学校を受験し 4 月から看護留学生、というスケジュールである。ハノイでは日本語教育が予定通りにスタートし、現地から東京の事務局に入ってくる FAX では順調に成績を伸ばしており、これならいけそうだと期待が高まっていた。1995 年秋に入り私は首都圏の看護学校を回って入学願書の入手に奔走した。なにしろ初めてのことである、学校の窓口に行ってプロジェクトの趣旨を説明すると、「外国人ですか？　ちょっと待ってください」と言われ、数十分待ってようやく入手できるところや「留学生の受け入れ準備が整ってないので受験は差し控えてください」と断られてしまう学校もあった。ある公立の看護専門学校では

「ここは市民の税金で運営しています。市民のために働く看護婦を育てていますので外国人は入学できません」と断られた。「ここに住む外国人も働いて税金納めますよ。住民として消費もすれば消費税も払います。日本人の市民と同じじゃないですか」と問い返したが、窓口で言い争いをして、たとえ入学できたとしてもこのような考えの学校では留学生のためにはならないだろうと思い、校門を出た。それから方々の国公立看護専門学校を訪ねたが願書がなかなか貰えない。学校近くの公園のベンチでコーラを飲んで気を取り直し、次の学校へと足を運んだ。すると、その学校の事務員さんが私にこう言った。「あなた役所の通知を知らないんですか」。そして彼は2枚の紙を見せてくれた。どんな通知なのか、看護課から連絡が来てないなと思いながら手に取ると、厚生省健康政策局長が各都道府県知事にあてた文書で「外国人の看護婦等養成所への留学、就学に係る留意事項について」(以下、通知)と書かれてあった。日付は「平成6年2月23日」とある。日本経済新聞と東京新聞に記事が出た1ヵ月後だ。この文書は看護専門学校が留学生を受け入れる際の注意事項をまとめた内容である。その4－⑤には「留学生の教育及び生活指導を担当する専任教員が1名以上おり、かつ当該教員を除き、保健婦助産婦看護婦学校養成所指定規則に定める数の資格を有する専任教員がいること」と記されてある。行政改革で国公立学校の教員や事務職員が遂行最少人員に減らされているなかで、留学生を受け入れるなら専任の留学生指導教員を置けというのは留学生を受け入れるなというのに等しい。これが願書が貰えない理由だった。一方で開放し、他方で閉めるというのは行政の常套手段だが、厚生省から事業認可を受けてベトナムの公的機関と協定を結び、ハノイには1期生の学生がいるのに、ここに至って受験できないというのでは信用ならない事態である。これでは受験もできずに支援プロジェクトは終わってしまう。早速厚生省看護課に電話をした。担当者が言うには科目担当の専任教員が指導員を兼ねるのは問題ない。ただし余裕のない教員数での兼任では困るという意味だとの説明だった。既定の専任教員数を一人でも上回っていれば兼任でもよろしいと言うことで、学校にその旨を説明しながら願書をいただくことができた。それでも承知いただけない学校には厚生省看護課に留学生受け入れは問題ないことを確認してほしいとお願いしたが、そ

の後願書の件で尋ねても看護課に確認した気配はなかった。この希薄な対応は学校職員の怠慢ではなく、霞が関は気安く電話できる所ではないという事情を後になって知った。

　なおこの通知の4-③にはこのような規定もある。「帰国後は日本で学んだ技術を本国で生かし、本国で看護に関する業務に従事する予定が明確であること」つまり、支援プロジェクトはベトナムの高校卒業者が日本で留学生として看護を学び、国家資格を取るものであるから、帰国後に看護に従事するということはベトナムの関係機関は日本の看護婦免許を無条件で認めよ、ということである。一方的で無茶な話だとは思ったが、これは事業認可を受ける際に看護課との協議で口頭で言われており、すでにベトナム側の保健省担当部署には伝えてあった。幸いというか何というべきか当時ベトナムには看護婦免許なるものがないために、この厚生省の条件は我々の支援プロジェクトにはそれほど障壁にはならなかったというのが裏事情である。しかし免許制度がないことはそののち日本・ベトナム経済連携協定（以下、JVEPA）が2008年12月に署名した際にベトナムからの看護師・介護福祉士候補者送り出し（自然人の移動）が積み残し協議となった原因となったのである。ちなみにこの通知はその後2015年3月31日に厚生労働省医政局長が各都道府県知事に宛てた「看護師等養成所の運営に関する指導ガイドラインについて」においても上記4-③と4-⑤の2点はしっかりと受け継がれていることを指摘しておきたい。なお本章の「看護婦」と「看護師」の表記については注2を参照いただくこととして、これから先は「看護師」に統一する。

2.2　ベトナムの看護師免許

　ベトナムの看護教育は高卒後2年課程（現在は廃止の方向）、3年課程（短大）、4年課程（大学）があり、卒業後に病院で6か月の臨床研修を受けてから病院に就職して看護師になるというシステムだった。教育課程は日本と同様だが看護師国家試験や看護師免許がなく、公的に認証する制度がないことから、日本・ベトナムEPA看護師受け入れ協議では大きな障壁となっていた。

　これは余談だが、2011年から12年にかけてベトナムの少数民族衛生改善

プロジェクトがあり、ハノイの保健省でカウンターパートと打ち合わせしていた時のこと。斜向かいのデスクにいたオーストラリア人が JVEPA 交渉妥結に合わせるかのように施行（2011 年 11 月）された看護師免許制度に苦言を呈した。実はベトナム保健省は医療者の国家試験、免許制度の整備が長年の課題で東南アジア各国の制度を研究しており、そのサポートのためにオーストラリアから専門家が長期滞在していたのである。彼はベトナム各地を巡り関係者と会ってそれぞれの実情を地道に調査していたところ、そこに JVEPA 交渉によって看護師免許制度が突然舞い込んできたので日本人の私に一言いいたかったのだろう。彼の説教は長く、徐々に声のボリュームも上がってきたのだった。

　話を戻して、JVEPA の主要目的である経済連携についてはすでに述べたとおり、2008 年 12 月に両国政府が署名したものの、ベトナムに看護師免許制度が整っていないことから「ベトナム人看護師・介護福祉士の将来における受け入れの可能性については、協定発効後に継続して協議（遅くとも協定発効後 2 年以内に結論）」と継続協議になった（「日本・ベトナム経済連携協定（JVEPA）2008 年 12 月 25 日署名」外務省）。しかしそのおかげでベトナムは先行するインドネシアやフィリピンの EPA 動向をじっくり学ぶ時間が与えられることとなり、日本側への提案内容を検討する余裕を確保することができたという事も含めて、JVEPA にとって不幸中の幸いであったと言える。

2.3　支援プロジェクトの歩み

　さて、ハノイでスタートした支援プロジェクト 1 期生は順調に日本語学習が進み 1995 年 12 月に JLPT2 級を受けることになるのだが、当時ベトナムでは日本語能力試験が実施されていなかった。そこでハノイから一番近い実施地区のバンコクで受験すべくそこの実施団体にお願いしたところ快く許可してくださった。受験前日に日本語の先生が 1 期生 31 名をバンコクに引率し、受験を終えるとハノイにトンボ帰りした。結果がでるのは 2 月中旬。看護専門学校の入試は 1 月下旬から始まるため、合格していることを確信しながら 1996 年 1 月半ばに日本へ渡航した（この時期はまだ日越間に直行便はなく、ハノイ－成田間は香港経由で往来していた）。都内に宿泊しながら事

務局でアレンジした受験校に行っては各自の看護留学への挑戦が始まった。毎日宿舎で深夜まで勉強し、初めて見る雪にはしゃぎながら首都圏各地の受験校に向かった。しかし結果はどこも不合格。二次試験までこぎつけない。そうこうしているうちに2月に入り国際交流基金からJLPTの結果が届いた。残念ながら全員不合格。涙を流しながら31名が帰国の途に就いた。

　実はこの支援プロジェクトに興味を抱いた日本電波ニュース社のハノイ支社が、ある受験生を主役にベトナム戦争に従軍した家族も交えてハノイと東京で長期取材をしていた。戦争の後遺症を抱える父親や家族から期待と励ましを受けて東京へ行き、都内の宿舎で深夜まで勉強する姿と日本語能力試験に不合格で涙にくれるシーンの落差に取材クルーのカメラが揺れていた。「これではニュースになりませんね」と言うと「何とかします」という返事を返すのが精いっぱいの様子だった。しかしその数週間後には安藤優子キャスターで人気のあった「ニュースJAPAN」で放映され、日本語学習の難しさと、それでも日本の看護学校にチャレンジするベトナムの若き女性たちを讃えてくれたのはとても嬉しかった。これが幻の一期生となった。

　事務局では日本語教育の立て直しを図るため教育スケジュールとカリキュラム、学習評価法、そして派遣教師の選定方法などを練り直した。企画書を持って我がリーダーのお知り合いだという日本語教育家の永保澄雄先生を国際交流基金に尋ねた。自動詞、他動詞の違いやオノマトペを黒板にスラスラと絵を描いて教える名物先生である。永保先生から「こういう大事業を日本語教育の素人がやろうというのは面白い、大賛成、躊躇せずやりなさい、いい結果が出ますよ」とのアドバイスに自信をつけて日本語教師を一般公募し、ハノイに派遣した。その結果日本語能力試験2級の合格率は85%を維持する教室運営が実現できるようになった。翌年1997年の看護専門学校入学試験は16名が再チャレンジして4名合格。はじめてベトナム人看護留学生が誕生した（写真1）。また東京・高円寺にある予備校に特にお願いしてお世話になった時期もある。引き続きここのJ先生が応援してくださったのもありがたかった。その後は毎年合格者が出て支援プロジェクト最後となる2008年に留年した1名が卒業して全8期56名の看護師が誕生するプロジェクトとなった。中にはJLPT1級合格者もおり3名が国立大学の看護学部に

写真 1　事務局と 1 期生 4 名、受験準備の 2 期生 3 名と八ヶ岳合宿。1997 年 8 月

　留学して 4 年で無事卒業した。事務局員として傍で彼女たちの向学心と負けず嫌いの強さをみていると、支援プロジェクトがベトナムを対象に選んだことが正解だったとつくづく思った。このプロジェクトの特徴は日本語と受験科目の学習をハノイで約 17 か月間合宿形式で行うことや、事務局が教師を全員日本から直接派遣したこと、先生方と事務局がプロジェクト目標を共有しながら一体となって学生指導に取り組んだこと、そしてプロジェクト参加希望者を対象にハノイの保健省会議室で面接とアチーブメントテストで選抜し、親御さんを含めて説明会を行い、誤解なきよう努めたこと等が成果を生んだといえるだろうか。

　この時期のハノイの人が抱く日本イメージは NHK・TV「おしん」(1983 年 4 月～1984 年 3 月放映)の姿だった。視聴率は驚異的に高く、おしんが運命にじっと耐え忍び、ひたむきに生きるその姿に共感を抱いていたようであるが、身近で日本人に会う機会はなく、プロジェクト説明会場で初めて日本人を見たといわれた。ベトナムではこのドラマの大流行から、田舎から都会に出て住みこみで家事手伝いをする女性を oshin と呼ぶようになった。

3. すっきりしない外国人看護師の存在

3.1　ベトナム人看護師たちが求めた安定した在留資格

　支援プロジェクトは3年または4年間の看護留学を経て看護師になることを目指すため、日本人学生と机を並べて看護を学び、病院での臨地実習にも取り組み、同級生と一緒に国家試験を受けることで、ベトナムの医療システムとは異なる日本の病院で働くという異文化適応には良い影響を与えるものになったと思う。またこのようにすることで、受け入れ病院は日本人の新人看護師と変わりない受け入れ態勢で取り組むことができる。なお支援プロジェクトでは4年間の病院就労を経て帰国するという決まりだが、それは当時の医療ビザの在留期限によるものである。

　1990年6月1日に施行された出入国管理及び難民認定法（以下、入管法）に「医療」という在留資格ができ、それを受けて厚生省は「出入国管理及び難民認定法の一部を改正する法律の施行に伴う医療分野における外国人労働者等の受入れにおける留意事項等について」という通知を出し、看護師については以下の事項を指導している。「学校養成所を卒業又は修了後四年以内に研修として業務を行うこと（日本の看護婦等学校養成所の出身者に限る）」とある。つまり看護専門学校等の留学を経て看護師国家試験に合格して医療ビザを取得しても4年間しか働けないということである。もし看護師国家試験不合格となり、翌年に合格した場合は在留期間は3年になってしまう。さらに「研修として業務を行う」というあいまいな立場に置くのは当時の研修・技能実習ビザを連想させるのだが、入管担当者に研修なのか就労なのかどう理解すればいいのか確認すると、「仕事をしながら技術や知識を身につける研修も含めて報酬を受けるもの」という回答だった。しかし、業務をこなしながらスキルを上げるというのはどんな仕事でもそうであり、「あなたも同じではないか」「なぜわかりやすく『業務』としないのか」と議論したことがある。その後2006年3月31日になってやっと一部改正が進み、「卒業又は修了後四年以内」から「免許を受けた後七年以内」と在留期間の起算とともに滞在期間も延長された。それでも制限されたビザであることに変わりはない。

それから間もなく 2008 年から始まったインドネシアとフィリピンとのEPA は、看護師国家試験に合格すると特定活動ビザで就労期間の制限が設けられていない。それに対して医療ビザの看護師には 7 年間の制限が課せられている。この不平等な取り扱いに、ベトナム人看護師たちが声を上げた。ちょうど 2008 年 6 月に自民党の外国人材交流推進議員連盟が 1,000 万人移民受け入れを提言し、大きな話題になっていた頃である。日曜日の朝、TBS テレビの「サンデーモーニング」で司会の田原総一朗氏が、「国家試験に合格したベトナム人の看護師を 7 年で帰すなんて、日本政府はなぜそんなもったいないことをしているのか」、と声を大にしていた。7 月 30 日には日本テレビの「NEWS ZERO」でこの問題が特集で取り上げられ、村尾信尚キャスターとコメンテーターの長嶋一茂氏がこの不合理な状態を批判した。入管当局は医療ビザと EPA 看護師のダブルスタンダードを是正すべく 2010 年 11 月 30 日に「研修として行う業務」という活動制限と「看護師の免許を受けた後 7 年以内」の在留期間制限を撤廃した。これにより医療ビザの外国人看護師も他の専門的・技術的分野のビザと同じように、雇用が続く限り日本で働くことができるようになったのである。

3.2　働き手は少ないが人手不足ではないというロジック

　図 2 は読売新聞の「外国人看護師『7 年』の壁」と題された記名記事で、記者の小林篤子さんはベトナム人看護師たちが働いている病院で当事者にじっくりと話を聞き、同僚の日本人看護師や看護師長にも丁寧な取材をした方だった。EPA 看護師は在留期間が制限なく働けるのに対して、日本の看護学校に留学し、卒業して資格を取る三年課程または四年課程の日本人と同じ学習を終えたベトナム人看護師たちが在留制限されていることの矛盾を記事にしてくれた。しかし日本看護協会は「外国人看護師は研修の一環として受け入れるという国の立場を堅持すべきだ」と冷たいコメントを寄せた。ここで思い起されるのは先ほどの「研修として業務を行う」という解釈と、なぜそのようなあいまいな表現にしたのかという背景であるが、このコメントから納得した。入管法の在留資格カテゴリーでみれば「医療」は「専門的・技術的分野の外国人」に属する。しかし「研修として行う業務」と一言付け

図2　読売新聞夕刊の記事　2009年10月7日

加えることで、看護師免許は働くためのものというより、日本の病院で学び、母国に帰って役立てるためであり、そのためのOJTだから限定的になるのが当然だという解釈である。さらに看護協会は続けて「医療現場の看護師不足は深刻だが、それを外国人で補うのではなく、潜在看護師の復帰などに向け、労働環境を改善するのが先」とEPAにも苦言を呈している。このコメントは厚労省看護課の本音を代弁したようにも見受けられる。

　1990年施行の改正入管法から一貫して厚労省は医療分野に外国人労働者が参入することに後ろ向きである。EPAは「二国間の協定に基づき、公的な枠組みで特例的に受け入れを行うものであり、看護・介護分野における労働力不足への対応のために行うものではない」と釘を刺す。しかし4万人ともいわれる看護師不足を外国人で補うにはどれだけの人数が入国すれば「労働力不足への対応」になるのか。介護はその8倍もの人手不足である。人手不足が補えるほど大量の外国人が日本にやって来るとは思えないが、これは

人数の問題ではなく、外国に向けて自らドアを開けるメッセージは出したくないのだろうと思われる。看護師にしても介護福祉士にしても、現場を退いている潜在的有資格者たちが現場に復帰すれば、一部に見受けられる人手不足は一気に解決するという発想だ。しかし数字的にはそう言えるが現場に人の流れは見えてこない。

政策担当者がここで後ろ向きの抵抗を示すよりも、むしろ多くの外国人が日本で働きたいと思えるような政策を実行することのほうが建設的で前向きで楽しく、しかもこれほど難しい課題はなく、やりがいがあるのではないかと思うのだがどうだろうか。厚労省の2022年10月末の調査「外国人雇用状況の届出状況まとめ」(厚生労働省)によると、現在日本で約182万人の外国人が働いており増加傾向にある。しかしそのうち就労のためのビザ、いわゆる専門的・技術的分野の外国人労働者は約48万人で全体の26.3%である。そもそも就労ビザではない技能実習生や留学生のアルバイトが60.1万人で全体の33%を占めているのが実情だ。どこかいびつであると言えはしないだろうか。本音と建前の社会は、日本で働く外国人たちにはどう見えているのだろうか。

4.「人材還流」の難しさ

支援プロジェクトは看護留学の対象が専門学校のため、ベトナム人看護師たちの学歴は専門学校卒(専門士)となる。ベトナムは学歴社会であり海外での大卒の学歴が欲しいと、4年間病院で働きながらNHK放送大学で「学士」を取得する人も多くいた。向学心が強く、仕事に生活にまじめに生きている。4年間の病院就労が終わって大学院に進学してその後JAXA(宇宙航空研究開発機構)に就職した人がいた。歯科医になりたいとその道に進学し、夢を叶えた人もいる。日本で地域の訪問看護に頑張っている人や卒業後から現在も同じ病院で働き続けている人、助産師や看護大学教員になった人もいる。ある看護師は多様な診療科目を経験したいと大学病院に転職応募したところ、「外国人を雇ったことがないので入職1年間は非常勤採用で様子を見る」と言われたこともあった。公立看護専門学校を出て4年間の病棟看護師

経験があっても「外国人」というフィルターで判断が鈍ってしまう人事に気落ちしたものである。

　帰国した人たちの中には在ハノイ日本大使館職員になった人やベトナムで日系の医療通訳やコンサルタントをしている人も多い。また再来日して看護師として働いている人もいる。中にはアメリカに渡り、エアフォースで助産師をしている人もいる。十人十色の人生である。

　ところで、支援プロジェクトの目的の一つは日本の看護技術を母国に伝えるというものだったが、本人の希望と合致しなければそれは難しい。ベトナムに帰国して総合病院に勤務したところ半年と続かなかった人がいた。ベトナムの看護短大を出ていないので同僚の看護師が仲間とみてくれないというのがその理由だった。彼女は「日本にいるときは日本文化の壁を感じていたが、ベトナムに帰ったらそこにはベトナムの壁があった」と、私に話してくれた。また日本ではナースコールが鳴ると反射的にすぐに席を立つがベトナムではそうでないらしく、彼女はあきれてしまったと言う。患者からの付け届けも常態化している。最も大きいのは給与差である。日本語力と日本の病院勤務経験を活かして日系企業に就職すればベトナムで看護師になるよりも数倍の待遇になる。日本の看護ライセンスを持っていることが病院よりも一般企業にインパクトが強いというのは、ベトナムのビジネスシーンで日本経験の評価が高いことを示しているのだろう。

　我々は日本での看護師経験を母国の病院で活かしてほしいと期待したのだが、日本に残った人たちは看護師を続け、帰国した人のほとんどは看護職に就いてない。しかしこの逆説に何故か納得するところがある。「人材還流」は言うのは容易だが、生活が懸かっている当事者には、帰国して看護を続けることよりも自分の日本経験が高待遇される職場探しが最優先になるのは当然で、「人材還流」はどことなく第三者的響きが残る。とはいえ日本で看護師資格を取得したその努力や能力、日本経験の全体が評価され、たとえ医療系でなくとも母国での就職が有利に働いたということであれば、これも人材還流と言えないだろうか。

　支援プロジェクトは2008年3月に8期生の卒業者をもって終了した。民間事業で56名のベトナム人看護師が誕生したのは、当時としては大きな成

果だろう。1993 年のプロジェクトのスタート時には新聞や TV ニュースに取り上げられるような話題性もあったが、2008 年に終る頃には目立つことなく幕を閉じた。

5. 支援プロジェクトは成功したのか

　支援プロジェクトが当時の厚生省から事業認可を得てもうすぐ 30 年になる。当時ハノイには成田からキャセイパシフィック航空で香港に飛び、ベトナム航空のロシア製機体に乗り換えてハノイに行った。ノイバイ空港に到着すると駐機場を走るランプバスは京都市バスのお下がりで、「金閣寺行き」と行先表示そのままのバスが、飛行機から降りた乗客を入国審査場まで運ぶというシュールな風景だった。数日間の出張でも現地から招聘状をもらって代々木のベトナム大使館領事部でビザを取らなければならず、現在のように気軽に行ける国ではなかった。定宿はハノイ中心地フエ通りにある一泊 20 米ドルのミニホテルで、日本語学校にはシクロ（3 輪自転車で、ハンドルの前にしつらえた座席に客が乗る。登り坂になると運転のおじさんがたいへんなので降りて一緒にシクロを押した）で通った。ランチはブンチャ（焼き肉入りつけ麺）とコーヒーで 4,000 ドン（約 20 円）で楽しめた頃が懐かしい。

　1997 年 4 月に 1 期生が看護師になってから 26 年が経つ。支援プロジェクトが成功だったかどうかを判断する物差しはなんだろうかと感慨深くなる。56 名の看護師が誕生したというのは一定の成果といえる。しかし 1994 年 1 月 26 日の東京新聞（図 1）の見出しにあるように「20 年間で 2650 人養成計画」という規模には全く及ばなかった。企画時に描いたようには進まなかったのは失敗である。しかし、プロジェクトは終了しても元ベトナム人看護生たちとのつながりは年々強くなっている。20 歳前後で参加した彼女らの、留学生、看護師就労、結婚、子育てとこれまで支援プロジェクトに関わった者たちが共有する時間がお互いを結びつけている。また彼女たちはわが家族のことも知っている。現在は社会人として生活を営んでいる子供たちだが、彼女らが受験生当時は小学生や中学生だった。日本国内やベトナムで元看護生たちに会うと、「お子さんはどうしていますか」と聞かれ、当時の思い出話に

花が咲く。彼女らも仕事や子育てや夫婦の問題などを抱えており、相談を受けることもある。このような繋がりが今でも持てていることは私には喜びであり、支援プロジェクトからボーナスを貰っているようなものである。人を育てるということは、見えない価値の創造であり、どちらかが繋がりを絶たないかぎり創造は継続され、さらに増幅していくものだと実感している。今も増幅しつつあるなら、支援プロジェクトは私にとっては成功したと言えるだろう。

6．異次元レベルの支援プロジェクト物語

　支援プロジェクト遂行中、事務局は「アオザイ」というニュースレターを発行していたが、2003年9月号はこんな書き出しである。

　　　1期生も私達（注、事務局）も緊張した入学式から、あっという間に6年以上。現在ハノイでは8期生が来年1月の受験合格を目標に勉強に励んでいます。そして24名の先輩ナースに続けとばかりに留学生が25名。それぞれに各地で頑張っています。

　この年は1期生が看護師になって4年目に差し掛かっており、合計29名が就労中、24名が留学中、そして8期生13名がハノイで事前学習中という、支援プロジェクトで一番賑やかな頃である。ここでプロジェクトに参加した当事者やハノイで受験科目を指導した先生方の感想を「アオザイ」から再録して紹介したい。まず英語担当の先生は、以下のように話してくれた。

　　　日本人でも手をやくある意味で特殊な『日本の受験英語』にベトナム人である彼女たちが取組まなければならないわけですから、この先、日本人よりも相当努力しなければならないだろうと思います。教えている私もそれなりに工夫を重ねている毎日です。（中略）彼女たちにとっての最大の難関はその英語をいかに日本語に訳すかという問題。せっかく英語の意味がわかっても、日本語でなんというかわからない、ではすご

もったいないし、1点、2点を争う日本の入試では命取りになりかねません。そのへんのテクニックやコツを伝授すべく、もう十年以上も前に終わった自分の受験勉強を思い出しつつ教壇に立つ今日この頃です。

次に理数科の先生はこんな感想を述べている。

　朝は7時半から授業が始まります。学校の敷地内にある寮から中庭を横切り、教室へ。生徒はほとんど遅刻することもなく、毎日重い教科書、辞書を抱えて授業に通っていました。数学、化学、英語、日本語と夕方4時半までみっちりの授業。決して楽な学校生活ではなかったことでしょう。(中略)いま振り返ると、生徒が新たに学んだ内容というのはごく一部でした。ほとんどの単元がベトナム教育において既習事項であり、日越、似たようなカリキュラムが組まれています。単元が同じでも、細部(単元中に取り上げられる具体例など)になると日本では習うのにベトナムでは習っていない事、またその逆、という事柄が多くあります。こと入試になると、この差を埋めておかなければなりません。つまり『言葉、文章を理解すること』、『カリキュラム細部の違いを埋めること』、『日本型入試問題に慣れること』、この3つが本プログラムでの教科教育の柱であったと思います。

　外国人留学希望者が日本語を学ぶならまだしも、さらに受験科目を日本語で学び、入学試験では日本人受験者と同じ土俵で合否を競わねばならない。この一本の細い道しかないのが1990年当時の日本で看護師免許を取る枠組みだった。しかもその準備教育を海外(ハノイ)で行うのだから難易度は異次元レベルである。
　ところで日本の看護師免許取得を目指す教育機関は2種類ある。一つは看護系短大や大学の文部科学省管轄で、外国人受験生には留学生特別選抜が用意されているが、もう一つの厚労省管轄の看護師養成施設、いわゆる看護専門学校は日本人受験生と同等の入試なのでハードルが高くなる。実際に公立看護専門学校不合格、国立大学看護学科合格という受験生がいた。

受験生は日本語で英語を、日本語で数学を、日本語で化学の問題を解く。日本語能力 N2 程度で受験国語に挑み、作文も書く。この高度な受験に正面から挑む十代のベトナム人女性たちの横溢した意欲がなければこのプロジェクトは早々に頓挫していたに違いない。同時に意欲ある学生に十分に応えて指導した日本人の先生方の熱意も半端ないものだった。授業は月〜金の朝から夕方まであり、土曜半ドン、日曜休日だったが、貴重な休日もほぼ学生からの質問に費やしたという先生が多かった。一人ひとりに徹底的に付き合った先生方の努力の結晶が合格に結びついたのである。
　では「アオザイ」のインタビューから看護師たちの声を聞いていこう。（――線部分は事務局員、■はベトナム人看護師）

　――来日して辛かった事はどんなことですか？
　■　まず入試が終わって、入学式の後ね、なんにもわからないままにオリエンテーションが始まって、こういうのベトナムにないから、なんだろうって感じでした。そして教科書が配られ、直ぐに授業が始まる。それから夏休み前までの数ヶ月間は慣れないから辛かったです。その次は卒業式のあと、国試発表まで、暗〜い毎日でした。自信がないわけじゃないけど発表みるまでは不安でした。でも発表までどうしてあんなに長くかかるんでしょうね（笑い）。『合格』って安心したら間もなく病院勤務が始まるでしょ、とても緊張が続きました。
　――勉強はどうでしたか？
　■　日本の学生たちにとっては試験の前日からでも間に合うのでしょうけど、私たちは日本語も下手ですから一週間前に始めないと全部終わらないから、ほんと休む暇がありませんでした。入学試験には受かっても、やっぱり看護の勉強は特殊な専門用語が多いですし、ほとんど初めての言葉ですから聞き慣れていないし、苦労しました。寮に帰ってからもまた勉強して…。

　日本語能力試験や入学試験など留学条件をクリアしたとはいえ、いざ入学してみるとこれまで以上にたいへんな事態に遭遇し、各自それぞれが対処し

ていかなければならない。当然ながら授業は日本人学生に向けたノーマルな日本語で行われ、入学早々に学ぶ解剖生理学などは難解な漢字の専門用語がずらっと並んでいる。入学直後のオリエンテーションもベトナムにはない習慣で、日本の教育システムの洗礼を受ける。授業中に日本人学生はめったに質問しないため、授業でわからないことがあってもその場で先生に聞くことが躊躇される。1学期でへたばってしまいやっと迎えた夏休みには日本に来たことに悩む。9月に行われる戴帽式（体育館に全校生徒が集まり、1年生が先生からキャンドルの灯とナースキャップを貰い、ナイチンゲール憲章を唱え、看護師になる決意を固める。短大や大学はあまりやらない）に参加する資格があるかどうか自己点検でまた悩んでしまうという。しかしどの学校にも留学生に世話を焼いてくれる日本人学生がいるもので、孤立無援ということがなかったのは、事務局としてありがたかった。それにしても LINE や Facebook がない時代で寂しい思いをしたであろうことは想像に難くない。

——ところで、グループワークとかケアとかベトナムでは経験しないことが、逆に日本では重視されていますでしょ。

■ そうですねぇ、ハノイにいたときは自分のことは自分でやってきたし、人に手伝ってほしいと頼む事もないし、だから人から頼まれるともなかったし…。日本に来てはじめて集団行動するようになりましたが、けっこう楽しいものですよ。

——日本にいてベトナム人と違うなぁって思うことあるでしょう？

■ ベトナム人は自分のことだけやっていればいいというか、個人主義かなと思います。たとえば学校ではグループワークが多いですし、仕事するようになってからもチームワークを大切にしますよね。たとえば臨地実習ではなんでも報告しなければならないわけですが、そういう考え方に慣れるのがたいへんでした。自分のことだけやって済むベトナムの社会だと、自分のことは自分で決めて責任取るのが当たり前ですから、報告事項でもこれは自分でわかっていればいいんじゃないのとか、こんなささいな事は報告しなくてもいいんじゃないかとか、ついつい自分で勝手に判断してしまうんですね。医療過誤をなくすため一つ一つ報告す

る必要性はわかるんだけど、学生時代はなかなか慣れませんでした。決められたことをきちんとやるのは日本人のまじめさかも知れません。

　この語りに日本とベトナムの違いがみてとれる。自分の考えをひとまず引っ込めてでも全体の空気を読み、それを優先して皆に合わせるのが日本的まじめさ＝協調性重視。一方、たとえその場のルールとは言え自分が考える合理性に合わないなら、まずは自分を表に出して動き、しくじった時には自分の責任だというのがベトナムの自立（と言っても責任逃れも上手いのだが）＝個人重視。
　日本人はみんなの一歩に重きを置くが責任の所在があいまいになりがち。ベトナム人は自分の一歩を優先するあまり、全体の一歩が遅れてしまう。そのどちらにも良さがあるが、両者のバランスを取るのは難しい。私はこの支援プロジェクトで受験のために来日した学生たちがそれぞれ受験準備の合宿先で勝手な行動を取り、まとまりがないのにイライラしていたとき、ある学生に諭された。「先生、ベトナム人をまとめようとしても無理ですよ。みんな自分の考えを持ってますから、自分の考えで動きます。それを一つにまとめようとしたら先生がつぶれます」。このベトナム人論を聞いて私は彼女らを「管理」することを止めた。受験中に事故でもあったら大変だと責任を持って指導していたのだが、当の本人たちは私が日々苦慮していることに気を留めてないのだから私はストレスが溜まるばかりである。しかし、ほっとけばいいよと言われた途端に気が楽になった。事実、ほっといてもそれぞれ自分でやらなければならないことはやっていたので私は距離を置いて見守るだけで十分だった。ただ宿舎でのごみ分別は別だが。

7．ベトナム人の頑固さに付き合いながら楽しんでみる

　時々、看護留学生から事務局に「相談したいことがあります」と電話が入る。車で飛んで行って学校寮やアパート付近のファミレスで話を聞いているとほとんどが相談ではなく、「私はこう決めたのでそのようにお願いします」という、ほぼ事後承諾であることが多い。相談内容に対して私が意見を述べ

ても後には引かない。鉄のような壁を前にびくとも動かない相手に負けたくはないが説得できず、その強さに辟易したことが何度あったことか。たとえ約束事（ルール）がどうであったとしても、自分のことは自分で決める。目標が変われば、それに向かって最短ルートを選び自分を最善の環境に持っていくために主張する。それがベトナム人女性の自立だという彼女らを前にして、こちらはルールを優先することが大事だと議論する。ストレスが溜まる一方である。そこで鉄壁の女性たちとの交渉を楽しく思うように自分を仕向けることにした。自分と感覚が同じでないのはあたりまえのことで、わざわざこんなプロジェクトを立ち上げたからには異質なコラボを楽しんでみようと考えたのではなかったのか。そうでなければ日本人の看護学生を支援すればストレスは少なく済んだであろうし、なによりも効率的だ。胃薬を飲みながら自問自答したものだ。

　よく外国から労働者を雇い入れて摩擦があったりすると彼・彼女らを非難する言葉を聞くが、日本人が雇いにくい状況にあるから外国人を雇っているのに、いつしかそれを忘れてしまい、日本人と同じ働き方を求めて思い通りにうまくいかないと恨みがましいことを言ったりする。現場の方からトラブル相談を受けるときに、私は「なぜ外国人職員を雇うことにしたのですか」と聞くことにしている。ここに戻ってから考えなおすと、彼・彼女らにしてほしい業務が適正かどうか、枠を超えていないかどうか冷静に見直す機会になることがある。

　ここで私的なことを書いておかねばならないが、看護留学生は全員女性で彼女らをサポートする事務局の私は男性であり、個人指導の時には必ず私の妻を連れて行くことにしていた。用事があって都合がつかないときは子供を連れていくなど、私単独の行動はとらないようにした。また受験校の関係で都内の宿泊先から出発すると試験開始時間に間に合わない場合は我が家に前泊させて受験校に向かうこともあった。

　合格して留学先が決まれば地元の入国管理局に短期滞在から留学ビザに変更申請の手続きをする。学校寮の入寮許可が下りれば外国人登録（当時）、健康保険加入手続き、印鑑作成、銀行口座開設をして、寮指定の生活用品を運び込む。寮がない留学生にはアパートを探して法人賃貸契約が終われば布団

一式、カーテン、室内灯、洗濯機、冷蔵庫、電子レンジ、食器、台所用品、炊飯器、テーブル、ヘアドライヤー、ラジカセ、TV、目覚まし時計、鏡、学習机に椅子に当面の食料品等々、勉学に支障なく生活できるように諸々の品物をそろえてトラックで運搬するのも我が家の役割だった。そして入学式や戴帽式に参列する。もちろん卒業時には保護者として参列し、その後は寮に持ち込んだ備品を速やかに引き取りに行く。

またハノイ日本語センターに赴任した日本語や英語、国語、理数系の先生方が、日本に戻られてからも留学中や看護師になってからも良き相談相手となって下さったことはとてもありがたかった。

春原憲一郎（2010）との対談で日野原重明がこんなことを語っている。「国がやるようなプロジェクトだと、外国からくる人に対しても、お役所だから『これだけのお金があればいい』ということで終わりでしょう？決まった契約のお金だけで。しかし、生活を豊かにして快適で『日本に住みたい』と思うようにするのには、民間レベルのお友達が必要ですよ。それには、ボランティアの仕事が大きい」(p.273)。

支援プロジェクト遂行の必要に迫られて思いつくままにやっていたことが正解だと知って自信が持てた一言だった。

さて、「アオザイ」から当時の看護師の語りを続けよう。

■　日本の医療は完全看護のシステムをとっていますが、ベトナムでは患者さんの介護は家族が面倒を見ますから、病人が出るともう大変です。だれかが犠牲にならなくちゃなりません。それはひとつの厳しい一面ですけど、家族の関係というか、家族のつながりをギュッと締めてるという面もあります。逆に日本では入院したらあとは全部病院のスタッフがみてくれますから安心なんですが、たとえばお母さんが入院していてその子どもが見舞いにきても何もする事がなく、世間話をして帰ってしまう姿を見るとなんとなく寂しいなぁって感じます。コミュニケーションはあるんでしょうけど、身体を拭いてあげるとか下の世話をするとかがないので、私の感覚からすると親子のスキンシップが感じられないなぁって。ちょっと冷たい印象を受けますよね。日本のようにシステ

ム化されていい面と、ベトナムのように立ち遅れてるからいい面がある
と、それぞれ難しいものですね(笑い)。

　社会保障が全国的に一定程度行き渡っている日本に対し、まだまだバラツ
キがあるベトナム。しかしそれぞれの功罪を指摘し、「進んでいる、立ち遅
れている」という評価をしてもそれは一面的であると語る。特に社会保障は
その国の歴史や経済や文化など多くの事情が絡み合っているもので、そう簡
単に評価を下すものではないだろう。社会保障システムの合理性と家族のぬ
くもり、この両面が大切だが、それを実現する余裕がないのが我々の現実で
ある。そこに人間的悩みが生まれるが、この看護師のように日本の現場に
「寂しいなぁ」と感じる違和感を持ち続けることが、国をまたいだ支援プロ
ジェクトに価値を生み出していくのではないだろうか。
　またある看護部長(──線部)との会話からこんなやり取りも記録されてい
る。

　──いままで日本で過ごした時間を振り返ってみて、どんな感想をもっ
ていますか？
　■　無駄な時間がなかったなぁって思います。看護だけでなくほかにも
いろんなこと学びたいなっていろいろ考えながら過ごしてきました。で
もやはり看護がメインになりました。奥が深いからいくらでも学ぶ事は
ありますね。日本のチームワークの良さも学びました。でもベトナムに
帰ったらまた元に戻っちゃうのかな(笑い)。
　──それもまた自然でしょう(笑い)。
　■　みんながあっちに行くから自分も行こうとは考えませんからね、ベ
トナム人は。大きな集団で固まってるんじゃなく、ボツッ、ボツッて、
それぞれあっち向いたり、こっち向いたりしてる(笑い)。
　──でも、一本一本の木は、ボツッボツッとあっちこっち向いてても、
それを遠くから見れば大きな一つの森になってるんだから、それでもい
いんじゃないのかしらね(笑い)。日本は日本の森のスタイルがあって、
ベトナムにはベトナムの森のスタイルがあるのよ。良い悪いじゃなく、

個性の違いね。

　このように受け入れ病院の責任者がベトナム人看護師を自分たちの型に嵌め込むのではなく、お互いを「個性の違い」と認める看護部長に、強い自信を感じた一言である。外国人に対してついつい「郷に入っては郷に従え」と説教したくなるものだが、部長職にある者が「個性の違いね」と軽々と言えるメンタル＝覚悟は凄い。ワンチームにも多様性があるのだ。多様性を認めながら一つにまとめる力量がリーダーには求められる。そのコツをくだんの看護部長に聞いたとき、「そういうことをやれる人が部長になるんです。八方美人みたいな。日本人ナースをまとめるのもベトナム人ナースをまとめるのも同じよ」とあっさりしたコメントだった。日ごろから多職種連携に取り組んでいる職場ならではのスキルなのだろう。

　看護や介護は慢性的人手不足にあり、働く側からすればいつでもどこでも働き口が見つかる業種で流動性が高い。就職の際に職場の人間関係が重視されているが、その選択はもちろん就職してみなければわからないのだが、それゆえに本人の気持ちにそぐわなければ離職となる。私は現場で働く者ではないが、長年病院や介護施設に出入りしているとエントランスに入れば職場の雰囲気が伝わってくるようになる。理事長の経営理念が現場に行き届き、多くの職員が共有・共感できている法人がある。そのような見えないものが職員をまとめる基となっている。EPAで来日して職場では10年以上のベテランでも何の役職にもついてない介護福祉士がいる一方で、いつかはベトナム人が施設長になってくれることを期待しながら受け入れている法人もある（第4章原氏の論参照）。また日本人と外国人の差はつけないと平等を強調するあまり、休暇についても特別待遇はしないという話を聞くこともある。そうなると1週間以上のまとまった休みが取れずに一時帰国もままならない。これは当たり前のように日本人職員の実情に合わせているからであるが、しかし多くの日本人職員もまとまった休暇が欲しいのだから、それが取得できるようにアレンジすればこの問題は解決できるし、そのように改善した法人もある。外国人は突然すぐ辞めるので困るという話も聞くが、ある施設長は「日本人も同じでしょう、一身上の都合と書いた辞表を出して数日で辞める

人もいますよ、なぜ EPA は辞めないと思っているのか理解できない」と言って憚らない（第 2 章剣持氏の論考参照）。

　日本人職員が定着して働いている職場は外国人職員も働きやすく、それは待遇だけの問題ではなく、リーダーがどのような方針を掲げ、職員も同じ方向を向いて仕事しているかどうかである。私が訪問先のエントランスで感じる空気というのは、職場の一体感というもので、いつも不満が鬱々としている職場に開放的で自由な空気が漂うことはない。自由な職場は職員一人ひとりが責任をもって働いており、職員間に信頼関係ができている。この好循環は一朝一夕で出来上がるものではないが、それを実現させる地道な努力がなければ手に入るものでもない。

8. EPA 看護師候補者、介護福祉士候補者受け入れに向けた歩み

8.1　第 5 次特区申請に取組む

　2004 年 6 月 30 日　内閣府構造改革特区第 5 次申請に支援プロジェクトメンバーの病院や介護施設が「日比医療福祉人材還流プロジェクト」と名付けてフィリピン人看護師と介護士の受け入れを提案した。

　折りしも 7 月 5 日〜7 日にフィリピン・セブ島での日本・フィリピン経済連携協定（以下、JPEPA）第 3 回会合が目前に迫っており、フィリピン側は日本に対して看護師と介護士の受け入れを強く要求しているのだが、日本側の対応には様々な思惑が交差していた。その前後の主な動きを列記すると、このようになる。

・2003 年 12 月：日本・フィリピン経済連携協定交渉（以下 JPEPA）がスタートする。
・2004 年 6 月：内閣府構造改革特区第 5 次申請で海外から看護師や介護士の受け入れ申請が目立った。
・2004 年 7 月 27 日：外務省・国際移住機関共催シンポジウム「国境を越えた人の移動－経済連携協定と外国人労働者の受入れ」開催。
　このシンポジウムは EPA 看護師・介護士受入れに関する初の公的な

もので、梶原優先生（板倉病院会長、AHP顧問）が登壇した。
この頃からフィリピン人看護師や介護士受け入れ交渉をマスコミは「白舟来航」と書き立てた。
・2004年11月29日　日本・フィリピンEPA大筋合意＠ビエンチャン

　特区申請の数か月前に経済産業省の経済連携交渉の担当課からこんな話があった。それは構造改革特区第5次申請への提案である。担当課は支援プロジェクトでベトナム人看護師が36名在留しているのを知っていたのだろう。日本で国家資格を取得して病院で働く外国人看護師の実例があり、経済産業省はJPEPA締結に積極的だった。しかしEPA交渉における看護師受け入れには厚生労働省も日本看護協会も後ろ向きで、理由は「日本は看護師不足状態にはない。たとえ不足している状況が見受けられるとしても全国の潜在看護師を掘り起こせば充足する」という理屈を立てていたからである。
　JPEPA締結にはフィリピンから看護師と介護士受け入れが条件となっていることから経済産業省の担当官の話に我々は積極的に応じた。毎年5万人近くの新人看護師が誕生しても民間病院は慢性的看護師不足対策に苦慮しているのが実情である。対策の一助として海外から看護師や介護士の受け入れを進めていきたいという要望である。また担当課からは支援プロジェクトの経緯や現状、費用、日本語教育と国家試験の関係性など情報提供の要請もあり、それらも含めて積極的に応じ、メールや電話でやり取りをした。支援プロジェクトに関わっている医療機関や社会福祉法人は、JPEPAが成立しなければ次はないという考えで第5次特区申請に関わり、協議を重ねながら無事申請書を提出した。そして申請受付が終了した翌日の7月1日、事務所に出勤すると読売新聞と日本経済新聞の朝刊1面の記事が担当課からFAXで届いていた（図3）。これが共に動いた成果であった。この日からお互いのメールのやり取りはなくなり、これにてミッション完了となった。
　図3の読売新聞は、特区を利用して外国人看護師や介護士受け入れの申請が多かったことを記事にして、看護師、介護士不足にある現場の声を表面化したもので、一方の日本経済新聞は、それを一つの根拠として外国（フィリピン）からの看護師、介護士受け入れが下からの要望に応えて一部開放する

と報じた。これが同日に出たインパクトは強かった。

安里和晃(2007)は硬直した JPEPA 交渉の打開策として経済産業省が構造改革特区第五次申請を活用したことをこのように論述している。「EPA を推進する経済産業省は『経済改革特区』の第 5 次申請(2004 年)において、外国人医療従事者の受け入れや資格の相互認証についての応募が相次いだことを明らかにした。(中略)看護・介護部門における人材不足と外国人労働者の受け入れが特区を通じて世論に提起されるかたちとなった」(p.34)。特区申請と EPA 看護・介護交渉を重ね合わせて論じた貴重な論考である。そして今から数年前、ハノイの路上で私は安里氏からこんな質問を受けた。「フィリピンとの EPA で小泉アロヨビエンチャン大筋合意の半年ほど前に 2 つの新聞に奇妙に符合する記事が同時に載ったことがありましたけど…」と。数年経っても些細な訝しさを疎かにしない研究者の探求心に驚いたものだった。

日本とフィリピンの両国首脳の受け入れ大筋合意から 1 年後の 2005 年 10

図3　2004 年 7 月 1 日の読売新聞［左］と日本経済新聞［右］の朝刊 1 面の記事

月12日にフィリピン視察のためマニラに行き、フィリピン看護協会会長らとEPAセミナーを開催した。フロアからは日本語学習や必要なレベルに関する質問が多かった。JPEPA当初のスキームでは現地で半年間の日本語教育で来日することになっており、未熟な日本語力で来日してもお互いに困るだけだという心配があった。そこで「フィリピン人ナーシングケア人財育成・日本語学校留学支援と介護実習のジョイントプログラム」と長い名前のプログラムを立ち上げてマニラで留学生6名を選抜し、2009年4月から1年間千葉県浦安市にある明海大学日本語別科と大阪市内のYMCA日本語学科への留学を支援した。1年間で日本語能力N3を目指したのだが結果はN4以上といったところだろうか。N3取得は難しかった。1年間の語学留学を終えて帰国し、JPEPA介護福祉士コースに応募したが残念ながら候補者になれなかった。理由は募集人数に達したので締め切ったということだった。ここから、フィリピン側では候補者の日本語能力が応募の優先順位にはなってないということがわかった。日本語能力の有無に関わりなく申し込み順では将来的にも日本語力の低迷と同時に看護師や介護福祉士国家試験にも低空飛行が続くだろうと思われた。ともあれ、せっかく日本で勉強したのだから翌年の第二陣に参加したいと元留学生たちは意欲をみせていた。1年待って第二陣に参加して無事に再来日を果たしたが、その中には介護福祉士国家試験に合格し、現在も同じ施設で働いている者もいる。施設内のチームリーダーとして、よく頑張るフィリピン人介護福祉士として活躍している。

8.2 日本・ベトナムEPA看護・介護が動き出す

　日本・ベトナムEPA（以下、JVEPA）は2009年10月に発効した。しかしすでに述べたように看護師・介護福祉士候補者については継続協議となり、協定の効力発生後、遅くとも2年以内に結論に達することを目的に両国の小委員会で交渉することとなった。継続協議になった原因はベトナムに看護師免許制度がないことによる。日本側から看護師のオーソライズが求められたのだった。

　同年11月24日に支援プロジェクトパートナーのベトナム保健省からEPA看護師・介護福祉士の教育費用についての問い合わせが届いた。そこ

でインドネシアとフィリピンから来日した EPA 看護師・介護福祉士候補者について、受け入れた病院や介護施設から日本語教育の不備を指摘する声が多いことを指摘し、事前教育がいかに大事かを伝え、それらを含めて提案書を作成してベトナム保健省や労働・傷兵・社会省の関係部署に送付した。

　その後 JVEPA 交渉についてベトナム側は商工省がリードして進めることになったとベトナム保健省の知人から知らせを受けた。2010 年 9 月 7 日、K 氏と 2 人でハノイへ行き、商工省で JVEPA 看護師・介護福祉士送り出し交渉責任者の S さんと H さんにお会いする機会を得た。挨拶もそこそこにインドネシアとフィリピンの EPA 看護師受け入れ状況について質問が出た。しかし EPA スキームの背景が共有されていれば要点列挙で話が進むのだが、EPA 成立過程での問題から看護師と介護福祉士の国家試験受験方法の違い、入管法上の取り扱い、そして大事な日本語教育の期間や費用の問題など話し出したらきりがないほど基本情報が必要となる。説明の途中にも質問が出てその説明をしているとあっという間に 2 時間が過ぎてしまった。最後に日本ではすでにベトナム人看護師たちが活躍しており、EPA 3 ヵ国目となるベトナムに期待が高いので交渉が成功するようお願いした。

　会議が終わり、商工省庁舎のエントランスまでお二人が見送ってくれた。そして別れ際に、「10 日に三省の EPA 交渉担当者が集まって会議をするのだがもう一度来られないだろうか」と S さんからお誘いを受けた。私は、「残念だが」と断った。実は支援プロジェクトが終わって 2 年が経ち、自分でもよく頑張ったものだと、私たちは 8 日からはじめてのベトナム国内旅行を楽しむことにしていたのである。ハノイ駅から夜行列車でサパというフランス統治時代の有名な避暑地で、少数民族が住む山岳地帯への旅行である。ベトナム人看護師養成事業に関わって 17 年経つが、ハノイ周辺以外は知らなかったのだ。フエにもホーチミン市にも行ったことがないので、まず第一回目の課外活動をサパに決めたのだった。サパの次はチャンアン渓谷やホイアンやダラットへと夢が膨らんでいた。

　商工省は大きな通りに面して建っている。面前の道路の両側には高く伸びた街路樹が茂っており、蒸し暑いハノイの夕方でも木の葉に隠れた涼しい通りになっている。今日の仕事が終わったところで夕食に備えようとホアンキ

エム湖近くのホテルまで歩くことにした。その前にまずは路上カフェでアイスコーヒーとカボチャの種で一息入れる。商工省での先ほどの説明で足りているかどうか振り返ってみたが言葉足らずがあちこちにあったのが悔やまれた。でも疑問があればメールが来るだろうと思い、それよりもこれから何をどこで食べようか考えながらホテルに戻りつつ、しかしなんともすっきりしない気持ちがあった。よくよく考えてみるとサパにはいつでも行けるが 10 日の会議は今回しかないということだ。結局 H さんに電話して会議にお邪魔することにした。ホテルで早速「日本・フィリピン／インドネシア EPA レポート」を作成し、ハノイの友人にベトナム語に翻訳してもらった。時間が出来たので翌日午前に労働・傷兵・社会省海外労働管理局(以下 DOLAB)を訪問した。ここでも EPA 看護師に関する話題で終始した。

　10 日午後私たちは再度商工省を訪ね、ベトナム EPA 小委員会の会議に参加した。この委員会は商工省をはじめ、DOLAB と保健省から組織されたメンバーである。保健省から参加していたムックさんにはこの時の出会いで意気投合し、ベトナム看護協会会長となった現在でもいくつかのプロジェクトでパートナーとしてご一緒し、本書にも寄稿している(第 9 章)。

　会議の持ち時間は 1 時間でインドネシアとフィリピンの EPA 現状報告をしてほしいということだった。事前に準備したレポートを配布したが、参加メンバーからは、五月雨式に質問が飛んできた。実は 7 月に東京で両国の第 1 回交渉が行われており、多くの課題を持ち帰って集まっていたのだった。

　会議は質問攻めで 1 時間の持ち時間が結局 3 時間となった。最後に、これまでの支援事業プロジェクトの経験をもとにベトナムらしい成功のアイディアを提案した。この日から小委員会とのお付き合いが始まった(写真 2)が、残念ながらサパ旅行の代金は直前キャンセルのため戻ってこず、課外活動も延期のまま現在に至っている。

　では以下に時系列に沿って、簡潔に記述してみよう。

◆ 2010 年 11 月 26 日、ハノイ商工省を訪問する。
・ AHP メンバーの田中信也氏(病院事務局長)と剣持敬太氏(介護施設長、第 2 章筆者)、両法人施設ともフィリピンから EPA 介護士を受け入れて

写真2　ベトナム EPA 自然人の移動小委員会の会議に初めて参加。ハノイ商工省、2010.9.10

おり、その状況を報告した。
- 日本から一時帰国していたベトナム人看護師のマイさんが日本語学習、看護師国家試験と日本の病院勤務の内容や待遇面などをベトナム語で直接プレゼンテーションをした。

◆ 12月3日　中村博彦氏を参議院議員会館に訪問。
- この日の朝、特に用事はなかったが久しくお会いしていないと思い、中村氏(参議院議員、全国老人福祉施設協議会常任顧問)に電話をしたところ、挨拶もそこそこに「ぜひいらっしゃい」という返事。早速議員会館に伺うと自民党 ODA 委員長に就任したとの由。2週間後にベトナムを訪問するというので、ぜひ商工省の EPA 小委員会の方々に会ってほしいとお願いした。実は大きな課題が横たわっていたからである。私はその場でハノイの商工省 H 氏に携帯電話し、事の次第を告げて中村氏に携帯を渡した。両者で直接打ち合わせしてハノイ会談の段取りをつけていただいた。

◆ 12月16日、ベトナム国会社会委員会社会保障視察団が来日し、AHP 代表の袖ヶ浦さつき台病院を訪問。ここで働くベトナム人看護師たちがプレゼンテーションをした。

◆ 2011年5月27日、商工省のカイン副大臣が来日。AHP メンバーの奈良東病院を視察(写真3)。EPA インドネシアとフィリピンの候補者たちと面

写真 3　ベトナム EPA 小委員会とカイン商工省副大臣（後列左から 6 番目）が奈良東病院を訪問（後列左から 4 番目が筆者、5 番目が第 3 章執筆の岡田氏）、2011.5.27

談をセッティングした。

その後交渉団が上京し、30 日に都内で在京ベトナム人看護師らと面談していただいた。各委員会メンバーも彼女らからじっくり聞き取りしていた（写真 4）。

◆ 6 月 15 日、ハノイ商工省を訪問する（写真 5）。

カイン副大臣から AHP の協力に謝意が伝えられる。当方も引き続き交渉

写真 4　ベトナム EPA 小委員会とカイン商工省副大臣が都内でベトナム人看護師らと面談、2011.5.30

成立まで支援することを約束する。
◆多文化情報誌 「イミグランツ」第 4 号(2011.8)、で AHP 企画編集による『EPA を問い直す』を特集した(写真 6)。
本誌で日本・ベトナム EPA スキームとして「現地で 12 ヵ月間の事前教育を行う(中略)短期集中 10 ヵ月で日本語 1600 時間学習(中略)全国から広く人材を集め、宿泊しながら学ぶ合宿スタイル(中略)教師は日本から派遣する(中略)2 ヵ月間で日本の看護・介護の専門知識や社会福祉など 300 時間の学習を行う」(p.20)ことを提案した。また介護福祉士候補者が人員配置職員としてカウントできれば今後の EPA 介護士受け入れ推進の重要な点であると主張した。
◆9 月 17 日　3 名の研究者の訪越に合わせてハノイの商工省 EPA 交渉担当者に、先行する日本・フィリピン EPA についてプレゼンテーションをしていただいた(写真 7)。
◆10 月 13 日、両国の最終交渉が東京で行われた。
中村博彦氏や AHP 顧問の柏戸正英先生、梶原優先生、矢田洋三先生が集まり、都内のレストランでベトナム EPA 小委員会メンバーのお疲れ様会をする予定だったが、交渉でいくつかの課題が残され、皆で乾杯とはいか

写真 5　中央右から 3 番目にカイン副大臣と筆者(4 番目)その隣にさつき台病院のメンバー 2 名。ハノイ商工省会議室 2011.6.15

第1章　支援プロジェクトが生んだ偶然と共鳴の出会い　33

写真6　「イミグランツ」(株)移民情報機構代表の石原進氏が発行する多文化情報誌
　　　第4号の表紙は311東日本大震災の被災者に向けてインドネシア、バンコ
　　　ク、ハノイ、ニューヨークから日本にエールを送った写真を配置した

写真7　左手前から平野裕子先生、小川玲子先生、大野俊先生、商工省にて

なかった(写真8)。
◆10月31日　「ベトナムからの看護師・介護福祉士候補者の受け入れに関
する覚書」に両国首脳が署名、「今後二国間で詳細を定める枠組みに基づ

き」受け入れが決まった。

◆ 11月15日　ベトナムにおいて看護師国家資格制度に関する関連法令「治療と診断に関する法律」が施行となる。

◆ 2012年3月15日　ベトナムEPA小委員会メンバーが来日。成田空港から千葉県袖ヶ浦市にあるさつき台病院を訪問。ベトナム人看護師とEPAインドネシアとEPAフィリピンの看護・介護職員らにインタビューし、JVEPA看護師・介護福祉士候補者たちの来日実現に期待を高めた(写真

写真8　都内のレストランでベトナム小委員会のメンバーと。中央後方に中村博彦氏
　　　　左からAHP顧問の柏戸正英先生、梶原優先生、矢田洋三先生

写真9　袖ヶ浦さつき台病院セミナールーム
　　　　前列の小委員会メンバーと矢田洋三先生(中央)

9)。
- ◆ 3月16日　ベトナムEPA小委員会メンバーと最後祝会を行った（写真10）。
- ◆ 4月13日　『シルバー新報』に中村博彦氏と筆者が寄稿した。中村氏はEPA介護福祉士候補者を日本人等の介護職員と等しく人員配置基準にカウントするよう訴え、私はEPA参加者が1年間の日本語学習等をしっかり終えてから来日することの重要性を訴えた（写真11）。
- ◆ 4月18日　日越両国の交換公文により、ベトナム人看護師・介護福祉士候補者の日本入国・一時的滞在の基本的枠組みが定められ、JVEPA交渉が完結した。

8.3　初めて開催した日本・ベトナムEPAハノイセミナー

　商工省にEPA小委員会の交渉責任者のお二人を訪問したことからはじまり、最終結論に至るまで後方から支援ができたこの1年半は、その時々に偶然的出会いが重なり、しかもその度重なる一つ一つの出来事は、必然的時間になった。その根底には、支援プロジェクトで得た「ベトナム人なら難局を

写真10　新宿で焼き肉を食べながらJVEPA交渉の成功を祝ったベトナム小委員メンバーと筆者（右から3番目）

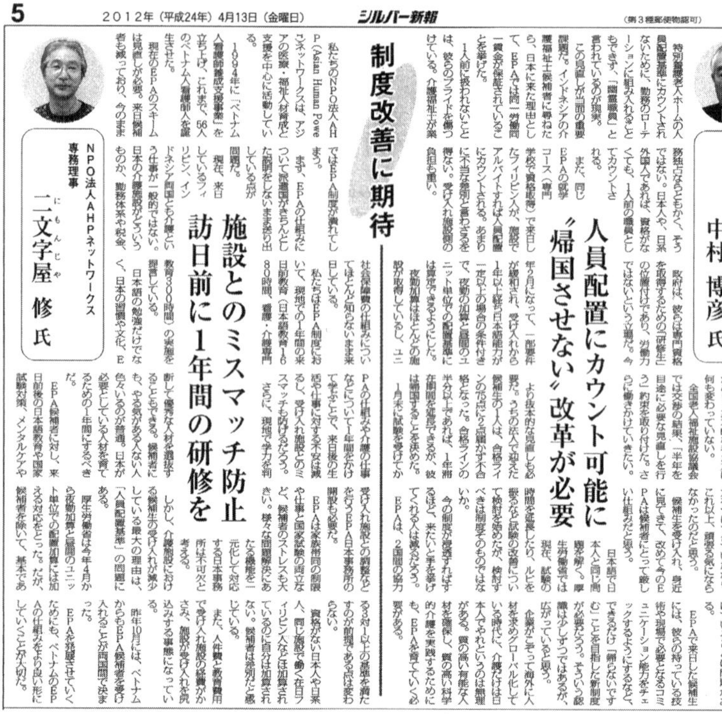
5　2012年（平成24年）4月13日（金曜日）　シルバー新報　（第３種郵便物認可）

全国老人福祉施設協議会常任顧問　中村 博彦 氏

人員配置にカウント可能に
"帰国させない"改革が必要

制度改善に期待

NPO法人AHPネットワークス専務理事　二文字屋（にもんじや） 修 氏

施設とのミスマッチ防止
訪日前に1年間の研修を

写真 11　お互いに EPA 推進の論点を主張した

打開できる」という信頼感と、若きベトナム人官僚の交渉締結へのプライド、それらが有機的に結びついた結果ではなかったかと考えている。彼らがJLPT N3 レベルの日本語能力で候補者を線引きして日本へ送り出すことを決めたのは、自国のプライドである。EPA 看護師候補者たちは日本へ行くためにせっかく就職した病院を離職してハノイで日本語学習に 1 年間奮闘し、N3 レベル以上に合格しなければならない。そのようなメリハリのある目標設定を課したベトナムの小委員会と、その条件を了解した EPA 参加者たちのプライドが JVEPA を形成している。彼らのプライドとは見栄を張ることではなく、生きる張り合いのようなものであろう。一方、厚生労働省は EPA について「看護・介護分野の労働力不足への対応として行うものではなく、相手国からの強い要望に基づき交渉した結果、経済活動の連携強化の

観点から実施するもの」と、一言念を押した。

　JVEPA 看護師、介護福祉士候補者の移動が決まったところで我々は 2012 年 4 月 24 日に早速ハノイでセミナーを開催した（写真 12）。ベトナム看護協会と共催でハノイ国際会議場をお借りした。元駐ベトナム全権大使の服部則夫氏も登壇し、参加者はハノイとその近郊にある看護短大・看護大学関係者や市の行政、マスコミ関係者で、JVEPA 看護・介護の送り出しを理解してもらうことを主眼においた。また日本の医療、福祉関係者からは就労内容や待遇、受け入れの期待などを語ってもらった。フロアにいた看護短大の先生からは、「病院を辞めて 1 年間日本語を学習し、日本語試験で足切りされるなど厳しい条件で、しかも日本の病院で働きながら勉強して国家試験に合格しなければ帰国となる、そんなプログラムを卒業生に紹介するのは控えたい」と発言があった。すると別の先生から、「参加するかしないかは学生本人の考えで行えばいいので情報は提供すべきだ」という反論が出て会場のあちこちで討論が始まった。どちらも教育者らしい意見で、司会者の私は会場が静まるまでセミナーの進行を止めた。地元の医療機関に優秀な卒業生を送

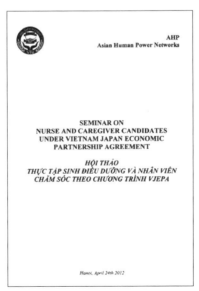

写真 12　日本・ベトナム EPA セミナー資料集の表紙。2012.4.24 ハノイ開催

り出している先生方はせっかく育てた看護人材が横取りされるような印象を持たれたのだろう。一方で設備が整わない地方の小さな医療施設で働く若い看護師にはいいチャンスになるとの評価もあり、JVEPA参加者には日本で良い経験をしてほしいと改めて実感したセミナーになった。

9. 外国人労働政策と看護師・介護職員の受け入れ

9.1 「中間的労働者」としての外国人介護職員の活躍

　日本の外国人労働政策の根幹は、1988年6月に「第6次雇用対策基本計画」で示された。それは「専門的、技術的な能力や外国人ならではの能力に着目した人材の登用は、我が国経済社会の活性化、国際化に資するものでもあるので、受け入れの範囲や基準を明確化しつつ、可能な限り受け入れる方向で対処する。(中略)いわゆる単純労働者の受け入れについては、諸外国の経験や労働市場を始めとする我が国の経済や社会に及ぼす影響等にもかんがみ、十分慎重に対応する」というものである。そして1999年8月「第9次雇用対策基本計画」でも「専門的、技術的分野の外国人労働者の受入れをより積極的に推進する」が「単純労働者の受け入れについては(中略)十分慎重に対応する」と踏襲され、現在まで一貫した基本政策となっている。

　EPA看護師・介護福祉士候補者の受け入れもこの基本政策から逸脱するものではなく、最初に交渉を始めたフィリピンのEPA看護師・介護士が専門的、技術的分野の人材に該当しなければならなかった。そのために日本の国家試験を課し、合格すればそのフレームに相応しい"人材"として在留資格「特定活動」で在留できることとした。それゆえ合格までは"候補者"と呼ばれる。JPEPA交渉時点で「介護」には在留資格がなかったが、日本人と同じように、3年以上の介護実務経験を経て受験資格が与えられるという実務経験ルートを踏襲することで両国が了解した。しかし看護師候補者は日本の看護教育課程を卒業していないことをどう解釈するかが課題だった。

　2005年3月に厚労省医政局長による「看護師国家試験の受験資格認定」という通知がある。海外で日本と同等の看護教育を受けていることや看護師国家試験または同等の制度で看護師認定された者、さらに日本語能力試験

N1 合格などの諸条件で受験資格が得られるというものである。しかし EPA 看護師候補者に日本語能力 N1 は不要であることから母国の看護教育内容や看護師免許制度が日本のそれに相当するかどうかが厳しく問われることとなった。

　既に述べたとおり、ベトナムは「交渉が開始されているベトナムの看護師・介護福祉士候補者の受け入れについては、EPA に基づき 2011 年 9 月までに結論を出すに当たり、ベトナムの看護師資格制度の整備状況や看護カリキュラムの内容等を確認した上で、一定の日本語能力を有する候補者を受け入れる枠組みについて、検討を行う」(「経済連携協定 (EPA) に基づく看護師・介護福祉士候補者の受け入れ等についての基本的な方針」人の移動に関する検討グループ　平成 23 年 6 月 20 日) とされ、ベトナム側は日本側と交渉妥協を促すためにも看護師免許制度の策定を急ぐこととなった。その結果、看護師国家資格制度に関する関連法「治療と診断に関する法律」が 2011 年 11 月 15 日施行という見通しが立ったことで、JVEPA 人の移動交渉が一気に動いたのだった。ここで、介護はどうだったのかと疑問が湧くのだが、関係者に訊ねたところほぼ議論はなかったということだった。日本の看護師国家資格は業務独占であり、受験資格となる看護カリキュラムにも明確な規定があるために EPA 3 カ国はそれぞれの看護師資格要件とのすり合わせが厳しく行われた。そのため看護師受け入れが決まれば介護は了解されるという事情だったようである。他方で介護福祉士資格は国家資格ではあっても名称独占であり、現場では無資格者も就労している実情もあるため対応が看護とは異なる対応だったのであろう。ただし、2010 年 9 月から社会福祉法人千寿会 (岐阜県瑞浪市) がベトナム・ダナンの医療系大学とスタートさせていたベトナム人医療・福祉人材育成プロジェクトが先行事例として参考になったであろうことは記録しておきたい (第 4 章原氏論考)。

　繰り返しになるが看護は 1990 年の改正入管法施行で医療ビザが交付されるが、介護は 2017 年に技能実習や在留資格介護ができるまでビザがなかったのである。明石純一 (2010) はこの間の事情を、「『人手』たる外国人労働者と『人材』たる『知識労働者』の間に位置する『中間的労働者』という概念に留意したい。そのひとつに該当するのは EPA にもとづいて 2008 年の

夏より受け入れが始まった看護師および介護福祉士の候補生である。（中略）現行の入管管理体制のもとでこれまで固定されている『単純労働』と『知識労働』の間に、現実に無視できないニッチが存在することをいみじくも物語っている」(pp.288–289) と分析している。それは私が支援プロジェクトに関わる当初から違和感を持っていた点にフィットする答えだった。専門的・技術的分野であるはずの医療ビザになぜ在留期限が設定され「研修として行う業務」という強い監督性が付着しているのか、また 1987 年に国家資格として制定された介護福祉士が 1990 年の入管法改正時には在留資格に入らなかったのは（入管法改正に直接関与した元法務官僚の坂中英徳氏のインタビューによると「原案は『医療・社会福祉』としたが後者は削られ前者だけになった」という）、介護は専門的・技術的分野ではないという判断だとすれば、介護職をどう捉えればいいのか、国家資格者をどう扱えばいいのかと、モヤモヤが残るのだが、それを明石氏は「中間的労働者」という概念で説明した。

　日本は 1970 年に高齢化社会に突入し、入管法改正時の 1990 年には高齢化率 12.1％で、来るべき高齢社会に移行しつつあるのが見えていたころである。しかし旧厚生省はこの分野の労働者は日本人で賄うべきだとの考えから、外国人介護職員の存在は 2008 年の EPA まで待たねばならなかった。それは「中間的労働者」という外国人労働者の新たな階層が表面化するまでの時間が必要だったということだろう。また 3.2 で記述したように、EPA看護師の存在によって露呈したベトナム人看護師たちを縛っていた入管法上の取り扱いが「現実に無視できないニッチ」として社会的話題にもなったのだった。

　このようにして日本の現場に開放された外国人看護師や介護士だが、受け入れにあたって「人手」とするか「人材」とするかは現場の状況、方針、態勢、体力次第である。まず必要なのは受け入れることだが、そこから人材に育てる方法を、現場がそれぞれ手作りすることに興味と関心を持って実践することが重要となる。海外から受け入れた介護職員を OJT で育成するのは現実的なやり方だが、そのためには前提となる専門知識や技術を彼・彼女らが来日前に何をどれだけ学習してきたか、そこに我々がどのように関与した

かが問われる。

　なぜならベトナムの高齢者介護は家族介護が中心で、日本でいうところの有料老人ホームは全国に40数ヵ所ほどしかない。介護を学ぼうにもそのような施設がまだまだ少ない社会である。つまり日本のような介護概念とは異なる家族介護の国から介護職員をリクルートしていることを理解する必要があるからだ。介護が必要な親族がいれば当たり前のように行う「お世話」という無償行為が、ひとたび日本に来ると労働としての「介護」に変質するのである。日本のような高齢者介護施設も、高齢者介護のやり方も見たことも聞いたことも経験したこともないベトナムの若者が、来日したとたんに介護士と呼ばれるのである。よくアジア諸国の若者に対して「大家族で育ってきたので高齢者の面倒をみるのは慣れている」といった前向きの評価があるが、見よう見まねで行うお年寄りのお世話と職業教育を受けて業務として行う介護は違う。後者には一つ一つの介護に考え方があり、アセスメントが重視される。

　また感情労働という特性もあり、介護の技能実習生には日本語能力条件が課されている。日本入国前にJLPT.N4相当の日本語力が求められ、さらに入国1年後にはN3相当に引き上げねばならない。そのため技能実習82職種158作業の中で介護は事前学習費用と時間が多くかかる。費用は日本の受け入れ側が負担するのが常だが、ベトナムでの半年から1年に及ぶ学習期間中、実習生は収入が途絶える。他の職種なら数か月の研修を受ければ日本で働けるのに、介護を選んだ技能実習生は準備期間が長くなる覚悟が必要となる。また介護は夜間勤務ができるようになるまで相当時間がかかり、入国後間もなく残業ができる他の職種より不利な点もある。

　このように海外出稼ぎからみてマイナス要素が多い介護だが、ベトナムの若者たちが進んで介護を選択したことを思えば、大いに歓迎し、介護の仲間として手厚く迎えていきたいと思う。

9.2　外国人介護職員の受け入れ実情

　1994年に全人口に対する高齢者比率が14%を超えて日本が高齢社会に突入したことはよく知られている。ちょうどこのころ1990年代から目立って

きたのが少子化問題である。今もってその対策の効果は現れてこないどころか深刻になるばかりで、2022年の出生数は77万人で初めて80万人を割った。またこの年の新成人は120万人だから20年後の成人式は43万人も少ないことになる。この数字は愛知県豊田市や長崎県長崎市の人口よりも多い。

人口が縮小していく日本は、労働人口が驚異的に減少し、高齢者が顕著に増加している。この社会にあって外国人労働者の受け入れは必須だが、政府はとても慎重だ。多くの先進諸国は高齢者介護に外国人ケアワーカーの導入がすすんでおり、オーストラリアのように介護労働者の18％が外国籍という国もある。しかし介護保険が整備された日本は事情が違う。「R3年度介護事業者実態調査」（介護労働安定センター R4.8.22）を見てみると、外国人介護職員の受け入れ状況は以下のようである（表1）。

表1　外国籍介護労働者の受け入れ状況　　　　　　　　　　（％）

	EPA	介護	技能実習	特定技能	留学生	受け入れていない
全体 n=8,742	0.7	2.0	2.6	1.6	1.3	87.9
特養 n=630	5.2	6.3	11.0	5.2	4.8	75.4
老健 n=259	3.1	6.2	6.6	5.4	3.5	80.3

外国人介護職員導入に積極的な特養（特別養護老人ホーム）や老健（介護老人保健施設）でも実際に受け入れているのは2〜3割程度で、受け入れていない法人が圧倒的に多いのである。「新たに活用する予定」があるかどうかという問いに「予定がある」と回答したのは特養が31.4％、老健が21.6％と前向きではあるが、「必要はない」が特養64.0％、老健71.8％で、数字は至って冷静な事実を示している。介護の2025年問題といわれる介護職32万人不足に対して介護ロボットやICTの活用も大事だが、やはり人材の確保が必須だろう。世間では日本で働く外国人労働者が年々増加しているなどと移民開国に関する話題が盛り上がっているが、高齢者介護事業者の半数以上が「必要はない」と判断している。受け入れに積極的な台湾やドイツ、そしてこれから本格的に始まろうとしている韓国等の流れに比べて、これでは船に乗り遅れるとみるか、受け入れ派が4割程度はそんなものだとみるか。外国

人労働問題は賛成反対相半ばするのがバランスがとれていいのかもしれないが、国内の労働人口減少は多くの産業で人手不足を招いており、全国各地で多くの外国人労働者が働いている。いずれ介護もそうなったときに、現在頑張って受け入れている法人の経験が良い方向に作用するに違いない。

9.3 選択肢の多様さが多彩な人材を呼び込む

　EPA 3 カ国の介護福祉士候補者受け入れ人数は年間で 900 人を超えることはないし、医療機関は受け入れ対象外である。「技能実習」は総量規制がないため、医療機関も受け入れ可能であるが、在留期間が最大 5 年間に制限されている。在留資格「介護」は専門学校留学のため、日本語学習期間も含めて現場に立つまでに時間もかかれば費用もかかる。さらに 2027 年 4 月入学生からは卒業しても国家試験に合格しなければ在留できなくなる。「特定技能」はスタート時点で新型コロナの影響で停滞してしまった。国内の留学生や技能実習生が特定技能に変更する者もいるが、雇用してもあっさりと職場を変われることが、特に地方の企業では懸念されている。

　このように EPA、技能実習、在留資格「介護」、特定技能と外国人介護職者を受け入れる選択肢はいろいろあるが課題もある（表 2）。いずれも多様な声を反映したビザであるがそれぞれに特徴があり、どのルートを選択するか頭を悩ませるところである。しかし見方を変えれば、定住者を含めて 5 つもルートがあるのは受け入れ側のアレンジメント次第で人材配置が上手くいくことに繋がり、日本人と外国人の介護職員の協働現場に成長する施設の可能性が見いだせるのではないだろうかと期待する。一方で送り出す海外の関係者には、日本は混乱していると見えるかもしれないが…。

9.4 問われる日本の受け入れ姿勢

　技能実習に介護職種が追加された際に、厚労省社会援護局が「技能実習『介護』における固有要件について」（厚生労働省社会・援護局平成 29 年 11 月 1 日）を出した。ここに記された「基本的考え方」に「介護が『外国人が担う単純な仕事』というイメージにならないようにすること」と殊更に言う一文が私には際立って見えた。外国人がやる仕事は単純作業であり、介護に

表2　外国人介護職員の在留資格一覧（各種資料から筆者作成）

在留資格	経済連携協定（EPA）	在留資格「介護」	技能実習・介護	特定技能Ⅰ号・介護
発効	日尼 2008.7 日比 2008.12 日越 2012.4	2017.9	2017.11	2019.4
資格要件	介護士有資格、 看護学校卒	高卒以上	18歳以上 前職用件	18歳以上
在留期間	4年.「介護福祉士」合格者は滞在継続、不合格者は帰国又は特定技能へ移行可能	3年又は5年、延長可能	3年又は5年	5年
受け入れ人数	1か国原則2名以上5名以内	制限なし	常勤介護職員の人数に応じて	常勤介護職員の人数を超えない
日本語要件	尼 N4 比 N5 越 N3	規定なし	入国時 N4 2年目 N3	N4
講習要件	尼比： 来日前後各6ヵ月 越： 来日前1年、来日後2.5ヵ月	日本国内の介護福祉士養成施設を卒業し、国家試験を受験（＊）または、実務経験ルートで受験	来日前後各1～2ヵ月	・介護技能評価試験 ・介護日本語評価試験 ・日本語基礎テストまたはN4
管理機関	雇用主 国際厚生事業団 （JICWELS）	雇用主	雇用主 監理団体 外国人技能実習機構	雇用主
制度趣旨	二国間経済連携の強化	人材確保	国際貢献 技能移転	人材確保

注）表中「尼」はインドネシア、「比」はフィリピン、「越」はベトナムを示す。
　　「N4」、「N5」、「N3」は公的な日本語能力試験（JLPT）のレベルを示す。LJPT以外にも民間試験も可能。
（＊）介護福祉士養成校を2027年3月31日までに卒業した者には介護福祉士試験が不合格でも5年間は有資格者として扱われる経過措置がある。今後受験義務化となった場合、留学生の動向と養成校の経営が問題化するだろう。

外国人が携わると介護のイメージダウンになりかねないと日本人の介護専門家は思っているということだろうか。また続けて「日本人労働者の処遇・労働環境の改善の努力が損なわれないようにすること」とも書かれてあり、外国人がやると日本人の給与が下がるとでも言いたげである。そのような実例がこれまであったのだろうか。さらには「介護のサービスの質を担保するとともに、利用者の不安を招かないようにすること」と念を押す。これら「基本的考え方」で示された懸念は杞憂に過ぎないことを外国人介護職員を受け入れた介護現場は証明していると思うが、少なくともこのような但し書きを

付け加えることに使命感を持った人たちがいるということだ。

　この文言について、元技能実習生で現在はハノイで技能実習生送り出し機関を運営する知人と話したとき、彼は「日本の若者たちがやりたがらない仕事をベトナム人が担ってきたし、ベトナム人を日本へ送り出して私の好きな日本社会に多少とも貢献できたことに誇りを持っているが、介護でこのような言われ方をされてとても悲しい。そこまで言うならなぜ日本人だけでやらないのか」と怒りと失望を隠さなかった。

　ベトナムの若者がケアワーカーとして海外で働こうとするとき、日本をはじめとして台湾やドイツが選択肢に上る。それぞれに条件があり自分に見合う行き先を探すわけだが、つい最近までは日本が一番人気で身近な国だった。それが徐々に遠のいていることは否めない。この状況に呼応するかのように近ごろは「選ばれる国になるために」というフレーズが目に付くようになってきたのだが、平成29年に表明した「基本的考え方」との両者の径庭に戸惑いを感じるのは私だけではないだろう。しかしこの2つはどちらも本音なのだと思う。特に外国人労働者や権利問題については両極の意見が入り混じって進んでいくことを経験してきた。ただそれは海外のカウンターパートには理解しにくいもので、誤解を招きやすいということを注意する必要がある。それゆえにお互いの長い付き合いから築かれる信頼関係が大事になる。

9.5　「平等」の落とし穴

　ある高齢者介護施設の責任者からこのような話を聞いたことがある。外国人職員も日本人職員と同じ条件で雇用し、待遇面で分け隔てなく平等にしているのだから、外国人職員に日本人職員と同じ働き方を求めるのは当然だというのだ。しかし「日本人と同等以上の処遇」は外国人採用の入管法の規定であり、特別なことではない。それよりも日本で働くために1年間日本語を学習して来日する彼・彼女らに、日本人介護職員と同じ業務を求めるのは平等なことだろうかと改めて考えてみる必要がある。「日本で仕事をしたいならある程度日本語が出来て当たり前、1年間勉強するのは自己投資だ」という考えもあるが、そうであれば、受け入れ側は彼・彼女らの努力に見合った

待遇を準備しなければならないだろう。

　技能実習生は様々な費用を負担して日本にやってくるが、約80職種ある中で来日前にも来日後にも日本語能力の規定があるのは介護だけである。そもそも家族介護が主流のベトナムでは、実習を修了して帰国しても日本の介護技術が活かせる職場は限られている。介護保険が無いベトナムでは有料老人ホームの利用料金は毎月500米ドルはかかる。そのような施設の数は全国に40ヵ所程度で、そこで働くケアスタッフは看護学校卒業者が多い。ベトナムでの介護という職業は、本書第9章でムック氏が述べているように、2000年になってようやく「ヘルスケアスタッフ（介護職）」という職業コードが定められたところなのである。また日本以外の国も外国からのケアワーカーを必要としており、例えば台湾は事前教育に拘らないシステムのため簡単に渡航できるところであることから、約20万人の外国人ケアワーカーが働いている。給与比較と将来性ならドイツで介護に就く選択もある。いろんな選択肢から日本での介護職を選んだ彼・彼女らに敬意を払うなら、日本人職員と同じ働き方を求める平等感は一方的過ぎると見えないだろうか。

　外国人材の受け入れに際してよく論じられるのがダイバーシティや多文化共生の掛け声だが、医療や福祉は社会保障制度によって経営されており、そこには細々とした規定が設けられ自由度が低いのが他産業と異なる点である。介護は最適化された作業のルーチンであり、職場内に同質性が求められることは事故を防ぐことからも承知されることだが、たとえば休日の取り方が日本人職員はこうだからといって外国人職員にも同じように求める平等感は、共生というより同化的にみえてくる。国際線の飛行機で何時間もかかる国へ一時帰国するには最低1週間は必要だ。「日本人職員はそんなに取れないので不平等になる」というなら、職員全員が取れるように見直すか、外国人職員の特例を日本人職員が了解できるように工夫してはどうだろうか。特例と平等は矛盾するものではない。多様性とは特段の配慮があって成り立つものではないだろうか。

10. 外国人介護職員の地位と処遇

10.1　介護人材確保の「富士山型」モデルと外国人介護職員

　JVEPA介護福祉士候補者にインタビューすると、ほとんどの候補生が、半年くらい仕事をすると介護業務のある程度のルーチンを覚えると言う。日本人のEPA支援担当者からも同様の感想を聞いている。だから介護は簡単だ、誰にでもできる仕事だというものではない。様々な人生を歩んできた高齢の方々に寄り添う仕事である。奥は深く幅も広い。「介護人材確保の総合的・計画的な推進～「まんじゅう型」から「富士山型」へ～」(図4)が示しているように専門性が必要な部分もあればそうでないところもあり、スキル面でもとても幅のある職業である。それゆえ介護のどこを見るかによって介護観に違いが出てくる。

　介護職員の構成を富士山型として提示するこの図は、上層に専門性の高い介護人材を置いてその下に介護福祉士が介護の質を担保し、ボリュームが大きい中間層には研修(初任者研修など)を受けた人材を配置する。そして雄大な富士山を支える広いすそ野には「若者、女性、高齢者など多様な世代」から「人材の参入促進を図る」としたわかりやすい配置図だが、残念ながらここに外国人材の記載が見当たらない。

　介護職員の全体像を表した従来の「まんじゅう型」から「富士山型」へとバージョンアップした2015年当時は、EPAによる介護福祉士候補者受け入れが順調に進んでおり、更に外国人介護人材受け入れを拡大しようと技能実習に介護職の追加が盛んに議論されていた頃である。しかし社会福祉政策では外国人材は埒外にある。この図を見るたびに、外国人介護職員の受け入れは粛々と推進するが目立たないようにと、そのような印象を持ってしまう。

　ところでこの図が示す富士山型の山頂付近は「専門性の高い人材」と明記されているが、介護福祉士の上位にあたる公的な専門職はまだ明確になっていない。すそ野は無資格者が形成するとなれば、介護未経験者の入り口として技能実習生や特定技能がそれにあたる。EPA介護福祉士候補者も無資格ということからすそ野レベルである。仕事をしながら4合目、5合目、6合目へと昇っていき、介護福祉士を取得して富士山の高みを目指すことが期待されている。

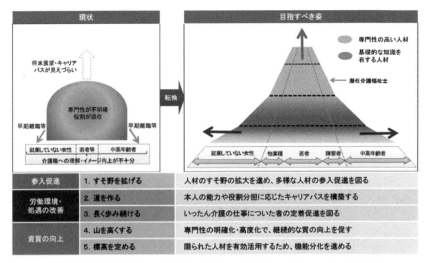

図4　介護人材確保の総合的・計画的な推進〜「まんじゅう型」から「富士山型」へ〜
出典：2015年8月20日厚生労働省社会・援護局福祉基盤課福祉人材確保対策室

　表2で示したように介護ビザにはそれぞれの目的がある。EPAはOJTで介護福祉士合格を目指すことが規定されており、法人内でそのための学習時間が確保されている（有給、無給様々だが）。しかし他のビザでは130時間の初任者研修を受けることも難しいだろう。さらに技能実習2号（3年間）を修了しても介護福祉士の受験資格を満たさないという大きな問題がある。
　またすそ野にあたる「多様な人材」に、元気な高齢者を「介護助手」として採用する議論がなされている。身体介護に関わる人やバックヤード業務や配膳などを1日数時間のアルバイトが担う業務もある。このような働きの介護助手と、三大介助もする技能実習生など外国人介護職員の働きは違うことから、すそ野を階層化することが必要ではないだろうか。スキル上達を見える化し、処遇もそれに合わせてモチベーションを上げていく分かりやすさが人材確保のポイントになるだろう。とりわけ外国人介護職員に長く働いてもらいたいと願うなら、日常業務の見直しも必要になるのではないだろうか。「日曜業務のムリ・ムダ・ムラをなくせ」と施設長ははっぱをかけるが、これまでの積み重ねでできあがってきた業務のどこにムダがあるのかはわかりにくい。しかしそれらのしがらみがない外国人材はけっこう気づいているこ

とが多いものである。

10.2 高い職務遂行モチベーション

2023年1月実施の第35回介護福祉士国家試験合格率は84.3%だった（前年は72.3%）。しかし受験者数は減少しており、2013年の154,390人から下降線を辿り、2023年は79,151人と10年間でほぼ半減している。受験者の中には養成校の卒業生もいれば実務経験を積んで受験する人もいる。働きながら講習会や研修会にも参加し、自己学習で合格するのは大変な苦労である。

一方JVEPA 2023年の合格率は96.8%で、前年の87.4%よりも上がり、第1陣から維持してきた90%台に戻った。来日就労3年後にほぼ全員合格を果たしているのだが（厚生労働省2023）、この結果から、日本人はとかくベトナム人はなどと比較することはしたくない。受験者の年齢層や学習に専念できる時間も違えば、外国人受験者には試験問題の漢字にふりがなが付けられ、筆記試験の時間も1.5倍という特別の配慮があることに留意しなければならないからだ。

ベトナムからEPAで来日した方に話を聞いたところ、入職半年が過ぎて一息つけるころになると余裕が生まれて周囲が見えてくるようになったという。その時に彼女は施設の先輩や同僚に日本の若者が少ないことに気づいた。つまりこの半年間に入職する新たな職員がいなかったのである。「立派な建物で、快適な職場で、どうして働く人が少ないのだろう」と思ったというのだ。そして彼女は「私が頑張らなければなりません」と話してくれた。国家試験合格を目指して努力を重ねる一方で、人的余裕が少ないなら自分が職務を果たそうというモチベーションはどこからくるのだろうかと考えつつ1年が経った頃にまた話を伺った。答えは簡単だった。職場環境が良く働きやすいというのだ。つまり「現状に満足しているのでEPAで規定された4年間は頑張る。介護福祉士の資格も取りたい。それから1〜2年は働いて帰るだろう、年齢も30歳近くになるから」と語ってくれた。

EPAに参加してハノイ近郊で1年間の日本語学習を積み、その後来日して4年間プラス2年間で合計7年間のEPA生活。多感な青春時代の貴重な

経験になることを願わずにはいられない。ここまで頑張ったのだからもう少し働いてほしいという施設側の思いはよくわかるが、彼女の人生である。快く成田から見送ってあげる余裕も必要だろう。ただ時には帰国したはずの元職員が遠くの施設で働いているという噂を風の便りで耳に入ってくることもあるのが現場のリアルである。この時は笑って留飲を下げるしかない。

10.3　介護職員の処遇改善

　介護は無資格者から有資格者になっても、給与が格段には上がらない、という実情がある。平均年収額を比較すると、無資格者の325.5万円に対して介護福祉士は394.4万円。その差を月額にすると約6万円である。この額は決して少なくないが、介護福祉士の初任給が21万円に対して看護師初任給は26万円。この違いを知った時、「この差が埋まらないなら介護で上を目指す意味がどこにあるのか」と問うてきたのがJVEPA介護福祉士だった。彼・彼女らは全員ベトナムで看護短大または看護大学卒業者であり、ハノイで1年間合宿形式で日本語を学んできた。同期には看護コースに参加して日本で看護師になった友人たちもいる。そこから情報を得て、介護の待遇が低いことを知ったのだという。スキルアップを目指しても給与がそれに見合ってないことは、介護業界では長く議論されてきたことである。処遇改善手当によって改善されつつあるとはいえ、全産業に比べればまだまだ低い。しかも病院で働く介護士（看護補助者）は支給対象外であることも留意しなければならない。

　「受け入れる方は頭で考えるが、やってくる方は腹で考える」。正確ではないが、この言葉はバブル景気の頃に、外国人労働者についてノンフィクションライターの石川好氏が語ったように記憶している。1960年代カリフォルニアのイチゴ農園で働きながらカレッジで勉強していた体験物語を書いた『ストロベリー・ロード』（1988年）の著者らしい一言で、まさに言い得て妙。私は1990年代中頃からベトナム人と仕事するようになってから、この一言をアタマの片隅に置いて観察し、議論する癖がついている。これは常にリアルな視点を持てと、自戒の言葉と理解している。海外から人材を受け入れる際に、自分の「頭」と相手の「腹」が一致することは稀なことと思い、自分

と相手との関係に安全地帯を設けておくと失敗することはそうは無い。安全地帯とは車のハンドルのあそびのようなもので、お互いにうまくいかないときがあっても、これがクッションになってぎくしゃくしたアタマとハラを吸収してくれる。

　最近は外国人労働者の受け入れ定着が議論の的になっている。その中で定着しているのは良い企業で、3〜4年で帰国してしまうような企業は問題があるのではないかと、なんとなくイメージされているのではないだろうか。しかし必ずしもそうとは言えない。私がベトナムで聞き取りをしているところでは、「日本でどれくらい働きたいのか」と聞くと、3年、4年、せいぜい5年という返答が多い。本人たちはそれを短期間とは思ってはいないし、自分にとって適正な期間だと捉えている。もちろん国によって様々な事情があり、できれば長く日本（海外）で働きたいという人たちもいる。また外国人は給与に細かいとか出稼ぎ感覚では困ると苦言を呈する法人責任者の話を聞くこともあるが、高度人材であろうが技能実習であろうが日本で仕事をするうえで待遇は重要なポイントである。日本で働くというのは長い人生のトピックスであり、その経験がいずれ母国に戻ってから何らかの役に立てば嬉しいことである。母国を離れて海外労働を希望する彼・彼女らは、やりがいのある仕事と良い待遇を求めて、どこの国へ行くのがよいか見定めているのである。我々は選別される側にあるとわかれば、よそに負けない待遇を提示するしかない。九門大士（2020）がこのようなエピソードを紹介している。

　　ある日本企業の方に留学生向けに外国人採用やグローバル化対策についてプレゼンしてもらったことがあり、「当社は外国人の離職率がゼロです」ということを話されました。しかしプレゼンが終わった後、東欧出身の女性が駆け寄ってきて、「グローバル化を進めているという話ですが、そもそも離職率がゼロとか低いということにこだわるのはおかしいのではないでしょうか」と言われました。理由を聞いてみると、「誰も辞めていないということは、やはり終身雇用を前提としている印象ですし、逆に短期間のプロジェクトで働きたいという外国人は採用されないということになります」という話でした。　　　　（九門 2020：171）

外国人職員が3年や5年で辞めると、せっかくここまで頑張ったのにもったいないとは思うが、しかし例えばこれからまた新しい職員を迎えて職場リフレッシュの機会ができると考えれば、定着の意味合いも変わるのではないだろうか。

11. 寛容そして神仏習合

「多文化共生」という言葉をよく見かける。外国人と日本人が共存する多様性のある社会を目指すためのスローガンだが、寛容な理性と感情を持ち、自分とは違う価値観を持った人とうまくやっていく持続的な覚悟がないと、いつしか真逆の民族主義者になってしまうことが、海外の移民先進国でよくみられる現象である。そうならないためのキーワードの一つが「寛容」である。日本人の寛容さについて書かれたものは多数あるが、森本あんり（2020）が興味深いデータを紹介している。

> 日本の寛容論でもう一つよく聞かれるのが、キリスト教にせよイスラム教にせよ、「一神教はどうしても不寛容だ」という意見である。それと対になっているのが「日本は多神教だから寛容だ」という説で（中略）日本人のこういう自己理解には、まず統計的な数字を示しておくのが良いかもしれない。2018年に刊行された『現代日本の宗教事情』では、編者の堀江宗正が「世界価値観調査」のデータを用いて日本と他国を比較し、その「惨憺たる」結果を示している。指標に選ばれているのは中国、インド、アメリカ、ブラジル、パキスタンで、それぞれ無宗教、多神教、一神教など、多様な宗教情勢を抱えた国々である。日本は、細かな数字を省略して順位だけを記すと、「他宗教の信者を信頼する」人の割合では中国に次いで下から二番目、「他宗教の信者も道徳的」と考える人の割合が最低である。「他宗教の信者と隣人になりたくない」と答える人は六つの国の中でいちばん多く、「移民・外国人労働者と隣人になりたくない」はインドに次いで多い。これらの数字は、宗教的にきわめて不寛容な日本の現実を浮かび上がらせている。この調査でもう一つ

興味深いのは、寛容度の低い日本と中国では、宗教を重視する度合いも低い、という事実である。つまりこの両国では、何の宗教であるかを問わず、そもそも宗教というものに対する寛容度が低いのである。日本人は、クリスマスとお正月を一緒に祝い、生まれた時にはお宮参りをし、結婚式を教会で挙げ、葬式は寺に依頼する。だから宗教に寛容だ、というのが通説だが、こうして見る限り、どうやらそれはうわべだけの話のようである。以上をまとめて堀江は「一神教＝不寛容」「多神教＝寛容」という説は「事実と正反対」である、と結論づける。外来宗教との接触が少ないから、自分たちは寛容だと思い込んでいるだけだ、というのである。
(森本 2020：pp.5-8)

引用が長くなって恐縮だが、森本はさらに続けて「多様であるということは、多神教を信じる人も一神教を信じる人もいて、宗教に熱心な人も無関心な人もいる、ということである。それらの人びとが混ざり合い、接触と移動を繰り返し、お互いの存在をより身近に感じるようになれば、社会の寛容度も上がるだろう」(pp.277-278)と語る。宗教にとって寛容は大事な論点で、森本は便宜上一神教と多神教を対比して示しているが、両者の内実にもそれぞれ多様性があり、実際には「複層的」であると語っていることを、一言ことわりを付け加えておく。

ここで考えさせられることがあるのだが、インドネシアからEPA看護師や介護福祉士候補者が来日することになって、受け入れ施設ではイスラム教徒にたいする理解と配慮が求められた。それはとても大事なことだが、しかしインドネシアからの技能実習生受け入れは既に1990年代から始まっており、今も3万名の実習生が全国各地で活躍しているが、EPA以前には外国人の宗教的配慮が議論されることはなかったように思う。さらに宗教的配慮であれば他宗教にも同様の対応（日本人／外国人問わず）が求められなければならないが、そのような議論もない不思議な情況があったのだが、この森本の解説で納得できる。

それにしてもとても意外な「事実」である。移民受け入れ国で勃発する移民排斥の過激なニュースを見聞きするたびに、おもてなしが得意で宗教にも

寛容な日本はあのようにはならないと思っている人が多いのではないだろうか。もちろん私も含めて。しかしそれは「うわべだけの話」であるようだ。

森本は「不寛容なしに寛容はあり得ない。不寛容は、寛容を成立させるための内在的な根拠である。従来の寛容論がいずれも何となく『よい子のお題目』のように聞こえてしまうのは、この点を直視してこなかったからである」(p.288)と論している。そして「内心の不寛容」と題してこう論じる。「『自分は実のところ案外不寛容な人間だ』ということを受け入れたら、どうだろうか。『自分の好みに合わない人には、どうしても否定的な評価をしてしまう。そのことを表面に出さないように努めはするが、心の中のそういう思いは止められない』——自分の内心をそう顧みている人に、『いや、それが寛容の本義です』と伝えたらどうだろうか」(pp.277–278)と、ほっと安心するメッセージも語っている。一途に寛容な自己を目指すのもいいが、自分の不寛容な一面を認め、たとえ凸凹な歩みでも落ち込むことなくボチボチ歩むことが寛容論のミソなのだろう。特に外国人（問題）に関わる人にとっては大切にしたい指摘ではないだろうか。

「自分は実のところ案外不寛容な人間だ」という自省は正義感よりも謙虚さから生まれるものだろう。しかし同調圧力や自己責任圧力が強い社会では自分の不寛容さを認めることに痛みを伴うこともよくわかる。そこで思い起こされるのが日本人の知恵ともいうべき「神仏習合」という思想である。お寺に行くと境内の片隅に鳥居がありその奥に社が祀られてあるのを見かけることがある。この不思議な構図は、日本古来の神道と外来宗教の仏教が対立するのではなく穏やかに併存してきた歴史であり、この平和な光景に感動すら覚える。自分と異なる相手に対する尊敬や謙遜という態度をお互いに大事に保ち、侵害しないところの価値。神仏習合にもいろいろと説があるようだが、異なる教えが融合するのではなく、お互いが交わるのでもなく、しかし対立せずに併存する在り方があることをもう一度振り返ってみたいという思いに駆られる。お互いの違いをそのままに保ちつつ併存する道があることは、この国の大きな遺産ではないだろうか。

12．最後に

　視点を世界に転じれば、Covid-19 のパンデミック、ロシアのウクライナ侵攻をきっかけに露わになった世界のグローバリズムと新たな秩序の生みの苦しみが各地で混乱を招いている。そのような大きな渦が私たちの日常生活にも、また外国人労働者の日本への移動にも少なからず影響を与えている。この流れが今後どうなるかは誰にもわからない。確かな海図がない状況で沖へ出るしかないのだと思えば、内に籠るよりは外に向かっていく多様な視点や価値観と共に生きる覚悟（しんどいが楽しい面もある）があれば、思いも及ばない偶然と出会いが待っている。たとえ水面にパンを撒くような行為であっても、継続していればいずれ結果が付いてくる。ベトナム人看護師養成支援事業から 30 年が経って、つくづくそう思うのである。

　支援プロジェクトがスタートするちょっと前に出た毎日新聞社の宣伝広告が忘れられない。制作したのはアートディレクターの仲畑貴志氏で、新聞の見出しをアトランダムに提示しながら「なんだ　ぜんぶ人間のせいじゃないか」というキャッチコピーが鮮烈だった。「人間」の一言でそれ以上の言葉は見つからなくなるが、支援は相手の一人から「せい」でなく「おかげ」と言われるのを期待しているところがある。「あなたのおかげで」と面と向かって言われたことはないが、そう思ってくれる人がいるだろうと期待して活動している節がある。それは目の前の人の役に立てれば自分に返ってくるという連鎖の渦を体験したいからだ。

　「なんだ　ぜんぶ人間のせいじゃないか」。そのような時代に、一人でも多くの「あなたのおかげで」の言葉が広がることを、外国人看護・介護の労働分野に関わる立場で活動していきたい。

注

1　「入国」、「上陸」、「在留資格」、「ビザ」について
　　日本国の入国管理制度では、外国人が領海や領空に入ることを「入国」という。また外国人が各地の国際空港等の入国審査カウンターで交付されるのは「上陸許

可」で、その際に日本での在留期間や滞在中の活動内容を認めたのが「在留資格」である。査証「ビザ」は外務省が主管し、外国人が日本へ来る際に在外領事館でビザを申請して来日するもので、日本に上陸するための許可である。(観光などの短期は査証免除国もある、いわゆるノービザ)。一般的には、観光ビザとか留学ビザ、就労ビザというようにビザと呼ぶことが多いため、本章では「ビザ」を用いることにした。

2 「看護婦」と「看護師」の表記について

2001年の法改正で「保健婦助産婦看護婦法」が「保健師助産師看護師法」に名称変更され、翌年2002年3月から男女ともに「看護師」に統一された。それまで女性は「看護婦」、男性は「看護士」と表記したが男女雇用機会均等法などを背景に法改正がなされたものである。本稿では時代によって表記を変えると紛らわしくなるため、本文2.1以降は「看護師」に統一した。

参考文献

明石純一(2010)『入国管理政策「1990年体制」の成立と展開』(ナカニシヤ出版)
明石純一(2020)『人の国際移動は管理されうるのか――移民をめぐる秩序形成とガバナンス構築』(ミネルヴァ書房)
浅井亜紀子・箕浦康子(2020)『EPAインドネシア人看護師・介護福祉士の日本体験』(明石書店)
安里和晃(2007)「日比経済連携協定と外国人看護師・介護労働者の受け入れ」『介護・家事労働者の国際移動』(日本評論社)
安里和晃編(2018)『国際移動と親密圏 ケア・結婚・セックス』(京都大学学術出版会)
五十嵐泰正編(2010)『労働再審2』(大月書店)
石原進・鈴木江理子ほか(2014)『なぜ今、移民問題か』別冊環⑳(藤原書店)
石原進(2011)『イミグランツ Vol.4』(移民情報機構)
梅田邦夫(2021)『ベトナムを知れば見えてくる日本の危機』(小学館)
加藤丈太郎(2022)『日本の「非正規移民」――「不法性」はいかにつくられ、維持されるか』(明石書店)
神村初美編著(2019)『介護と看護のための日本語教育実践――現場の窓から』(ミネルヴァ書房)
川村千鶴子・宣元錫編著(2007)『異文化間介護と多文化共生――誰が介護を担うのか』(明石書店)
九問大士(2020)『日本を愛する外国人がなぜ日本企業で活躍できないのか? 外国人エリート留学生の知られざる本音』(日経BPマーケティング)
グエン トウアン ゴック(2018)『高齢者の語り』ハノイ・ティンデュック介護施設編集
駒井洋監修、加藤丈太郎編著(2023)『入管の解体と移民庁の創設』(明石書店)

坂中英徳・浅川晃広（2007）『移民国家ニッポン 1000万人の移民が日本を救う』（日本加除出版）

塚田典子編者（2021）『日本の介護現場における外国人労働者・日本語教育、キャリア形成、家族・社会保障の充実に向けて』（明石書店）

永井みみ（2022）『ミシンと金魚』（集英社）

二木立（2014）『安倍政権の医療・社会保障改革』（勁草書房）

布尾勝一郎（2016）『迷走する外国人看護・介護人材の受け入れ』（ひつじ書房）

速水洋子編者（2019）『東南アジアにおけるケアの潜在力—生のつながりの実践』（京都大学学術出版会）

春原憲一郎編著（2010）『わからないことは希望なのだ』（アルク）

平野裕子・米野みちよ著（2021）『外国人看護師 EPA に基づく受入れは何をもたらしたのか』（東京大学出版会）

比留間洋一（2016）『国際関係・比較文化研究』静岡県立大学国際関係学部第15巻第1号

広井良典（2019）『人口減少社会のデザイン』（東洋経済新報社）

万城目正雄（2019）「現場の新たな戦力へ！外国人材活用成功マニュアル」『工場管理』11月号（日刊工業新聞社）

ミレイユ・キングマ（2008）『国を超えて移動する看護師たち』（エルゼビア・ジャパン）

宮崎里司・神郡仁郎・神村初美・野村愛編著（2018）『外国人看護・介護人材とサステナビリティ—持続可能な移民社会と言語政策』（くろしお出版）

森本あんり（2020）『不寛容論—アメリカが生んだ「共存」の哲学』（新潮社）

安田峰俊（2021）『「低度」外国人材 移民焼き畑国家、日本』（KADOKAWA）

渡辺長編（2022）『外国人介護士と働くための異文化理解』（大阪大学出版会）

「技能実習『介護』における固有要件について」（厚生労働省社会・援護局平成29年11月1日）https://www.mhlw.go.jp/file/06-Seisakujouhou-12000000-Shakaiengokyoku-Shakai/0000182392.pdf

「介護人材確保の総合的・計画的な推進―『まんじゅう型』から『富士山型』へ―」平成27年8月20日厚生労働省社会・援護局福祉基盤課福祉人材確保対策室 2022.03.22 閲覧 https://www.mhlw.go.jp/file/05-Shingikai-12201000-Shakaiengokyokushougaihokenfukushibu-Kikakuka/document2-1.pdf

「日本・ベトナム経済連携協定（JVEPA）（2008年12月25日署名）」（外務省）2022.03.22 閲覧 https://www.mofa.go.jp/mofaj/gaiko/fta/j_asean/vietnam/pdfs/gaiyo.pdf

「経済連携協定（EPA）に基づく看護師・介護福祉士候補者の受入れ等についての基本的な方針」人の移動に関する検討グループ 平成23年6月20日」2022.03.22 閲覧 https://www.cas.go.jp/jp/tpp/tppinfo/2012/pdf/20110620_hitonoidou.pdf

第2章

外国人介護職員との協働から得た目に見えないもの

剣持敬太
社会福祉法人さつき会 特別養護老人ホーム袖ケ浦菜の花苑施設長

1. はじめに

　特別養護老人ホーム袖ケ浦菜の花苑(以下当事業所)は、千葉県中西部の袖ケ浦市に位置し、母体の医療法人では1994年から、ベトナム保健省と労働・傷兵・社会省、教育訓練省をカウンターパートとした「ベトナム人看護師養成支援事業」の協力病院で外国人看護人材の導入と育成に携わってきた。

表1　当法人の外国人人材関係業務の経緯

1983年	母体病院設立
1986年	母体病院が医療法人社団認可／社会福祉法人設立
1994〜2010年	「母体病院が」「ベトナム人看護師養成支援事業」受け入れ開始
以下　福祉法人	
2004年	内閣府構造改革特区第5次提案申請
2005年	海外出張「フィリピン人看護・介護養人材養成事業視察」、海外雇用庁等訪問
2008年	「フィリピン ナーシングケア人材育成ジョイントプログラム」留学生2名受け入れ 海外出張「インドネシア現況視察」介護職員養成施設等訪問
2009年	EPA受け入れ開始　以降3施設で累計25名採用(フィリピン・インドネシア・ベトナム)
2010年	ベトナム商工省訪問　政府小委員会にてEPA受け入れ現況について説明

2015 年	「台湾介護スタディツアー」参加　台南、台北市の高齢者介護施設・高雄醫學大學等訪問
2018 年	「ベトナム 老年看護・介護テキスト」編集、原稿作成　※ 2019 年完成　第 6 節資料 8，9 参照
2020 年	介護福祉士養成施設卒業の外国人介護福祉士 1 名受け入れ　千葉県留学生受入プログラムにて 3 名受け入れ（ベトナム）
2022 年	技能実習生受け入れ（ベトナム 2 名）／ベトナム看護協会総会 国際看護研究会出席
2023 年	技能実習生受け入れ（ベトナム 5 名）／特定技能受け入れ（フィリピン 2 名）

※研修会・セミナー参加や講師依頼等に関するものは除外

　社会福祉法人での外国人受け入れは、2004 年の内閣府構造改革特区第 5 次提案申請が起点になる。国を跨いだ人の移動も EPA（Economic Partnership Agreement：経済連携協定）ではなく、FTA（Free Trade Agreement：自由貿易協定）が用いられていた頃と記憶しているが、まだ介護福祉士養成施設の学生数も多く、事業所には複数の新卒が入職する時代。それだけに法人内でも「なぜ、このタイミングで？」という声は大きかったが、法人設立者でもある初代理事長の「人材確保が困難になってからでは失敗する。マンパワーが安定しているうちに進めるべき」という考え方によって進められた。恐らく承認されるか否かだけでなく、全国の病院・施設からの提案によるプレッシャーでこの話題を進捗させようという狙いもあったに違いない。

　筆者は 1990 年に介護職員として入職、ベッドコントロールを預かる業務に移ると母体病院に足を運んで看護師養成事業のベトナム女性たちを見かける機会も増えた。申請業務など県への訪問介護員養成事業くらいだったが、外国人が現場にいる様子は日常に近い感覚なので違和感もないまま急な指名に「ハイよろこんで」と着手、以降も継続して導入に関わらせてもらう。それを契機に NPO 法人 AHP ネットワークスへの参加や、書籍への原稿執筆、介護福祉士養成施設への非常勤勤務の招聘、ベトナム EPA の人材マネジメント手引きの編纂など約 19 年、外国人にメシを食べさせてもらってきたようなものである。今さらながらではあるが、関わってきた多くの豆大使たち（後述）やその親族、尽力してくれたスタッフや関係各位、機会を与えてくれた初代法人理事長に感謝を申し上げたい。

2. 外国人介護職員受け入れの概要

2004年の内閣府構造改革特区第5次提案に提出した概要は次のとおり。トレーニングされた比人看護職らを当事業所で受け入れようというものであった。

【提案概要】「日比医療・福祉人材還流プロジェクト」申請原文
　将来的な就労人口低下が予測されるなかで、高齢人口自体も減少するものの、その介護ニーズを満たす介護職の確保は難しいと考えられており、介護・看護の分野において海外労働力を受け入れる取り組みは、社会福祉事業が一定の質を維持し、さらに向上させてサービスを供給していく上で重要な選択肢となる。
　異文化人材を受け入れることで、既存職員にはコミュニケーションの重要性、対象者の生活習慣や個性の尊重といった介護の原則を再認識する機会が生まれ、外国人労働者も自国より高い待遇と帰国後も就労機会が得られるというメリットがあり、外国人看護師の育成、受け入れ経験を有する医療法人と連携した取り組みで実証したい。
・フィリピン国内でケアギバー資格を取得した看護職らを選抜する
・日本語教育・ホームヘルパー2級養成カリキュラムの一部、介護倫理教育を一年間、現地で実施
・新たな介護日本語検定合格後に来日する
・来日後にヘルパー2級を取得、実務経験後介護福祉士を受験
・合格は滞在延長、不合格は帰国して、日本人向けのリタイアメント・ヴィレッジでの就労斡旋。

①介護ビザの整備
②介護福祉士受験資格の特例創設
③日本語能力の測定基準を策定
④看護師国家試験の受験要件緩和

他法人が申請したものも含めて、提案は悉く採択されなかったが、2004年7月1日の読売新聞朝刊にあるとおり硬直していた進捗へのカンフル剤としては効果覿面だったらしく、「介護」の人の移動は具体化していく。その間に我々は2008年、フィリピンの看護大学でインストラクター等を務める6名の若者の明海大学日本語別科留学の支援を始めた。日本語学校終了後およびその休日のアルバイト先とで受け入れる「フィリピン人ナーシングケア人財育成・日本語学校留学支援と介護実習のジョイントプログラム」に参加（写真1）で初めての外国人を現場に迎える。このプログラムはEPAの事前教育的な意味づけもあったが、実際は予定より来日が1年以上遅れることになる。それについては第1章の二文字屋氏論考に詳しい。

　初の外国人受け入れの翌2009年にEPAでの人の異動が始まった。却下された特区プロジェクトに参加予定だったフィリピン女性が日本・フィリピンEPA（以下、JPEPA）第1バッチの介護福祉士候補者（以下、候補者）にエントリーしたことから彼女を受け入れる運びとなり、別拠点では並行して日本・インドネシアEPA（以下、JIEPA）候補者を対応、その後に明海大学への留学を終えて帰国した留学生たちもJPEPA第3バッチの候補者となって

写真1　明海大学留学生の学位記授与式

再来日する。

　幸運にも第1バッヂから合格者輩出が叶い、後発のベトナムEPA（以下、JVEPA）も受け入れて合格にたどり着き、現場は日・比・越の多国籍チームを編成するに至った。しかし、EPAは継続につれて受け入れ希望施設が急増してマッチング難が目立ち、入職までに習得してくる候補者の日本語能力もバラつきが著しくなる。"よその国の人を介護福祉士に仕上げるミッション"は年を追うごとに難易度が高まり、全体の国家試験合格率をJVEPA候補者合格率が上回るという理解困難かつ恥辱的な現象も起きた。

表2　R05 6月現在の外国人介護職員の状況

【現在就労中　11名】

	母国	種別	性別	勤続年数	年齢	備　考
A	比	EPA	女性	13.5	51	日比医療・福祉人材還流プロジェクト エントリー者 JPEPA1st
B	比	EPA	女性	11.6	39	留学により飛び級受験・法人初の外国人役職者 JPEPA3rd
C	比	EPA	女性	5.9	41	他県他法人にEPAで来日、合格後転籍（通算10.6年）
D	比	EPA	男性	5.4	33	JPEPA9th候補者（2021年1月受験→合格）
E	越	留学	女性	2.3	21	千葉県留学生プログラム1stエントリー　養成施設2年生
F	ネ	留学	女性	2.1	25	留学で介護福祉士養成施設卒業（R03年度新採）育休復帰
G	比	−	女性	0.9	33	介護バックヤード業務職員　日本人と婚姻
H	越	技実	男性	0.0	22	R05 6月着任
I	越	技実	男性	0.0	24	R05 6月着任
J	越	技実	男性	0.0	22	R05 6月着任
K	比	−	女性	0.0	54	R05 6月着任　介護バックヤード業務職員　日本人と婚姻

【今後入職予定　2名】

	母国	種別	性別	勤続年数	年齢	備　考
L	比	特技	男性	0.0	36	JPEPA9th不合格、在留資格変更できず帰国、R06入国
M	比	特技	男性	0.0	不明	現在交渉中　R06上半期入国予定

※法人全体で就労中20名　来日待機2名

今や EPA の他に受け入れルートは多様化し、着任までの語学力、手続きの簡便化や管理のアウトソーシング化によって当事業所の負担は軽くはなった。ライセンス取得がすべてという担当者側がバーンアウトしかねない点も緩和された一方で受け入れの責任の所在や資格取得までが長期に渡る負担（EPA は国家試験まで 3 年だが、留学は資格取得まで 3 年、奨学金返済までさらに 5 年と計 8 年を費やす）といった新たな心配も生まれている。

表 2 にまとめたとおり、これまで 3 カ国から外国人を迎え、R5 年度内には在籍者 13 名、介護職員総数の 19.6％を占める。帰国を含めると延べ 18 名、10 年以上続けて勤務している者、帰国した者、役職に就いた者、婚姻した者、親になった者、入院した者、トラブルに遭った者……と様々だ、それぞれがヒストリーとドラマを持っていて、担当者を含めた人数分のそれに関わってきた。そんな経験からテーマに基づいて考察していきたい。

3. 共生の現場を創る

3.1 周知と理解

当事業所が法人内でも"外国人が長く勤務する事業所"とされているのは、帰国比率の低い JPEPA から優秀な候補者を迎えられた点が大きいが、国籍ばかりがその要件ではないし、「これだ」と胸を張って論じられるほど分析ができる材料もない。とにかく実際の受け入れは表 3 のとおり、まず 3 つの理解を得るというところから始まった。

特区申請は極秘任務遂行ではなかったので、着手時点で将来的な外国人導入については職場内でオープンにしていたし、母体病院の「ベトナム人看護

表 3　外国人介護職員導入の説明時期と手法

対　象	実　施　時　期	手　法
職　員	特区申請時（2004）以降、その都度	会議等で情報・進捗開示
利用者家族	比人ナーシングケア人材育成ジョイントプログラム導入時（2008）	家族会・広報文書等にて
利　用　者	EPA・技能実習・留学生受け入れ時には改めて	個別に口頭にて

表4　当時の利用者の状況

要介護度別利用者数

区分	男性	女性	合計
要介護度1	0	1	1
要介護度2	2	3	5
要介護度3	3	7	10
要介護度4	1	8	9
要介護度5	6	22	28
合計	12	41	53

日常生活自立度判定及び長谷川式スケール

障害高齢者の日常生活自立度判定		認知症高齢者の日常生活自立度判定		長谷川式認知症スケール	
J1	0	Ⅰ	2	26点〜30点	5
J2	1	Ⅱ	8	21点〜25点	1
A1	2	Ⅱa	0	16点〜20点	1
A2	11	Ⅱb	1	11点〜15点	4
B1	6	Ⅲ	11	6点〜10点	5
B2	28	Ⅲa	5	0点〜5点	22
C1	0	Ⅲb	0	調査不可	15
C2	5	Ⅳ	24		

師養成支援事業」も周知されていた。当事業所に隣接する病院職員寮には彼女たちが暮らしていたために交流もあって、職場全体の周知は何ら問題なかった。ただ反対意見が挙がらなかったのは、前例がないだけに誰もがどのように受け止めてよいのか、まだ雲を掴むような話にしか聞こえていなかったからかもしれない。

　利用者家族には留学生の入職が決まった時点で、文書連絡や家族会などで丁寧な説明を図った。すでに近い将来から人材確保が厳しくなり、利用者層は当面増え続けていくという構図は誰しも予想に容易いので、その前に外国人介護職員を交えての協働を構築して良質なサービスの継続を図る……という初代理事長の考えを利用者の家族に向き合って説明した。病院の事業も周知されていたためアレルギー反応は見られず、むしろ、その後の進捗から隣接拠点のJIEPA候補者来日が先になると知るや、フィリピンが遅れたのは

筆者が何か下手を打ったからなのかと心配まで戴いたし、着任してからも、利用者との面会時にわざわざ声をかけてくださるなど可愛がって戴き感謝している。

この次の利用者に対しての周知と理解を得るというのは、当時の特養の現場を預かる立場として最も懸念した難攻不落のミッションだった。2009年度の当苑入所利用者の状況は表4のとおりで、平均要介護度は4.09。「認知症高齢者の日常生活自立度判定基準」では"家庭内でも服薬管理ができない、電話の応対や訪問者との対応などひとりで留守番ができない等の症状・行動や意思疎通の困難さが見られるが誰かが注意していれば自立"より低い判定の方が40名程度、「長谷川式認知症スケール」で中等度の認知症に該当する方もほぼ同数いらっしゃった。説明して御理解戴ける自信もないが、かといって介護保険における契約代理人にさえ説明して同意が得られたら何をやってもいいはずもない。生活相談を担当する相談課や介護課の責任者らと分担して随分と説明を重ねたが、先ほど食べた食事内容どころか食事をした記憶そのものも抜けてしまう方もおられ、どの程度の成果があったのかという検証は難しい。

エピソードをひとつ挙げると、第二次世界大戦でアジア従軍歴を持ち、不穏になると「○○（従軍先アジア圏の地名）では何人も手にかけたのだ！」などと騒がれる男性利用者が在籍されていた。日本人に変装させて勤務してもらうわけにはいかないので、どうにも打つ手がないと頭を抱えていた。けれども、その不穏状態が出現した際にフィリピンの留学生たちは表情や口調といったノンバーバルな部分から不機嫌そうだと分かっても、日本語の繊細な理解は困難だからいつもどおりの柔らかい人当たりで対峙、すると男性は手を引かれて促されるまま席に着き、しばらくすると笑顔になった。そんな光景を目の当たりにして、「あゝ自分自身が抱えていたものこそ偏見だったなぁ」と痛感したのを覚えている。

このような3段階の説明と理解を経たが、想定以上に速やかで円滑な受け入れが叶ったかのようではある。だからといって彼ら／彼女らに苦労や葛藤の体験がなかったわけでは決してない。例えば利用者家族との間には、体調や意向などといった家族からの情報提供を受け、現場の他者に伝えるという

場面も生じる。その場面に必要なのは実は国籍でも日本語能力でもなく、コミュニケーション力や判断力、洞察力といったものだが、外国人がそれを担うと、家族から「他の人（日本人）を呼んで」と言われることが多かったそうだ。

それが「外国人のあなたに話しても通じない……」という先入観からか、「細かい内容を外国人に伝達してもらうのは気の毒」と慮ってのものかは定かでないが、当人たちは「ガイコクジンだから……」とネガティブに受け止めた。そこで挫けずに自らの発奮材料にしたからこそ今でも勤務が続いて後進の育成や定着にも貢献してくれているのかもしれないが、筆者も後に知らされた苦労のひとつである。

3.2　支援部署の設置とかかわり

留学生の支援が決まった時点で初の外国人支援部署が発足する。この時点では担当者規定がないため、社会福祉士の筆者が主たる担当となったが、以降は介護福祉士を中心に表5の布陣となった。

発足と同時に来日前から現場の書類の英訳など受け入れのための作業を始めた（資料1）。それらは候補者の指導だけではなくすべての職員の学習指導教材にもなり、我々作業者たちの励みにもなった。

開国から長らくは受け入れルートはEPAのみ。ミッションが"候補者の国家試験突破"という責任の重みはあったが、初期の候補者の日本語スキルが一様に高く、意思疎通上のストレスを感じずに対応できたのは幸いだった。これは「利用者や他のスタッフとのコミュニケーションのためではなく、国家試験突破のための日本語教育」を依頼し、そこに応えてくれた日本語教師（非常勤雇用）の尽力も大きい。そして合格した候補者はチームに再編され、後続の面倒を公私に渡って見てくれるようになっていった。その後は一時帰国も兼ねて現地合同面接での通訳ではなく選抜を任せるようにもなった。それが結果として法人内で初の外国人役職者、外国人技能実習責任者を誕生させる布石につながる。

支援部署として法人への働きかけについて記しておく。我々は候補者が来日するまでの間に日本人と外国人の職員間に生じる不平等感を軽減させる手

表5 支援部署の体制

担当者	EPA受け入れ時より介護職員を配置。学習指導・日常生活の支援、OJT後に介護福祉士養成施設等からの実習指導者、研修受け入れの担当も務める。介護福祉士（介護課兼務のため交代勤務）
支援部長	留学生受け入れ時は担当者を兼務。法人内の調整と受験対策講座を担当　翻訳資料の作成、日常の学習指導も対応。社会福祉士／介護支援専門員
介護課長	担当者の支援、部長の補佐　現地合同説明会の参加　翻訳資料の作成等。介護福祉士
総務課リーダー	手続き・申請関係および日常生活の支援

※後に追加されたメンバー

日本語教師	非常勤　学習支援　「フィリピン人ナーシングケア人材育成ジョイントプログラム」で提携した明海大学日本語別科勤務で、施設職員と協働でEPA候補者の学習を指導
EPA合格者たち	担当者の補佐　後にリクルーターとして現地合同説明会にも参加　後に技能実習受入責任者

資料1　翻訳資料の一部

立てを構築したい意向があった。アウェイで試験を受けて合格を目指す候補者は、プライベートの時間だけを費やすだけでは合格圏内に滑り込めないため、少なからず業務中に学習時間を設けなければ試験突破を目指せない。介護福祉士国家試験の実務経験規定は「従業期間 3 年（1095 日）以上かつ従事日数 540 日以上」とされており、年間で 180 日分の実働勤務時間さえ確保できれば残る時間を勉強に充ててもイリーガルではないが、当然ながら日本人職員には許されない。

　当事業所で設定した就業時間内での学習時間は、担当による学習支援が月 2 〜 4 回× 3 時間、日本語教師による「介護の日本語」指導が月 4 回× 3 時間の月に 24 時間程度。候補者同士のネットワークで「最短」と揶揄されたらしいが、短時間でも効果的な学習支援が図れるように教材や進捗状況の共有など、日本語教師を含めた多職種連携を図った。それでも日本人職員からすると就業時間内に学習時間があるという事実は変わらないので、ならば受験対策指導そのもののオープン化を狙い、参加者負担のない対策講座の立ち上げを事業所開催ではなく法人事業として開講する提案を行った。

　外国人を合格させるために整備したあらゆる教材は、その後の法改正やカリキュラム見直しによってどうしても鮮度が落ちてしまうので、すべての受験者に開放する方が有効活用というもの。外国人に支援できて日本人にはできないはずがないし、事業所内でできるなら法人全体に対してもできないわけがない。筆者自身が介護福祉士養成施設や訪問介護員 2 級養成事業で勤務しているのを理由に「勝算はある」と部下たちを焚きつけたが、付き合わされた側からするとハラスメントと紙一重だったかもしれない。「候補者、日本人受験者、法人、講師担当職員のすべてにメリットがある！」と宣う筆者ひとりがノリノリだったと今でも軽く恨まれているが、職免ではなく講師として時給を頂戴する経験を部下に積んでもらえたのはよかったと思っている。

　以降 13 年以上に渡って継続するなかで、他法人からの参加も受けつけるようになり、感染症と闘う近年ではオンライン開講も実践してきた。外国人の合格率は R3 年度で 74％（表 6）、R4 年度は 76.7％。専任がおらず、すべて通常業務と並行しながら手作りでやってきた結果としては何処に出しても

恥ずかしくないものだし、深刻なマンパワー不足になる前に始めたからこそ成し得た特色と言えよう。

　この他、Off-JTについては、特養勤務であれば一般社団法人高齢者福祉施設協会主催、老人保健施設(以下、老健)勤務であれば公益社団法人全国老人保健施設協会主催の研修に参加する形になる。同じ法人で勤務しても研修で一緒になることがないのは外国人に限らずだが、当法人のように特養でも老健でも外国人を受け入れているところでは、説明を求められて困ったことがあった。

表6　受験対策講座の外国人参加状況

年度	参加外国人職員数	うち合格者	合格率(%)
H23	2	1	50
H24	4	2	50
H25	1	1	100
H26	2	2	100
H27	2	2	100
H29	5	3	60
H30	3	3	100
R01	0	0	---
R02	2	1	50
R03	7	4	57
平均合格率			74.11

3.3　学習支援の他に

　学習支援以外の生活定着のためには、担当者の他に事務方も住居確保等で経済・物資両面で状況に応じて対応を図ってくれた。各種手続等も共に行い、定期的な面談で困窮事案に対する助言や具体的なサポートを担ってくれる。千葉県留学生受入プログラムからの受け入れでは、就学中は日本語学校や介護福祉士養成施設のある千葉市内に居住させ、週末は受け入れ施設でアルバイトをさせようという仕組み。日本語学校には寮があっても養成施設には寮がないため、事業所から25km離れた県庁所在地で物件探しや賃貸契

約、引っ越し対応、日本語学校との調整に奔走した。

「一日3,000円を消費して生活費が不足する」という訴えを受けた際には、詳しく（当然、AI翻訳機等も駆使して）確認し、「美味しいから毎日牛肉を買ってしまう」と知るや、「日本の庶民は毎日牛肉なんか食べない。好きなものは特別な日にしなさい、鶏肉や豚肉も食べよう！」と、現場とは別のオトナ生活者目線で助言してくれている。

またEPA三ヶ国は台風の影響を受けやすく、家屋が被災するなどの事態も過去に何度か生じている。その際はお見舞を出すなど日本人職員と変わらない取り扱いをしているが、その後に住宅改修や建て替えが必要となれば県社会福祉事業共助会の生活貸金貸付を利用する場合もあるので、制度の事務的説明や手続き支援、本人が犯罪に巻き込まれた際など交代勤務に従事する現場の担当者の初動が困難な事案の対応をカバーする。

3.4　家族とのかかわり

災害の話が出たが、EPA第1バッヂは来日後の研修を終え、受け入れ事業所に着任したところで2011年の3月11日14時46分18秒を迎えている。医療福祉業界にも多数の死傷・不明者をもたらした大震災を、当事業所候補者も休日のアパートで体験した。利用者と当日出勤職員の安否や復旧を要する箇所の確認等に時間を要し、様子を見に行けたのは本震から30分近くが経過していたが、母国で地震を知らずに過ごしてきたふたりは一部屋に集まり、ベッド下の物入スペースに隠れるように怯えていて、顔を合わせた途端に泣き出した（写真2）。その後、近所で唯一開店していた行きつけの食堂で「唯一の客だ」とオバちゃんにサービスしてもらって、ようやく笑顔が戻った（写真3）が、余震を怖がるため事業所に宿泊させた。その後も計画停電や公共交通機関の大幅減便など影響は長く及んだ。

約一年後の2012年4月の地域国際化推進検討委員会報告では在住外国人に実施された「東日本大震災時の状況に関する調査」結果が示され、被災した外国人が当時困ったこととして母国の家族らに対して自身で説明しかねる不確定あるいは理解不可能な情報に困惑したと挙げているが、我々もこういった点はフォローすべきだったと反省が残る。当時のインターネット事情

写真2　東日本大震災発災から30分後

写真3　東日本大震災の夜

など環境的な問題もあったが、現地で案ずる家族に向けた発信ができなかったのは事業所としてお粗末だったと感じている。

　震災を体験したふたりのうちのひとりは現在も勤務し、後続で来日した者も10年選手になる。ここまで滞在が長くなると伴侶や両親や子ども、親族らが来日する機会も生まれ、その度ごとに歓待（写真4、5）しているが、それだけにしてはもったいない。現地合同面接に参加しても家族とは会わないのだから、震災の時の反省もあって知り合った親族と連絡先を交換し、SNSを通じて不定期ながらも当人たちの活躍や近況を知らせるようにした。楽しい出来事は本人たちが連絡するので、緊張が生じた時こそが出番。こちらの発信で信頼感や安心感が少しでも担保できるならお安いものではないか。

　例えばR3年には既往症を悪化させて大手術が決まった外国人介護職員が「話すと向こうが心配性で最後には口論になる」と母国の兄弟に経過説明を

写真4　来日した家族のアテンド

写真5　来日家族の歓迎会にて

伸ばし伸ばしにしてため、それを筆者が担った。言語スキルは素人以下だが、優秀になったWeb翻訳とAI翻訳機を駆使すれば何とかなる。そうして緊張が生じる時以外でも徐々に家族との交流も増えていった。

資料2、3のやりとりは2020（R2）年に一都三県に緊急事態宣言が再発出された直後。千葉県内でも母国でも共に来日した仲間の働く各地でも、covid-19陽性者は爆発的に増え、そこかしこに脅威が及んでいた。母国に残る家族が陽性になったとしても渡航制限で帰国できないし、同郷の仲間と集まるのも憚られる。自らが陽性となっても家族は頼れず、ひたすらリモートで顔を合わせながら互いを案じるしかない。実際に彼ら／彼女らの罹患もあって、受診を防護服対応で支援、買い物は代行してドア越しに届け、現場からは不凍ゲル化剤の氷枕や氷嚢などを貸し出す等の対応を図ったが、何をやったとて当人はアパートでの隔離で誰とも会わずに高熱にうなされながら過ごさざるを得ず、不安だったに違いない。そういった身に迫る不安が家族に伝播し、加速していくリスクは事業所として回避する必要があった。

当事業所にも事業の一定期間休止という事態が生じて、拡大防止に最善を

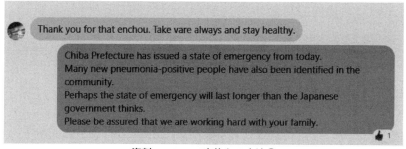

資料2　SNSで家族との交流①

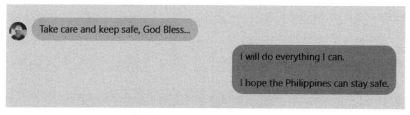

資料3　SNSで家族との交流②

尽くしている経過と地域の感染状況を家族宛てに発信すると、却って海の向こうから激励されて恐縮だった。一方で「何処に行くにもマスクを外すなと伝えてほしい」などという伝言もしばしば預かった。自身で伝えると口やかましいと疎まれるから職場の責任者として言ってほしい……という身内としての心情はよく理解できたし、時に目頭も熱くなった。

　以下のメールにおいて筆者を"enchou（苑長）"と呼び掛けているのは外国人介護職員の子息。「外国籍の人たちはみんな豆大使」という初代理事長の口癖を聞きながらここまでやってきたが、職責に相当する英語の"Head of facility"や"Facility Manager"ではなく、母親が呼ぶように"enchou（苑長）"と呼んでくれるのは、豆大使の家族とも心理的距離が近いからだと自負している。そんな彼が別の日にこのようなテキストを送ってきた。

　「Hello enchou. Ohayou guzaimasu!（原文ママ）
　I have a favor to ask. It's for my mother's birthday. Can you make a video greetings for her 50th birthday? We are planning to make a video greetings compilation for her. And we want to keep it a secret for her. Video greetings and message for my mom. Thank you!」

　勤務中だったがママの誕生日まで間がない。おかげで50歳を過ぎて職場でメッセージを自撮りするという人様には見せられない体験もさせてもらい、今や、当事者抜きで現地の家族、親族とのチャットルームを作っているほどだ。中学生からおばあさんまで、様々な年代の外国人と他愛もない話を重ねているが、それが信頼感を醸成するならもうけものかもしれない。しかも、ほぼ仕事じゃないだけに余計に楽しみになる。

　迎え入れる時には「家族だ、日本の父（母）だ」と言いながら、その身に緊張が迫っても母国の本当の家族、父母らに何ら説明できない、あるいは本人任せというのはさみしい話だ。彼／彼女らは法人で雇用した労働者だが、海外から来日して地域に住む生活者でもあり、身銭を切って出稼ぎガイジンの面倒を見てやってるとか、経済状態が日本と同等以上の他国からの参入であればトリートメントは異なっても仕方がないという意識は異文化協働からか

第2章　外国人介護職員との協働から得た目に見えないもの　75

 epa-fam

Philippines is trying to go back to new normal, everyone is allowed to go out, and go around, though it is required to wear face mask to all citizens as protection, there are still cases of COVID-19, but not as rampant like during the early stage/ days of pandemic, people are tired of this issue, that's why mostly people here in province are not wearing face mask at all, since they were thinking that they have protection for the received a vaccine already, specially the kids, mostly often on the road, playing without any protection.

 Take care and stay safe always, God Bless

資料4　SNS で家族との交流③

け離れているどころか差別でしかない。せっかく知り合えたなら「よければ一緒に」。その方が楽しいし、楽しければ自然と長続きする。現在は 3 ヶ国語を駆使して 25 名の親族と交流しているところだ。

今回の原稿についてもメッセージや画像の掲載許可のため親族や帰国者たち 14 人に連絡を入れた（資料 4）。ちょうど県域の 1 日あたりの新規感染者数が 1 万人に迫る勢いとなっていたため、情勢を説明して皆で乗り越えようとしている旨を知らせると、現地の状況などを細かく教えてくれた。その後に残念ながら事業所内でクラスターが発生した際も、逆にこちらが労われたほど（資料 5）。こんなやり取りを重ねていると、なんだか本当に親戚みたいな気持ちになってくるので不思議なものだ。

もちろん家族ばかりでなく、本人たちとも SNS でのやりとりはある。感染症蔓延下に来日し、現在は日本語学校〜介護福祉士養成施設に通うベトナ

 Thanks for the update, be safe always 🙏 as we all praying for the safety of each of everyone of us....God bless us all

 Praying for your protection and safety, God is great all the time, He will take care all of you Amen 🙏🙏🙏💕🫂❤️😊❤️🙏

資料5　SNS で家族との交流④

ムの留学生は、職員皆で食べるお菓子の他に別のお土産を渡すとその画像に資料6に示すテキストを貼り付けてSNSにアップロードしていた。「上司は従業員にいつもお土産を忘れない」という内容らしいが、実際にはこちらが貰っているからお返しをしたに過ぎない。その後のやり取りでも「こういう上司でよかった」とレスをくれたが、covid-19陽性の際に家族への説明をこちらからしようかと連絡したり、療養期間中に好物を届けたりしただけ。何も特別なトリートメントはしていないのに、それが安心感や一体感に繋がっているならありがたい話である。「よその留学生はもっといい上司に恵まれているでしょ？（筆者なんかアナタと）たまにご飯を一緒に食べるだけだよー」と返しておいたが、翻訳サイト先生によると「Không phải các sinh viên quốc tế khác đủ may mắn để có những ông chủ tốt hơn? Đôi khi chúng tôi ăn cùng nhau, nhưng chúng tôi không làm gì cả」という感じらしい。

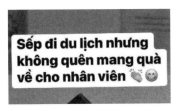

資料6　留学生とのやりとり

3.5　人ゆえに問題は起こる

　母国やルートはどうあれ外国人介護職員たちは、来日した同国者たちとSNSなどを通じてつながり、共に休日を過ごし、心配事もそちらで相談して解決の糸口を探るので、我々はどうにもならないくらい煮詰まってから初めて知らされる展開が多い。煮詰まってからというより自身の中で決めてからいらっしゃるので、それはもう相談ですらなく、決定通知みたいなものだ。地道な対応を重ねてもこうして適時の報告や申し出がなかったり、あるいは遅かったり少々御都合主義に偏るのをいちいち目くじらを立てていては身が持たない。「報・連・相が分かっていない」「筋が通っていない」と言っても、彼／彼女らの筋自体は和製ではないのだから「まずはここのルール」と強いるのは、「分かってほしい」と言うのではなく「理解せよ」と迫る響

き方でアプローチするようなものだ。対等な関係を構築するならば「困ったら我々に」を常日頃から口にして、その姿勢をいつも見せているしかない。そして基本は外国人特別ルールではなく、誰にでも理解できる日本人職員と同じルールで対処して、最後は「(差別的な意味ではなく)だって日本人じゃないのだから仕方ないじゃない」というような落としどころをこちらが用意しておくしかあるまい。

　筆者自身の基礎資格は社会福祉士。困窮した人がいらして初めて商売が成り立つのに最初からあれこれ注文をつけて注意喚起するのは、もしかすると「対応するこちらが困る前に相談してくれ」と意思表明しているのと同じかもしれない。そう考えると、結局は相手のためではなく自身の労力を抑えたいから口喧しくしていただけではないか……と反省しきり。「あゝ　お恥ずかしいったらありゃしない」だ。

　これまで体験あるいは法人外の受け入れ先から相談を受けた実例を表7に幾つか挙げる。

表7　噂の事件簿？

案　件	内　容	対　応
自転車に乗れない	来日前に確認していなかった	※第6節 写真7、8 参照
県外移動でのトラブル	盗難や紛失、迷子状態	電話連絡を受け対応
国際電話料金の高額請求	自身の携帯電話を友人に貸与	支払いし、電話差し止め
未施錠のまま都内へ外出	テト時期、先祖の魂が帰ってくるため未施錠	先祖は日本まで来ないと説明
訪問販売等とのトラブル	訪問販売員に気軽に対応	クーリングオフ対応図る
地下送金未遂	SNSで地下銀行側と連絡していた	EPA候補者の逮捕報道を知らせる
インターネット高額詐欺被害	SNSで知った相手に高額振り込む	被害届提出、振り込み額は戻らず
一時帰国時に母国で疾病罹患	帰国日程を遵守するために強行帰国	帰国後即入院

在留カード等貴重品の紛失	自宅や外出先に於いて（複数回）	再申請や捜索を支援
国試前に帰国意向の申し出	試験は拒否だが期限まで在留したい	意欲がないなら即時帰国を進言
駅前に違法駐輪	最寄り交番に押収される	交番に事情説明に行くように指示
公園に自作構築物設置	自作トレーニング機材を勝手に設置した	行政に撤去され、注意指導受ける
突如父になる	一時帰国後に→既婚者、子ありに	書類申請の対応求める
帰国費用がない	親族が逝去。送金後のため帰れない	渡航費用貸与
在宅時に不法侵入未遂	在宅時に何者かが外から玄関のドアノブを破壊、中に押し入ろうと試みる 警察・不動産業者対応と本人の支援	
covid-19 陽性	受診、移送支援、ドア越しに食料や医薬品を届けるなど見守り	

　こういったすべてを、担当者らはその都度尽力してくれた。軟着陸でも一応はクリアして今があるのは、単に「うちの職員だから……」という労働者として捉えて対処療法的に対応したわけではないからだろう。取り立てて「多文化ソーシャルワークの考え方」などの共通認識を求める機会など設けてはこなかったが、EPA 以前から外国人が現場に参画している当事業所は、今や多くの職員にとって"就労した時点から外国人の同僚や上司がいる職場"である。だからこそ真摯に対応してくれたに違いない。そこにいるのは人、人のいる場に問題が起こるのは自然で不可避なのだ。

4．難関

　利用者への周知と理解は苦労したが軟着陸できたが、試行錯誤してきたなかでの最大の難関は、やはりフィリピンでいう「ケアギバー」、ベトナムでいう「ホーリー」といった母国にある介護と、我が国のそれとの違いを理解してもらう点に尽きた。「ケアギバー」は住み込みの家政婦兼介護人、「ホーリー」は VJEPA 開始以前の調査では平均月収よりも低い"誰でもできる家

族介護の下請け"業である。

　2005年にフィリピン海外雇用庁（Philippine Overseas Employment Administration：POEA）を訪ねた折も、自国のケアギバー資格に自信を持つ担当官とのやり取りに難儀したが、ベトナムでも EPA 開始前夜にはすでに中部管轄市ダナンで初の日本式介護教育（後述）が始まっていたにもかかわらず、政府としての認識は、候補者の募集において業種を「ホーリー」と表現し、介護福祉士＝ホーリーと理解した者が来日するに至った。候補者には何ら責はないが、そこから「社会福祉士及び介護福祉士法（以下「士士法」）」に明記されている専門職介護の理解に進めるのは労力を要した。

　　社会福祉士及び介護福祉士法　第二条
　　2　この法律において「介護福祉士」とは、第四十二条第一項の登録を受け、介護福祉士の名称を用いて、専門的知識及び技術をもって、身体上又は精神上の障害があることにより日常生活を営むのに支障がある者につき心身の状況に応じた介護（喀痰吸引その他のその者が日常生活を営むのに必要な行為であつて、医師の指示の下に行われるもの（厚生労働省令で定めるものに限る。以下「喀痰吸引等」という。）を含む。）を行い、並びにその者及びその介護者に対して介護に関する指導を行うこと（以下「介護等」という。）を業とする者をいう。

　この「士士法」が統べる専門職は、社会的な意味での「介護」の担い手。EPA でやってきた介護福祉士候補者たちは、まず社会で「介護」を担う考え方の理解を求められる。自国にないものの理解が困難なのは何処も誰でも何語でも同じで、それは学習上のミステイクからもうかがえた。たとえば第 29 回介護福祉士国家試験では次のような問題が出題されているが、社会的自立と身体的自立について問うのは模擬試験でも頻出される定番のひとつ。

　　第 29 回国家試験　問題 19　分野【介護の基本】
　　利用者の生活の質（QOL）を高めるための介護福祉職のあり方として、最も適切なものを 1 つ選びなさい。

1　ADL（Activities of Daily Living：日常生活動作）の維持・向上を最優先にする。
　2　どの利用者に対しても同じ方法で介護する。
　3　利用者の精神的側面は考慮しなくてもよい。
　4　終末期の介護では、利用者の私物は早めに処分する。
　5　利用者のニーズや生活環境を総合的にみて、介護の方針を検討する。

　正解である5を選択することはそれほど難易度が高いとは言えず、いわばサービス問題に近いが、候補者のマークは選択肢1に集中した。まだ家族介護がベースにある国で社会的自立という概念が乏しいのは当然なのかもしれない。だが、これだけではない。看護と介護の棲み分けの曖昧さも分かりづらくしていると考えられた。キュアとケアの世界観は本来、利用者の尊厳と自立のもとに相互に補完しつつ存在するべきものだが、現実に医療現場では「介護」という職種が現在も「看護助手」や「看護補助者」と表現され、並列ではない関係性が自ずとうかがえる。「世話」という同じ源流にありながらも、職業的には看護の不足を埋めるために「介護」が作られた歴史的因果がいまだに残っているのかもしれない。

　資格を相互承認すれば解決するということではないし、相互承認が困難な事情も理解できるが、現地の看護師資格を所有してカンパニーナースやメディカルセンターで勤務していた候補者が看護でエントリーできない事例は多く、これも立ち位置の認識の違いを招く要因と考えられる。そしてJVEPA帰国者からは「結局、介護はホーリーの延長に過ぎなかった」という言葉も出たと聞く。

　ソーシャルワーク研究で名高い岡本民夫（1936～）は、「介護福祉はこれまでの専門分化した介護や介助ではなく、その人間の生活全体を視野に入れ、その人の社会的機能と社会関係とのかかわりのなかで可能な限りでの自立の達成をめざす一連の身体的・心理的・社会的世話であり介護努力」と著している（岡本・久恒・奥田 1989：2）。筆者自身も彼の「介護福祉入門」などを介護福祉士養成施設での講義で引用させて戴いているが、この社会性という部分が視野に入らなければ、知識・技術・価値がなぜ重要かと疑問視されて

しまうのは言うまでもないし、そこに明確な答えを出せなければ差別化は難しい。"社会的な意味でのケア"がなければ介護は「世話」に過ぎないし、そうであれば、そこになぜライセンスが必要か？と問われるのは、ごく自然な話だ。

果たして「介護」とは何か。社会保障制度は国が富んで初めて純熟が可能だが、外国人介護職員を送り出す各国はまだ国としての富みを国会保障制度として再分配するまでの純熟には至っていない。国家が富む前に老いたか、国家が富んでから老いたかという時間軸の違いも介護の概念を理解する上では妨げになるだろう。

だが、日本の介護をトレースするためではなく「その国に最適な介護」を構築していく過程上であれば、ジャパニーズカイゴが意味するものが何かを知ってもらうのは決して無駄でも難しい作業でもないし、そこに希望は潰えない。

一例は岐阜・静岡に拠点を持つ社会福祉法人千寿会（以後 千寿会）が、中部管轄市のダナン医薬技術大学との提携で2010年からスタートさせたベトナムに於ける初の日本式介護教育だ。現任者に対するものではないが、同大学において900時間の日本語教育（N3到達目標）の後におよそ300時間の日本式介護教育、その後選抜者に対する90日間の来日研修を行うというプログラムには、筆者も瑞浪市を訪ねて第一期生研修に関わらせて戴いたが、修了時には次のような感想を述べたと伺っている。

「病気は薬で治療するが、介護は利用者の心を治療するので介護士は自分の心を持って働く」[原文ママ]
「ベトナムのホーリーは単なる世話だったが、仕事が忙しいのにいつも笑顔で働く介護士を観て、勉強すればするほど介護は難しいものだと理解した」[原文ママ]
「介護と看護は、目的が同じでも考え方が違う。看護は治療的で、介護は心理的に援助する」

日本でいうところの介護職員初任者研修、つまり介護のゲートウェイ的ラ

イセンスの倍以上の時間を費やし、例えば認知症については「物忘れ」ではなく「dementia」だというところまで踏み込んだこのプログラムは、多くの学生を優秀な JVEPA 候補者として送り出した。

　さらに筆者が非常勤勤務をしている学校法人土岐学園中央介護福祉専門学校（千葉市緑区）では、「日本の介護と母国の介護の違いをどう感じるか」という問いに、留学生が日本語を使って直筆で回答をしてくれた。そのいくつかを列挙する。

　（以下、すべて原文ママ）
　韓国留学生
「細かいことは分かりませんが、お年寄りや障害者のための施設はあってもデイサービスというシステムは母国では聞いたことがありません。そして介護とはただお年寄りをケアすることだとしか考えていなかったです」

　フィリピン留学生
「母国の介護は詳しくないことが分かりました。介護者として病気や障害だけではなくて、心配事や希望などを感じ取って理解する必要があります」
「日本の介護の方が素晴らしいと思います。母国は、施設が少ないし、保険があまりよくありません」
「日本の方が高齢者を大切にしている。日本の介護を母国に教えてあげたい」
「母国ではお金のある人だけがサービスを受けられる。もっと若くして病気や認知症の事件で亡くなることが多いです。母国の高齢者にも日本のようなサービスが受けられるといいです」

　ベトナム留学生
「私の母国では高齢者を施設に入所することはよくないことだと思っていて、だいたい一緒に住んでいる。日本では病気や障害が大変だし、家

族も忙しくて世話の時間がない」
「ベトナムでは介護サービスはほとんど金持ちに向けることだ。日本にはさまざまな介護施設があるだけではなくサービスもさまざま、普通の人も介護サービスが使える。たぶん理由は日本は発展な国で高齢化率が高いからだ」
「ベトナムの介護は利用者ができるところがあるけど、ずっと職員から介助してもらった。そんなことがあまりよくないと思った」
「日本の介護は大変な仕事ですが楽しい感じしました。私にとって利用者と話すことが楽しい。私のおじいさん、おばあさんをみたい」
「ベトナムは2022年で64県の中で32県しか高齢者の介護施設がない。自分が生まれたところはけっこう人口が多くてはってんしているのに高齢に向ける介護施設が一つもない。ベトナムの介護は病医で役割が多くて日本の介護より色いろいろなことをやせていると思う。でも日本の介護はいろいろなサービスがあって高齢者だけではなく障害者などの方も利用できる。結構おもしろい仕事と思う」

　日本語学校から介護福祉士養成施設に入学して4ヶ月、最初の実習を終えたばかりのタイミングでの回答であり、感じたものがこの先で変わっていく可能性はあるのは言うまでもない。けれども現地と来日後を合わせて2年足らずの日本語学習の直後から介護福祉士養成施設のテキストをもとに学習している点(それも大きな課題のひとつだが)を考えるなら、列挙したコメントを見ると、時間や手間を惜しまなければ国家が富む前に老いがやってきた国々の人にも社会で支える仕組みの必要性、介護の専門性を伝えるのは不可能事ではないと感じるし、介護専門職と「ケアギバー」「ホーリー」の相違点の理解に希望はつながる。
　EPAルートとは異なり、留学生ルートは裾野の若者たちも含まれ、それが国家試験合格率の違いだと分析する声もあるが、養成施設と介護事業所の両方に立つ身としては養成施設も介護施設も本来は外国人受け入れに決して積極的ではなかった点は類似しても、同時期に外国人の受け入れを始めてきたわけではないし、事業所における受け入れ候補者人数というのは養成施設

の学生ほど多くない。高卒あるいは社会人再チャレンジ支援等の枠で入学してくる既存の日本人学生と、EPA連携三ヶ国以外にも中国、台湾、韓国、モンゴル、ネパールなどからの留学生を一様に養成し、国試合格レベルに仕上げるということが並大抵ではないのは言うまでもないが、それでも、いきなり業務のかたわらに始まる学習支援よりも、社会的に支えるという部分への理解は「あるべき論」のカリキュラムであるだけに丁寧に時間を割いて展開されているといっていいだろう。

　2010年施行の「ベトナム高齢者法」は、家族介護をベースに置きながらも高齢化や認知症などによって専門的なケアが必要な場合は施設利用という選択肢もあるという考え方が盛り込まれている。まさに社会全体で支える方向に向かう過渡期にあると示しているし、実際に人口の都市流入によって家族介護の限界を見通して、介護専門職の育成や現任者教育を求める声が活発になっていると聞く。ベトナム看護協会に協力して介護テキストの監修を請けた際にもコメントしたが、まずは「その国なり」が最優先事項。ジャパニーズカイゴをどう落とし込むかではなく、その国なりの施策や死生観、幸福観に寄り添った「介護」を生み出せれば、まぎれもなく誰もが願うはずの知識・技術・価値の移転になる。採り入れるべきところはいくらトレースしてもらおうと構わないが、それだけでうまくいくと考えるのは早計で、外国人介護職員はその架け橋でありリトマス試験紙。奏功しているとは言い難いかもしれないが、受け入れ側の我々は彼／彼女らにとっての「介護」「福祉」を残念なものやがっかりするものにしてはならない。

5. 退職　信頼性と経済性

　当事業所を去った外国人は表8のとおり。

　様々な事情で帰国していく外国人に対して、「帰国したら介護の伝道師になってほしい」などと受け入れた側はよく口にするけれども、現実的に帰国して「介護」で食べていく者はごく一部に過ぎない。我が国での経験を活かし、評価を受け、対価が得られる職場は、まだ母国では富裕層向けの有料介護サービス業などに限定されて、大きな雇用にはなっていない。

表8　帰国あるいは離脱した外国人介護職員

	母国	種別	性別	勤続年数	年齢	備考
A	比	留学	男性	0.4	27	留学支援プログラムより離脱→他国で勤務、現在は比国在住
B	比	EPA	女性	3.4	32	JPEPA1st　不合格、再受験なく帰国→結婚、カナダ在住
C	越	EPA	男性	4.0	27	JVEPA1st　合格年に帰国、送り出し機関等にて就労　没交渉
D	越	留学	女性	1.1	19	千葉県留学生プログラムより離脱、経費未収　日本滞在中
E	比	EPA	男性	4.5	36	JPEPA9th　不合格→帰国　再来日準備中（特定技能）

　我々が提案した構造改革特区申請でも「帰国後も就労機会が得られるというメリットがある」と記載したが、それは小規模雇用だからこそ。EPAや技能実習から帰国する者たちをカバーするほどのボリュームはない。加えて介護福祉士養成カリキュラムはいきなりチームリーダーとして現場を統率できるようになるためのものではないから、帰国した候補者らは伝道師はもとより我が国でいう潜在介護福祉士・潜在介護職員にもなり難いのである。帰国者の多くが技能実習の送り出し機関や現地に進出した日系企業などに道を見つけていくのはこういった理由も大きいはずだ。

　当事業所の直面した別れは数例だが、帰国後も続く縁もあれば個人として水に流せても職場の管理者としてそうはできない縁もあった。その逆もまた然り。これは人と人とのかかわりのなかではごく自然に起こり得る現象で、損得だけで評価していくのはやめたい。ただ、せっかく続く縁ならば、互いに大事にできればと願うだけだ。

5.1　雇用契約の終了

　帰国・離職の申し出は結婚や家庭の事情によるものばかり。こちらから打開策を提示しようがないユーティリティーの高い理由だが、実際には独身のまま、他の職種に他の身分で再来日している事例も承知しているし、SNSによって、その後の去就を知りたくなくとも知ってしまう機会もあって、気

持ちの整理は厄介だ。ただ個人的には退職・帰国を申し出てきた際の理由そのものには大きな関心を寄せていない。筆者自身も職員にとって話しやすく本心を打ち明けやすい立ち位置にはいないし、国籍を問わず申し出の理由に想いのすべてが込められているはずもない。当人から真意が出てこないと嘆いても、人は多くの誰かを裏切らないと自身の明日が来ないことがあって自らも身に覚えもある。にもかかわらず他者に「約束が違う」などと言う資格はあるまい。

ただ、そこに隠れているメッセージを窺い知ろうとするのは重要だ。帰国者のその後のインタビュー等には興味深い内容も見受けられ、「成人雑誌が公然と販売されている国で家庭を作り、子育てをしていくのは考えられない」「保育施設と言語での意思疎通が捗らず、暮らしていくのは大変」といった話もあったと聞いている。このように事業所が定着努力を継続しても、地域全体がまだ外国人にとって家庭を作り子育てする場としてなじめなかったというのは事実のようだし、残念である。定着の環境づくりは日本人にとっても外国人にとっても住みやすい、つまりユニバーサルデザインで考えるべきで、査証の違いや国の違い、職種の違いで左右されるものであってはならないが、上記の事由はそこに長く住むには……という「地域への信頼性」の問題になる。

一方で雇用に関する諸条件「労使間の信頼性」によるものもあろう。この場合は帰国ではなく他の事業所に新天地を求める動きも生まれ、当事業所も他県から転籍を受け入れてきた。「当初の契約内容と来日してからの待遇がまったく違う」「合格後もそのトリートメントが変わらないと通告された」というのが、その際に確認した離職希望の理由だった。まさに「労使間の信頼性」に関わる部分で、引き抜きはできないため先方と正式な退職決定後から対応して迎える運びとなった。

事業所に届けられる DM や FAX などを斜め読みする限りでは、国家試験で不合格となった EPA 候補者が在留資格を特定技能に変更し、受け入れ先で就労継続するのではなく外国人専門の特定技能人材紹介会社等を経由して新たな就労先を探す事例も少なくないようだ。候補者が望まないからこうなるのか、受け入れ事業所が望まないからこうなるのかまでは読み取れない

が、転籍制限のかからない特定技能での入国が今後増えるにつれて、こういう事案も比例していくに違いない。

　他に、介護の業をこのまま続けるよりも他に稼ぐ道を選択した「経済性」の問題から生まれる帰国・離職も少なくない。外国人たちにとって「介護」が、母国の「ケアギバー」や「ホーリー」と変わらないと映り、なおかつ母国に帰っても身につけた技能を活かす場が極めて少ない現実に直面すれば、他の世界で食い扶持を見つけるのは当たり前かもしれない。一定程度の日本語能力があって国家資格を持つ、あるいは国家試験にトライしたプロフィールがあれば、拓ける道は決して狭くはないし、フィリピンであれば日本語能力にこだわらなくても第二公用語の英語を活かしていくことも可能だ。

　自身が身を置きながら語るのは問題かもしれないが、現実として地域や設置主体の種別によって格差があり、どちらかというと基本給よりも手当で稼がなければならず、インターネットの巨大掲示板では「誰にでもできる底辺業務」と、時に従事している本人たちも自虐的に語り、その上、外国人の参入に決して肯定的ばかりとは言えない業種が介護である。こちらの身に置き換えて海外に移住して仕事を探すと仮定したら、国家試験を受けてまでこのような業種に従事しようと考えるだろうか。資格の取得よりも日本語能力のランクを上げる方がメシのタネになるという判断は、当事者たちの意識や意欲が低いせいと片づけるのは簡単だが、むしろ労働者としては正直かつ貪欲で、業界内部でそれを収めきれない現実の方を深刻に受け止めなければなるまい。

　ベトナム第1バッヂ帰国者の口から出た「結局、介護はホーリーの延長だった」という言葉は、何をどう体験して感じ、本人なりにどう咀嚼して発せられたのかを考える必要があって、仮に職業の社会的評価に対する失望が帰国の背中を押すものになったのであれば、それは決して外国人だけに及ぶものではない。

5.2　次のハードル

　職業や資格への「信頼性」とリンクするが、EPAは「試験合格」というハードルが高い割に資格自体は名称独占で、合格しても業務内容は大きく変わら

ない。劇的にギャランティが上がるわけでもないし、大願成就を果たした達成感は得られるけれど先が拓けてはっきりと何かが見えるようにもならない。これも定着を妨げる要因のひとつであるのは確かだろう。

「士士法」第四十七条の二には資質向上義務、つまり「合格後も勉強ですよ」と明記されているせいもあって、合格後5年の実務を経て「ケアマネ(介護支援専門員実務研修受講)試験を……」という話は日本人でもよく口にする。無作為抽出の17,011事業所、有効対象労働者数51,033人に対して行われた令和3年度「介護労働実態調査」(公益財団法人介護労働安定センター)結果(n＝19,925、回収率39.0％)でも、今後取りたい資格はケアマネが36.6％と最も高い。職種別では訪問介護員で31.9％(サービス提供責任者では54.5％)、介護職員では38.9％が取得意向を持っている。

しかしながら、試験合格率も介護福祉士とは段違いで従事する事業所内での支援も限定されるし、トリートメントを見ても処遇改善策等によってケアマネとの収入対比は介護保険制度黎明期とはかなり異なってきた。外貨を母国に仕送りする前提を持つ外国人にとっては交代勤務手当を失ってサラリーが下がるリスクにも直面しかねない。さらに、この調査は他分野の介護職までは含まれておらず、単に最も多く就労しているのが介護保険サービス事業分野だからこその結果とも考えられる。ケアマネは介護保険分野のみで有用な資格で、障害児者分野では相談支援専門員が同様の業に従事するが、そちらは試験制度ではなく「実務経験を有し相談支援事業に従事しようとする者」が受講によって取得できる仕組み。「介護」の理念や目的は障害児者福祉でも高齢者福祉でも共通だが、制度上の枠組みが異なるため相談支援専門員講習はケアマネ資格所持による免除はない。

信憑性の問題はあるが、2018年にはインターネット上の某介護系コミュニティに於いてEPAで来日、合格後にケアマネ資格を取得、施設のケアマネではなく居宅介護支援事業所に着任したという外国人の投稿がアップされた(現在は検索しても情報が確認できず)。どういった在留資格で従事したのかなどは明らかにされていないが「抜擢されたにもかかわらず、対外的な電話対応や他事業者や利用者家族との調整等において介護福祉士候補者時代のような周囲のサポートが得られず退職せざるを得ないが、もう一度他の場所

でチャンスを期したい」と書き込まれていた。

　前述の「介護労働実態調査」では、ケアマネの平均年齢の高さも表れている。外国人ケアマネの投稿にある対外的な対応といったものは、介護福祉士として5年（実務経験ルートであれば介護職として8年程度）の経験値があれば誰でもそつなく対応できるようになるものではない。すべての介護職が相談援助職として成功するわけはなく、介護職員共通のハードルやキャリアアップの行き着く先をケアマネとするのは、そもそも無理がある。

　さまざまな福祉分野で互換性があるものとするならば、認定介護福祉士、専門介護福祉士の方が妥当だ。ただしこれは20科目600時間以上の講習を受け、認証申請に総額60万円程度の捻出が必要となり、職場は奨励しても費用負担するまでは現実的に難しい。仕送りをする外国人が個人負担するにもかなりの金額で、貸付金制度等を利用しなければならないし、出費分を短期間で取り返せるほど昇給が期待できるかというとそういうものでもない。

　そうなると新たな試験や講習受講で他の資格取得を目指すより、事業所や組織内での役割の確立や貢献度に応じて日本人と同等に評価していく仕組みにきちんと乗せる方が健全である。そして同等というからには職位を外国人に奪われるというような考え方は排除されなければならない。更なる資格取得というのは個々人の評価の1オプション、必ずしも結果ではなく、取り組んでいるという意欲や姿勢も含めてなされるべきだ。

5.3　幸せの選び方

　以上のように「信頼性」と「経済性」がともに満足できてこその定着率となるが、受け入れ側にとって定着率が高いのはありがたいけれども、外国人介護職員がどのくらいの期間就労したら職場は満足するのか、その際限のなさは諫められなければなるまい。

　メジャーな業種だからなのか、それとも人材不足の顕著な業種と考えられているからか、現時点で介護については特定技能「介護」、在留資格「介護」、特定活動「EPA」、技能実習「介護」と4つの在留資格が存在する。令和4年7月には法相が会見において制度の「問題の歴史的決着」と見直しについて発言、特定技能はそれに代わる制度として創設から3年が経過したが拡大

は鈍っている(令和4年12月時点　総数130,915人、介護分野は16,081人、特定技能1号在留外国人数発表より)。人材確保困難分野に即戦力として海外人材を投入する……という目的と本質にブレがない現実に則った制度として生まれた特定技能だが、転籍できない縛りを有する旧制度の技能実習を重用する声は大きい(令和4年6月時点　総数327,689人、介護分野は15,011人、在留資格「技能実習」に係る在留者数発表資料より)。

　約30年前の旧制度に成功例が皆無というわけでは決してないし、実際に我々も受け入れているところだが、出入国在留管理庁発表資料によれば送り出し機関仲介者への支払い平均は542,311円(n = 2,182)となっており、来日前の借金額も平均547,788円(n = 993)と発表されており、搾取と権利侵害のカモにされやすいというのもまた真実である。我々はいつからかどこからか、あるいは初めからなのか、雇用者側の損得が優位に置かれても違和感を持たない。

　令和5年6月の共生閣僚会議で技能実習制度の「発展的解消」と特定技能2号への9分野追加が決まり、転籍容認の範囲(程度)や長期就労、家族帯同、選抜方式(前職要件)、手数料などといった課題に踏み込んで、新たな人材確保と人材育成を目的とした新制度が特定技能と両輪で動き始めるスケジュールが予定されている。"縛り"によって引き離さないものから、職場風土や賃金等を含めた魅力で惹きつけていくものに変わっていく転機となるのかは定かでないが、「育てるまで(来日させるまで)に(費用が)掛った(あるいは掛かる)から、このくらいの期間は働いてもらわないと……」という意識の変革、ひいては日本社会全体の矜持が試されるものになろう。

　例えば転籍をどうするかにあっては、人件費を犠牲にした低コストの成立と決別する覚悟や、縛りで維持していたといっても過言ではない地場産業等の人材確保をどのように埋め合わせるのか様々な選択を迫られる。人手不足を国際貢献にすり替えてきたツケがあるなら、その清算をしようとしない限り、よりよい明日は見えてこない。

　もとより長期滞在が外国人介護職員たちにとっても受け入れる側にとってもハッピーエンディングになるかは、そもそも双方のゴール設定が異なる以上は難しくそうであるならば本人たちのハッピーエンディングを踏みにじっ

てまで受け入れ側がハッピーを求めるのはおかしな話になってくる。

　当事業所には来日 10 年選手が 3 名、日本で介護保険の 2 号被保険者になり、永住権申請を望んでいるが、決してそろそろ帰国してほしいというわけではないし、長く働いてくれるのは本当にありがたいのだけれども、このまま日本での就労継続がハッピーエンディングになるかは、幸せの選び方が誰も同じではない以上は分からない。母国で働くよりも稼げているかもしれないが、どこかで帰国というターニングポイントを迎えた際、そこまでの日本でのキャリアは母国で活きるのか、余計なお世話なのだろうが心配というか、ちょっと申し訳ない気持ちが生まれる時がある。暮らしのためとは言え、家族が離れ離れという事情が長きに渡ると、夫婦や親子、兄弟姉妹の関係が当人の手から離れたところで変わっていく場合もある。時に「我々がリクルートしてこなければ、この家族は揉めなかったんじゃなかろうか？」……と考えてしまうような物語もこれまでにはあった。

5.4　帰国事例①

　我々の体験した最初の外国人介護職員との別れは、「フィリピン人ナーシングケア人材育成ジョイントプログラム」 にエントリーした留学生の帰国だ。来日から 3 ヶ月でプログラムから離脱するに至った事例で、ひとり残ってしまう他の留学生の親御さんまで心配する騒ぎになった。離脱の理由は本人の意欲や経済ではなく、母国の家族間の不和で、本人が帰国しないと家族がまとまらない……というもの。まさに多世代家族療法の第一人者マレー・ボーエン（1913–1990）が著した家族システム理論さながらだった。

　フィリピンやベトナムでは身内の複数名が海外で労働に従事していても珍しくないが、家族間でのそれぞれの自立や共助による安定が成されていてこそ成立するもの。脅威が生じるとボーエンは「分化」の力よりも「凝集性」によって抱えた問題を乗り越えようとすると唱えたが、まさにそのとおりであった。この他にも、伴侶が国外で就労して家を長く空ける生活によって夫婦関係に新たな緊張や脅威を生み出し、子供たちを巻き込んで家庭内に悪影響が及ぶ事例もあった。

　外国人介護職員の定着は、まずは属する家庭が安定していて成立するもの

で、長期にわたって何の問題もなく穏やかな家庭というのはなかろう。多かれ少なかれ家庭を構成する者たちは各々に悩みや不安を抱えているわけで、それに対して雇用側が働きかけられることなどほとんどあるまい。しかし、もしもそういった話を耳にしたなら、聞き手になるだけでもせめてもの情緒的支援は図れるかもしれないし、解決しえないなら、職場としては痛手になってもそこで「帰りなさい」とか「帰るかい？」と声をかけるのも彼ら／彼女らのハッピーエンディングへの思いやり。そういう積算がもう一度来たい国、もう一度働きたい場所を作るのではないかと思う。

　事情は様々であっても、必ずいつか何処かのタイミングで必ず別れはくる。そこまでに後々も残る多くは目に見えない無形のレガシーを創れるか否か……が真のかかわりの成否で、「日本語能力を向上させて」「有資格者にさせて」「費やした額面分の働きをさせて」という"させてさせて"ばかりの構図が、労働者側の多様化に合わせて時代に沿った、より人間的で魅力的なかかわり方に広がる期待を持っていたい。

5.5　帰国事例②

　もう一例はチャンスをものにできなかった候補者。現地合同説明会で多少の日本語を用い、派遣した担当者（介護現場の責任者とEPA合格者）の目に留まって選抜するに至ったが、着任までの間に日本語能力の大きな進展が見られず、望まれる介護福祉士国家試験の問題を読み解く力が身につかなかった。EPA合格者も総出で支援をしてくれたが、その指導についてくるのも

資料7　別れのメッセージ

難しく、結果として二度の受験でパスできなかった。在留資格を変更しての残留を望んだが、そのための試験も不合格となってしまう。仕事はそつがなく、多くの利用者と職員に愛され、法人役員にも存在を印象付ける好人物で、普段の暮らしも慎ましく、近くの名所を訪ねる機会も惜しんで仕送りし、親のために家を建てた。covid-19 で父親を亡くしても一時帰国できず、4年半を本人なりにひたむきに過ごし、成田空港のショップでガンダムの実寸大頭部フィギュアと記念写真を撮って、メッセージカード（資料7）を残して搭乗ゲートに消えた。表向きとしては「結婚」「家庭の事情」、その裏には別の理由というステレオタイプの別れが少なくないなか、我々も勤務を続けてもらいたい、本人も続けたいという気持ちがある別れ。ある意味で他の有資格者よりも現場で存在感を示したものの、資格と数値化された日本語能力を偏重する考え方の中では認めてもらえなかった事例である。

5.6　退職に思う

　身銭を切って招聘して、手塩にかけて育てた者たちの退職や帰国だからこそ、次に活かしていく何かも見つけずヒロイックかつヒステリックになっても仕方がない。外国人介護職員の導入とは何をもって成功で何をもって失敗とするのかは、ゼニカネで語るのか、就労期間で語るのか、それまでのガラパゴスな介護の世界が変容を迎えた結果で語るのか……切り口は幾つもある。単にその場その場で出てくる外国人のニーズに応えるトリートメントばかりに終始すれば"入りやすくて辞めやすい親切（便利）な事業所"と囁かれる不名誉認定しか受けられないし、あるいはそれにさえ気づけない不感症に陥るだけ。そしてそれは「導入は失敗だった」という方向に帰結する。仮に結論が「帰国」や「不合格」でも、そこまでの経緯や経過の評価を成果に含めて考えなければ、現場の対人援助専門職の立ち位置や評価を貶める悪循環を招くだけで、未来に結びつく何かを創る、得るというところから離れていく。ライセンスの有無や日本語能力の高さでスクリーニングするのは学歴主義や成果主義。我々は生身で人と向き合う現場主義の側にいて、そこでは必ずしもスケールで測って高得点だった者が優秀で適性が高いと限らないし、スケールで測って人を選別する場でもない。出来高や結果だけで括らず、得

点や資格という表に出ない不可能な持ち味も大事にする場所だからこそ質の向上も多面的に考えるべきで、それが次節で述べる「新しい価値観」の創造につながるのではなかろうか。

5.7　一時帰国

　本節の最後に退職ではないが一時帰国について述べておく。EPAでは、候補者時代は一時帰国支援のための特別休暇（雇用当初は有給休暇の付与日数も少ないため）を設けるが、合格後は日本人と同じトリートメントになり、日本人と同等として、概ね14日間内で公休や有給休暇、他の特別休暇などをやりくりしてスケジューリングし、申請してもらっている。まず現場での人員配置のやりくりをしながら可能か否か調整し、法人内決裁を取って承認する流れだ。他の職員たちのフォローも求めざるを得ないし、希望日程と許可できる日程がずれると燃料サーチャージなどから航空運賃が変動して本人負担が膨らむ場合もあるので、とにかく早い段階から相談を始めなければならない。それに合わせて他の職員たちのリフレッシュのための休日も早期受け付けをしていかないと不公平感が出るし、勤務表作成担当は苦労が絶えないようだ。

　しかも、勤続が長くなればなるほど一時帰国＋現地での所用の合わせ技が出てくる。単純に家族との再会の他、冠婚葬祭や現地資格の更新や公的手続きなどの用向きを加えて上限を超える希望となる場合もある。特に現地資格の申請や公的手続きは、どうしてもお国柄というものがあって2週間から1ヶ月ほど時間を要する。過去に家庭の事情から家屋の名義変更や財産分与などを一時帰国している間に済ませたいという相談を受け、申請代行業者を使ってもらう手段も検討したが、一時帰国日数を短縮させるために支弁するその費用を誰が負担するのか……となって頓挫し、申請どおりの日数の帰国を特例として承認している。

　ここ何年かは感染症によってほぼ全員が一時帰国をしたくてもできない日々が強いられた。感染症分類が移行した令和5年度5月以降は一時帰国ラッシュにもなりそうだが、社会福祉施設内では変わらずクラスターの発生や、それにかかる人員不足等が散発的に繰り返され、帰してやりたくても

……という状況に陥っている。個人に何ら責がないのに我慢させるのは酷い話だし、やみくもに許可を出せば日本人介護職員はさらに疲弊するし、どこもきっと頭が痛いに違いない。

6．我々に変化は起こったか

　さて、外国人の参入によって起こった現場の変化について述べてまとめにつなぎたいが、第2節で記した特区申請の提案には、既存職員のメリットについて「コミュニケーションの重要性、対象者の生活習慣や個性の尊重といった介護の原則を再認識する機会が生まれる」と提出している。しかし、外国人参入によってコミュニケーションがより重要と感じるようになったかというと決してそうではないし、介護原則がそれによって左右されることもなかった。今になって考えると開国前に考えたメリットはまったく読み誤っていて、それが当時の却下理由のひとつだったのかもしれないという思いにさえなる。

　ただし、これは受け入れが始まってすでに14年が経過してからの思い。外国人受け入れ開始以前から在籍する者は、それぞれポストに就くなどして外国人との協働の現場運営をマネジメントする立場にいるし、現在在籍している多くの職員（在籍平均7.25年）にとっては"ハナッから外国人が勤務している場所"に過ぎない。このような経過を辿ったなかで、受け入れの成否を測るスケールが、日本語能力や資格取得の成否あるいは定着の長短だけではないと分かった……というのが変化というなら変化ではなかろうか。

　外国人たちのバディと言ってもいい担当者を見ていくと、発足以来幾人か代替わりして現任者は新卒早々のまだ初々しい時期から外国人介護職員に関わる業務を担ってくれている。早番遅番夜勤という通常業務と兼務しつつ他者の受験指導など明らかに自分の時間が削られてしまうのが想像に難くないだけに、実は現任者に限らずこれまでよろこんで辞令を受け取ってくれた者はいない。筆者のように「なんだか珍しそうでおもしろそう」とノッてくれる者はレッドリスト入りしているようで、過去には自身が養成施設ルート出身のため「仕事と受験を並行していない」と不安を申し出た者もいた。

この担当に限らず、何らかの役割についてもらう時には「選ばれた人にしか任せられない仕事」「待っていれば次の機会がすぐに回ってくるわけではないし、他の事業所で経験できないかもしれない」と話すよう心掛けている。そこに何か感じるものがあって引き受けてくれた部下たちに感謝が尽きないが、現任者は「自分が介護福祉士になって外国人を含めた人材育成（他に実習や研修の受け入れ担当も担っている）に関わるとは予想もしていなかった」と懐古する。
　だが介護福祉士は、その職能団体公益社団法人日本介護福祉士会が宣言する倫理綱領（1995 年）末項において"すべての人々が将来にわたり安心して質の高い介護を受ける権利を享受できるよう、介護福祉士に関する教育水準の向上と後継者の育成に力を注ぎます"と宣言しており、担当者たちはそれに忠実に後継者育成に尽力してくれている。
　私も両親宅に候補者を連れていって自分には出来ない歓待をしてもらった（フィリピンの候補者に筆者の父は唐突に第二次世界大戦中の日本に非礼があった詫び、後に病没する母は病床での最後の話が「あのフィリピンのお嬢さんは元気にしてるの？」だった）が、担当者の彼女たちも丁寧なトリートメントに努めてくれた。「自分たちも楽しんだので」と領収書も切らずに余暇に連れ出し、ホームパーティーには料理を持参し……等々、"特別なおもてなし"ではなく当たり前の人付き合いとして対応してくれた。だからこそ長く続けられているはずだし、ずっと慕われていて筆者よりもはるかに信頼も厚い（写真 6）。
　恐らくだが、たぶん自分も担当者たちを含めたスタッフ一同もキライじゃないのだ、こういった諸々のことが。だから続けられてきた。まるで受け入れ成功例かのように取り沙汰される場合もあるけれども、そこに何か貫いたポリシーや決め手があったわけではない。キライじゃないから「やめた！」にはならなかったし、「好きこそものの上手なれ」につながった。加えて、やるなら楽しんで取り組んだから、より好きになっただけの話である。
　それに倣って外国人介護職員たちも、後から入った新卒のヤングボーイを「ニッポンの息子」とからかいながらフィリピンメシを御馳走してくれていると聞く。倫理綱領で宣言されている「後継者の育成」が、ちょっとグロー

写真6　留学生と担当者（中央介護福祉専門学校にて）

バルかつアットホームに展開されただけで、苦労はしても特別なことをしてきたという自覚はないし、むしろ介護福祉士として理想的なキャリアを歩んでいると考えている。

　余談だが、我々が拠点を置く千葉県袖ケ浦市は総面積が94.93㎢、東西に14.0km、南北に13.5km広がる。鉄道2路線が走り駅も4ヶ所存在するものの生活する上では自動車や自動二輪を除けば自転車が欠かせない。初の受け入れの際、我々は彼／彼女らが果たして自転車に乗れるか否かなど気にもしていなかったため、入職して初の仕事は急遽、"外国人の自転車特訓（写真7、8）"に路線変更となった。数日間、毎朝出勤するとリフト付き車両に自転車を積んで公園に向かい、昼まで練習して焼き肉店で昼食休憩というスケジュールは忘れられない。当人たちもまさか日本で自転車の練習を受けるとは思ってもいなかっただろうが、以降は面接時の確認とそれに応じた来日後

写真7　まさかの自転車特訓

写真8　特訓を終えて

写真9　JVEPA第一バッヂ現地合同説明会

写真10　現地合同説明の主役は現場担当者

の自転車特訓が伝承された。

　このように始めてみないと気づかないことはたくさんあって、幾度も難関やトラブルにぶつかった。外国人に携わらなければどこにでもいる社会福祉士やケアマネで、そこを極めていく楽しさ、おもしろさとは違うものがたくさん得られた。

　同様に担当者たちも筆者や関わった外国人から鍛えられてきた。かつて海外業務などは北欧型福祉国家等の視察研修程度だったところに外国人リクルートという新ミッションを担わされ、現地合同説明会には担当者が必ず足を運び（写真9、10）、後年には担当者だけで現地に向かっている。現地で余所様と御一緒しても先方がアフターの話をしながら早々に切り上げていくな

写真11　外国人職員の家族を表敬訪問

資料8　現場の介護福祉士が介護のイラストを提供

か担当者たちはその後に施設代表として外国人介護職員の家庭を訪問、外交まで果たしている(写真11)。

「経験できるならなんでも」と考えているので、他にも資料収集のための国会図書館への出張や、外部の日本語教師養成講座の特別講師への派遣などもお願いしてきた。特筆すべきは本書内で二文字屋氏も論述している2019年完成の「ベトナム老年看護・介護テキスト」。当事業所の担当者らが原稿を作り、イラストを描き、モデルまで務めている(資料8、9)。

こういった一連の業務はいたずらに皆の負荷を大きくはさせたが、我々が従事する高齢者福祉の現場業務は形として何かが残るものではなく、終了も死によってもたらされ、残るものは記録や記憶といった無形のものがほとんどだ。手掛けたものがよその国で役立つなど、長くやっていれば誰もが味わえるというものではない。同様に後進の育成も、その後進が退職して異なる

資料9　介護課長と実習担当者が原稿とモデルを務めた

業種に従事したら消えてしまうわけではない。その「人」自体が消えてなくならない限り、伝承したものは自分自身と相手の「人」のなかで活き続ける。それはこの先も形のないものを信じる気持ちになって、業を退いても残っていく。

　日頃から"合格率が下がれば廃止される特殊セクション"と嘯きつつも、常に希望的にあれこれとやってみたことの多くは、我々にとっての財産だが決して遺産ではない。長く受け入れてきているため他の事業所の方々とも交流を持ったが、「せっかく合格させても、すぐに帰国ではなんのための指導か？」と落胆する声を耳にするたび、「外国人の合格自体が(指導担当者としての)私の立派な勲章」だと胸を張ればいいのにと歯痒く思う。仮に不合格の帰国であっても、注がれた熱量は無駄にはならないし、そのような結論にしてはならない。目を閉じてみないと見えないものかもしれないが、必ず何かが見つかるはずだ。

　異文化協働や多文化共生とは、互いの相違を、どちらかが努力や忍耐でもう片方に寄せるのではなく、状況に応じて即興で適応しながら克服して対等に共に生きようとすること。前理事長は外国人職員たちを豆大使と呼んだが、大使であってもおもてなしは友人として、だ。それは筆者が5歳の頃

写真12　来日した職員の家族と

(1972年)にテレビヒーローから学んだ"たとえ、その気持ちが何百回裏切られようと、弱い者をいたわり、互いに助け合い、何処の国の人達とも友達になろうとする気持ちを失わないでくれ"というのを具現化すればいいことだと思っている(写真12)。

　法人トップから直接指名されて始まったこの仕事、勝手にアレンジして楽しんだのは窘められるかもしれないが、あの当時は賛同も得られず、何処もやってない以上は模倣もできず、考えて答えが出るものではないだけに「最初は弾かれてこそ有望」だと腹を括って、喧々諤々した方がIdeaも浮かぶはずだと開き直ってあれこれやってみたら、なんだか割と楽しくなって、でもまた頭が絡まっての繰り返し。そこで仮に「失敗」しても次に繋げるしかなかったし、ありがたいことに部下たちの支援だけは得られた(半ば強要したかもしれないけれど)。

　近年は職責上どうしても自分が率先して外国人介護職員には関われなくなりつつあるし、ここで述べた気概と遊びゴコロを持って担ってくれる人材も簡単には見つからない。けれども自分自身が特区申請止まりで「以降は他の者に任せるからいいよ」と言われていたら、とっくに不貞腐れて業界から去っていたかもしれないだけに、後進にもそういう仕事との出会いや向き合い方が持てるよう願ってバトンを託していきたい。

7. 終章

　人材確保の観点からも外国人介護職員との協働、共生が不可欠だが、それよりもこの数年は感染症との共生が最優先事項だった。さらに国家間での緊張を端緒とした世界規模の混乱も重なって日本の国力は脆弱化の一途を辿っているらしい。外国人労働者の日本離れもすでに進んでいると囁かれ、「介護」の魅力ばかりか国そのものの魅力を示していかなくてはならないところにいるとメディアは言う。介護に限らず外国人労働者にあっては、制度の再構築、技能向上の機会づくり、それに合わせた賃金体系、家族の帯同(帯同者の範囲、就労時間等を含む)など、「介護」分野の努力だけで結実するものは少ない。横断的に課題の解決、改善を図らなければ世界に立ち遅れるばか

り。分野の末端に身を置く者としては彼／彼女らがどのようなルートで何処から訪れ、その職種にどのような理解を持ち、どのような希望、ニーズを抱えているのかを検証しながら業界や専門職を貶める結果にならぬよう、できることをできるだけ推し進めていきたい。

　異国で働くという見えないものを評価して、日本人より外国人の待遇を高く設定する事業所も生まれた。すべての受け入れ先でこのトリートメントが可能かはさて置き、先に述べた新たな価値観のひとつを提示している。こういったハッピーエンディングに少しでも近づく未来を創ろうという方向性に進まなければ、日本人の離職率は高いが外国人は離職しないというのはあり得ないし、魅力ある姿とは働く側が感じるものであって、おいそれと事業所側が簡単に創り出せるものではない。ポイントはやはり、現時点でこの業界への人の移動がある東南アジア諸国から来日した人々との協働と、欧米等の先進国から来日した他分野の人々との協働が同じものであるべきという点だ。

　「経済状態が良くない社会から来ているのだから」「医療や保険、福祉制度が満たされていない国から来ているのだから」日本の慣習や日本人の感性に合わせろと、知らず知らずのうちに最初から対等に相手を見ようとしていないところはないだろうか。対人援助では"他者理解"や"受容"がパワーワードのひとつである。対峙する相手の100％の理解や受容など神の領域だからこそ、そこに努めようとする姿勢が重要とされるのだが、最初から否定しないのも、最初から全面肯定するのも実は相手を理解しようとはしておらず、「対等に相手を見る」がいかに難しいかというものを対人援助職は学ぶ。

　「目を開いてよく観察したら、目を閉じて考えよ」というのは医療ソーシャルワークの祖と呼ばれるリチャード・キャボット（1868–1939）の言葉だが、我々は目に見えるものだけが全てではないとも、人との向き合い方のベースは相手と対等でなければならないとも理解していながら、目に見えているものだけで評価するのが好きだし、そこに疑念を持たない。特に外国人には「幾ら注ぎ込んだ」という数字だけを先に抽出して「あと○年は働いてもらわないと……」と計算含みで人を見てしまう。

　事業として運営する以上は経費を湯水のように無駄にすべきでないのは当

然だが、そこだけが先鋭化すると魅力的な他者との関わり方から逸脱してしまう怖さが潜んでいる。導入したものは外国人の「労働力」だが、それは「人」の持つ「力」、「人」が放つ「力」。そこにいるのが人だからこそ様々な局面が出現し、双方あるいはいずれかにとって残念な結果はいつでも起こり得る。そのすべてを呑み込んで黙れとは言わないが、避けて通れないものがあるとは知っておかないと、銭勘定の上での損得しか見なければいつまでたってもハッピーエンディングなど見つけようがない。キャボットの言葉に例えると、彼／彼女ら外国人介護職員の視野、視界に何がどう映っているかを自身の目を見開いて窺い知ろうとしたならば、目を閉じて彼ら／彼女ら……の周囲だけでなく、自分自身をはじめとする日本人の専門職や日本人の在り方、地域さらには我が国全体まで深く考察しなければならないのだろう。

　外国人・日本人を問わず、どんな業種の現場であれ、人材確保・人材育成には人も物も時間も金銭も熱量も要するが、それらは決して持ち出しばかりではないし、垂れ流しになるものばかりではない。外国人に用いた全ては必ずや日本人にも活かせる。そうでなくてはいけないし、そうしなくてはいけない。そして、互いが得られる見返りを目に見えるもの……つまり金銭や形、労働力などに換算できるものばかりに求めるのは避けたい。

　"目に見えるものがすべてではない、目に見えないものは永遠である"

参考文献
読売新聞 2004 年 7 月 1 日号
NPO 法人 AHP ネットワークス（2010）「ベトナム人看護師養成支援事業のあゆみ」2010.04.01 アップロード（筆者が HP 担当）　URL：http://www.ahp-net.org/data/Vietkango1992-2010001.pdf
NPO 法人 AHP ネットワークス（2019）「ベトナム 老年看護・介護テキスト」
出入国在留管理庁「外国人特定技能在留外国人の公表」2022.12.29/2023.05.23 閲覧
　URL：https://www.moj.go.jp/isa/policies/ssw/nyuukokukanri07_00215.html
出入国在留管理庁「職種・作業別　在留資格「技能実習」に係る在留者数」2023.07.07 閲覧　URL：https://www.moj.go.jp/isa/content/001384369.pdf

出入国在留管理庁「技能実習生の支払い費用に関する実態調査について（結果の概要）」2023.07.07 閲覧　URL: https://www.moj.go.jp/isa/content/001377366.pdf

地域国際化推進検討委員会（2012）「災害時における外国人への情報提供—東日本大震災の経験を踏まえて—報告」2021.12.25 閲覧　URL:https://www.seikatubunka.metro.tokyo.lg.jp/chiiki_tabunka/tabunka/tabunkasuishin/tabunkakokusai/files/0000000151/hokokuH240424.pdf

厚生労働省「社会福祉士及び介護福祉士法」2019.12.25 閲覧　URL: https://www.mhlw.go.jp/web/t_doc?dataId=82021000&dataType=0&pageNo=1

厚生労働省社会・援護局長通知（2017）「社会福祉法等の一部を改正する法律の公布について」

岡本民夫・井上千津子（1999）『介護福祉入門』有斐閣

岡本民夫・久垣マサ子・奥田いさよ（1989）『介護概論』川島書店

公益財団法人介護労働安定センター（2022）「令和3年度 介護労働実態調査結果」2022.05.23閲覧　URL: http://www.kaigo-center.or.jp/report/pdf/2022r01_chousa_kekka_gaiyou_0822.pdf

社会福祉法人千寿会「ベトナム事業」2020.12.25 閲覧　URL: http://www.senjyukai.or.jp/special/index/40

白石雅彦（2022）『ウルトラマンAの葛藤』双葉社

長沢克泰・中塚K（1994）『百万人の殺人形而上学』秋田書店

日本介護福祉士会（1995）『日本介護福祉士会倫理綱領』

Special thanks

矢田洋三

社会福祉法人さつき会

特別養護老人ホーム　袖ケ浦菜の花苑　育成支援部／入所生活支援部／在宅生活支援部／総務部の皆さん

旧 EPA 支援部に在籍した皆さん

外国人介護職員の親族の皆さん／帰国した留学生・候補者の皆さん

学校法人土岐学園 中央介護福祉専門学校 24・25 期外国人留学生の皆さん

木村 和／村田和人

三橋麻子／中川とく

馬場いずみ

第3章
ベトナムと地域（奈良・大阪）を軸にした循環型受け入れ態勢

岡田智幸
奈良東病院グループ海外事業統括責任者

1．はじめに

　我が国の少子高齢化にともなう労働生産人口の減少、とりわけ医療・介護業界における介護人材不足は大きな課題となっている。当奈良東病院グループ（以下、奈良東病院G）では、この背景を踏まえて2001年より現在に至るまで20年以上にわたり、特にベトナムと地域（奈良・大阪）を軸にした循環型受け入れ態勢の構築を行い、人材不足への対応策として図ってきた。
　医療・介護業界では「人が人の世話をする」という特性からも、ベトナムからの受け入れを単なる人材不足への補充という短絡的な対応では、いい人材が来ず、やがて他業種や他国へ流出することも想定される。まず、重要なことは、①中長期的な視点で、大事に育て、将来、母国のリーダーになってもらうこと、②新たに来日する者への希望になるように対応していくことが大切である。次に、海外より人材を受け入れるにあたり、受け入れ側にも相応の覚悟が必要であり、寛容な姿勢も求められるということである。本章では、奈良東病院Gがこれまで積み重ねてきた取り組みについて報告するとともに、筆者らの経験から外国人介護人材を受け入れるにあたっての課題を乗り越える示唆に繋げていただければと考えている。
　奈良東病院Gは2006年度（平18）に、経済連携協定（EPA; Economic Partnership Agreement, 以下EPA）の開始を見据え、日本語学校への留学生（フィリピン人看護師）を2006年7月よりインターンとして受け入れるとこ

ろから外国人介護士受け入れの出発点がある。これに伴い2006年同時期に在日フィリピン人介護スタッフの受け入れも開始した。

　日本・インドネシアEPA開始の2008年5月には、当グループでの受け入れ表明をし、その結果、奈良東病院Gで看護師候補者2人、介護老人保健施設ならふくじゅ荘で介護福祉士候補者2人のマッチングを成立させ、受け入れが決定した。そこから14年が経過し、現在、グループ全体で約30人の外国人専門職が在籍し、それぞれ活躍している。また、看護師、介護福祉士の資格を取得する外国人スタッフも多数輩出できるような体制が整ってきている。EPA以外の在留資格として、医療ビザ、介護ビザ、技能実習生（介護）、特定技能生の受け入れについても受け入れ体制を構築している。

　当グループは、1989年に高齢者医療・介護を専門とした奈良東病院を開設したことが始まりである。以後、周辺の介護施設・関連施設を整備し、現在では医療・福祉の総合施設"ふれあいの里"を運営しており、約900人の患者様、入所者様が入院・療養・生活している。当初、当グループのように高齢者を積極的に受け入れている病院では、看護師や介護職員といった専門職を確保するのに苦労した経緯があり、若年層の専門職は比較的若い患者が入院する急性期系の病院への人気が集まる傾向があった。この経験が当時の経営陣には深く刻まれていることから、特に人材確保は当グループの重要施策として現在も根付いている。分岐点は介護保険制度が2000年に始まったことである。高齢化社会が加速すると同時に高齢者医療や介護の考えが一般社会の中に浸透したことにより、当グループへ人材が流れ始めたきっかけになったと考えている。このことに加えて、当グループでは、企業内保育所の整備も行い、小さな子どもがいる方が働きやすい職場として、地域ではいち早く導入したことも人材確保が安定した一つである。私は1998年に当グループに入職したが、当時は日本のゴールドプランに基づき介護老人保健施設や介護老人福祉施設（特別養護老人ホーム）が奈良県でも立て続けに新設された。一方、この時期は就職氷河期も重なり、大卒者も介護施設で勤務する者が多かったように記憶している。私もその一人である。この経験からも事業所種別により差はあるが、私がこのグループに入職した24年前と比較しても専門職確保には時間がかかるようになってきており、人材確保が非常に

難しくなったと経験的に実感している。また、昨今、新型コロナウィルス感染症の影響によりこのポストコロナ時代の人材確保対策は重要である。私が意識しているのは、国が示しているように2025年までは介護人材は不足することが間違いないことである（図1）。一時の日本人採用の戻りに安心してこの先の人材確保を安易に考えるのは危険である。私たちは、このような状況をふまえ、これから5年、10年先、そして長期的に必ず海外からの人材受け入れの取り組みが実ると信じて活動を進めている。

表1　当グループにおける外国人受け入れの取組み内容

2001年（平13）〜	「フィリピン」「インドネシア」「ベトナム」を視察し、言語・文化・習慣・専門性について検証。
2006年（平18）〜	フィリピンより、日本語学校への留学生をインターンとして実際に臨床の場に受け入れを開始。
2008年（平20）〜	経済連携協定（EPA）による受け入れを表明し、「インドネシア」からの人材受け入れ開始。
2009年（平21）〜	フィリピンとの経済連携協定の開始に伴い、「フィリピン」から新たに受け入れ開始。
2014年（平26）〜	ベトナムとの経済連携協定の開始に伴い、「ベトナム」から新たに受け入れ開始。
2014年（平26）〜	中国人看護師の受け入れ開始。
2015年（平27）〜	介護福祉士養成校留学生受け入れ準備（介護ビザ）、技能実習生（介護）受け入れ準備開始。
2016年（平28）〜	近畿社会福祉専門学校（介護福祉士養成校）にて4人のフィリピン人留学生受け入れ開始。以降、2017年：21人、2018年：31人、2019年：40人、2020年：35人、2021年：29人受け入れ、2022年：40人受け入れ。
2018年（平30）1月	介護技能実習生受け入れ監理団体許可（メディケアネットワーク協同組合）。
2019年（平31・令1）4月	介護技能実習生6人受け入れ（5月より奈良東病院等に勤務）、2019年（令1）11月：8人受け入れ、2020年（令2）7月：11人受け入れ。
2019年（平31・令1）8月	特定技能登録支援機関許可（メディケアヒューマン株式会社・株式会社メディカルパートナー京都）。
2020年（令2）4月	HAYAMA International Language School（日本語学校）・奈良介護福祉中央学院（介護福祉士養成校）を奈良市にある小学校廃校を活用して開校。

2. 外国人介護職員の働きやすい環境作り

　我が国における外国人の入国および在留管理に関する制度には、従来、看護・介護分野で外国人を受け入れる仕組みは存在しなかった。政府は1989年に出入国管理及び難民認定法改正以降、医師、歯科医師、薬剤師、保健師、助産師、看護師等、医療業務に従事する外国人に「医療」の在留資格を認めるようになった。当初は国家資格取得後、4年以内の研修として業務を行うことは可能であった（山崎隆（2006）、山本克也（2009））。現在は、看護師当人と受け入れ機関側の意向がマッチすれば期間の制限はなく就労できる（第1章参照）。

　2008年度からは、EPAによりインドネシアとフィリピンから看護師に加え介護職員を日本の介護施設での受け入れ体制ができた。双方ともに人材交流という目的ではあるが現在の医療ビザ同様に、看護介護職員当人と受け入れ機関側の意向がマッチすれば期間の制限はなく就労できる仕組みとなっている。こうした背景からも、2017年（平29）9月より介護福祉士養成校に留学した学生の介護施設等での就労が可能となった。同年11月には技能実習生制度に介護職種が追加され、そして2019年（平31）4月より特定技能制度がはじまり、介護職員を就労として受け入れていく体制もできた。今後は日本の病院や介護施設での受け入れ数が大幅に拡大していく可能性を感じている。

　2023年度には約22万人、2025年度には約32万人、年間5.5万人程度の

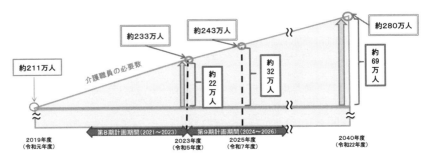

図1　第8期介護保険事業計画に基づく介護人材の必要数について（令和3年7月9日）

介護人材を確保する必要がある(図1)。

我が国の生産年齢性人口(15 〜 64 歳)割合は、2020 年 (59.5%) から 2060 年 (51.4%) と減少していくので、今後、外国人介護職員を積極的に受け入れていくことも念頭におかなければ達成できない目標設定である(厚生労働省、https://www.mhlw.go.jp/stf/newpage_21481.html)。

3．CICS － NARAHIGASHI GP ベトナム人材育成モデル

当グループでは、約 20 年前から海外人材確保の観点から交流・実証・検証を続けており、海外人材受け入れにおける体制・ネットワークを構築し、そのノウハウを蓄積してきた。現在、外国人受け入れ実績と受け入れ数は奈良県では群を抜いており、特に奈良県と大阪市にある介護福祉士養成校を運営していることからも中核人材育成を中心に教育をする体制、そして、学校

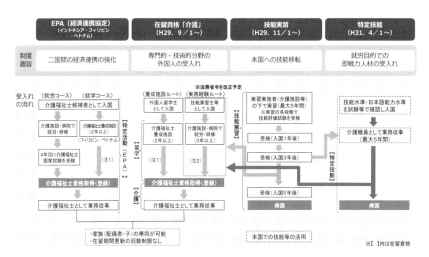

注1 平成 29 年度より、養成施設卒業者も国家試験合格が必要となった。ただし、平成 33 年度までの卒業者には卒業後 5 年間の経過措置が設けられている。
注2 「新しい経済対策パッケージ」(平成 29 年 12 月 8 日閣議決定)において、「介護分野における技能実習や留学中の資格外活動による 3 年以上の実務経験に加え、実務者研修を受講し、介護福祉士の国家試験に合格した外国人に在留資格を認めること」とされており、現在、法務省において法務省令の改正に向けた準備を進めている。

図2　介護に従事する外国人の受け入れ
出典：全国厚生労働関係部局長会議資料(2019 年 1 月 18 日 社会・援護局)

のスタッフには英語、中国語、タイ語、ベトナム語話者がいるといった多言語化に対する生活サポートも充実している。

　図2のように、海外からの介護人材受け入れは4ルートの在留資格が整備されており、海外人材受け入れにおける体制・ネットワークを構築していくために、当グループではベトナム等での日本語や高齢者介護教育を推進しており、その取り組みについて紹介する。

　現地での体制を構築していくために重要なのは現地でのパートナーシップ企業探しであるが、2015年に共通の友人の紹介もあり（詳細は後述）、International Cooperation Service Joint Stock Company（以下CICS）のマイ・アィン代表とパートナーシップ協定を結び、当グループと共同でCICS－NARAHIGASHI GPベトナム人材育成モデル（図3）を構築した。このモデルは、ベトナムにある看護医療短期大学等と連携し、日本語教育支援に加え、介護の出前教育（EPAベトナム人看護師・介護福祉士合格者による）を現地で実施している。先輩が実際に介護技術を指導するため、介護の概念がまだ定着していないベトナムでもスムーズに理解できる。

　学内の教育にも共同作成した老年看護・介護オリジナルテキストを活用し、日本の高齢者看護・介護についても習得できる環境をめざしている。ベトナム側で、日本語教育としてN3相当かつ日本の高齢者介護への理解を得る。その後、来日して学生が希望する進路を提案しながら活躍できる環境へ結びつける。学生にとっては、選択の幅ができることはメリットではあるが、日本の介護に従事する外国人の受け入れについては4つの在留資格のルートがあり、海外から見た場合わかりづらいとよく聞く。学生の将来につながる重要な点であるため、当グループやCICSのスタッフが親身に相談できる環境も完備しているため学生も安心できる。

　実際に当グループがベトナムを軸にした看護大学や看護短期大学との提携校で展開している現地人材育成事業（日本語教育＋老年看護・介護学導入＋出前授業）は、これまで当グループの病院や介護施設で外国人を雇用しながら経験してきた経緯から、来日前に日本語や高齢者教育を進めていくことが受け入れ機関も来日する学生も負担が軽減されるという考えから辿り着いた体制が、CICS－NARAHIGASHI GPベトナム人材育成モデルであると考

えている。

　日本語と高齢者介護教育に使用している教材として、日本語の教材は独自の教材を活用し、高齢者介護教育はNPO法人AHPネットワークスが、2011年(平23)に世界銀行東京と共同して開発したベトナム向け「精神看護学講座」と「老年看護学」をベースにしたもので、ベトナム看護協会のサポートを受けながら「老年看護・介護学(ベトナム語版)」が2020年10月に完成し、2020年度にベトナムの提携先である看護短期大学にて介護教材として活用している。

　今後は当グループHAYAMA International Language School(日本語学校)・奈良介護福祉中央学院(介護福祉士養成校)が独自に作成した教材を新たに導入予定であり、日本語と介護が連動する形の教育をめざす。介護教材は、ベトナム看護協会が当グループ提携校で活用している教材を参考にベトナム国のオフィシャルの介護教材として出版する予定である(写真3)。この教材作成は、ベトナム保健省と連携もしており、ベトナム国の高齢者介護のためにたいへん重要なものになると考えている。また、実際にベトナム看護協会職員、提携校教員が2022年5月に当グループに高齢者介護研修として来日し、この教材に記載されている内容を確認する作業も行った。今後も奈良に招い

図3　CICS － NARAHIGASHI GP ベトナム人材育成モデル

て研修を繰り返す。養成数は当面50人を目標とし、この方たちがベトナムの介護人材育成の中心になっていくことを想定している。

　2017年に提携したカントー医療短期大学を出発点とし、現在4校のベトナム看護大学・看護短期大学と提携し(写真1、2)、ベトナムにおいて日本語教育と老年看護介護教育を進めている(一部、コロナ禍の影響で中断している学校もある)。卒業時には、日本語能力はN3相当、日本の高齢者介護について理解している人材育成をめざしている。この環境を構築していくために、前述した教育体制に加え、連携しているCICSが主となり現地日本語教師派遣、元EPA介護福祉士職員を採用し高齢者介護教育の充実を図っている。また、CICSと連携し現地家族会を開き、来日した留学生や実習生の状況を家族にフィードバック等、不安を払拭する取り組みを積極的に行っている。また、現地での看護大学や看護短期大学での説明会も積極的に実施している。その目的は、日本の制度について理解してもらうこと、看護や介護の仕事等について理解してもらうことである。これらの説明は、当グループで勤務するベトナム人で日本の看護師国家資格取得者等がその役割を担っており、学生や教員に伝えている。ベトナム側では、4つのルートがあることがわかりづらいと、学生や教員から聞くことが多いので、正確にこれらの情報を伝えていくことは重要である。ベトナムでの看護大学や看護短期大学としても定期的にその情報を学生や教員が得られることは来日後のミスマッチを防止できる。何よりベトナム人がベトナム語で話しをしたり質問に答えることができる環境はベトナムの学生にとって安心感がある。この取り組みは今後も継続していく方針である。当グループとしては、このように来日後にはじめて関わるのではなく来日前に深く関わっていくことにより個々の安心感へつなげていけると考えている。

　もちろん来日後の方向性も充実している。当グループでは、我が国で示されている4つの在留資格の全てのルート(図2)に対応が可能である体制を構築している。EPA、留学(日本語学校・介護福祉士養成校)、技能実習生、特定技能実習生として勤務しているスタッフがおり、先輩ベトナム人スタッフ等が来日して間もない新人スタッフが早く異文化環境に慣れるように親身になりサポートする。また、この4つのルートには各支援機関を設置してお

り、日本人スタッフが懇切丁寧にサポートするとともに、ベトナム語、中国語、英語、タイ語等、多言語化にも対応していることも当グループの特徴である。しかしそういったサポートがあってもまったく問題がない環境はありえない。そこで、何か問題が起こったときには各事業所での担当者、また問

写真1　卒業生の日本語教育及び就職支援のためカントー医療短期大学との覚書（カントーにて）
健和会、メディケア・ネットワーク協同組合及び、国際協力サービス株式会社（CICS）の4社間で、将来日本へ介護士として働きたい卒業生のために日本語教育及び就職支援に関する覚書を締結した。

写真2　卒業生の日本語教育及び就職支援のためタイグエン大学との覚書（ダックラックにて）
教育レベルを向上するために、ダックラック省人民委員会同意の下、タイグエン大学において将来日本で介護士として就労するための日本語教育支援に関する業務提携基本覚書を締結した。

写真3 「老年看護・介護学」教科書作成のためベトナム看護協会との覚書(ハノイにて)
左から、奈良東病院グループ、NPO法人AHPネットワークス、ベトナム看護協会、国際協力サービス株式会社(CICS)

題が大きくなったときには法人全体で対応できる窓口を作っている。外国人スタッフと連携し、日本人スタッフ担当者が孤立しないように連携できる組織作りをしている。

　このような人材育成モデル事業を通して、介護技能実習生は2019年(平31)4月に第一期生6人が来日し、2022年(令4)2月の時点では当グループ内の病院や介護施設で計25人が勤務しており、すでに技能実習生から特定技能。今後2023年(令5)3月までに50人ほどの介護技能実習生を受け入れる予定で進めている(写真4・5)。

　最終ゴールは外国人スタッフの自立である。自立ができればある程度は一人で仕事も生活もできる。次は結婚や家族との生活といった将来の話も出てくる。特に国際間移動という観点から、外国人特有の悩みもある。つまり、決めつけるのではなく、しっかり相談できる環境が大切だと言えよう。例えば以前外国人スタッフに言われたことがある。『私たちは、いつでも職場の方に相談できるので安心ができます。もちろん最後は自分たちで責任を持って決めますが、いつでも相談にのってくれる人がいるので私はここで働いています。』

　なるほど、ただ歩み寄ってくれる人がそばにいれば助かるということだろ

第3章　ベトナムと地域（奈良・大阪）を軸にした循環型受け入れ態勢　115

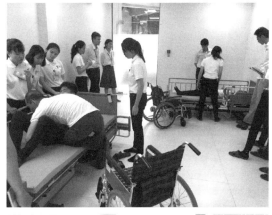

写真 4・5　来日前の介護実技講習会風景（ベトナム・ホーチミンにて）

う。生まれた国も成長の過程も違う。しかし様々な環境の中で私たちは出会った。この意味を大切にしていきたいというのが私たちの信念である。給与が高いということも魅力だが、人と人がつながることが大前提だといつも感じている。

4．外国人介護職員の地域との交わり

　一部メディアで取り上げられているように地域において外国人を受け入れ

ることにあまり良くない印象を持つことが多いようである。外国人＝問題を起こす、といった偏見も感じる時がある。

　当グループの理念に『地域社会への貢献』というものがある。これは、病院や介護施設が地域の方の後方支援ができるように、そして地域の方に、この地域に当グループがあることを誇らしく感じていただけるように私たちは事業に取り組んでいかなければならないというものである。病院が開設して33年目（2022年現在）を迎える。その間、地域と協働して春には観桜会、夏には夏祭り、最近では災害訓練を行っている。このような背景から外国人の受け入れを積極的に進めていることに地域のみなさんも理解を示している。また、当グループを利用していただいている患者や家族、そしてスタッフも、2006年から外国人を積極的に受け入れてきた経緯の中で、外国人スタッフが日本語で理解ができないときに優しく声かけをしてくれたり、歩み寄ってくれる体制ができた。これは本当にありがたいことで、外国の方にとって地域の歓迎ムードはやはり、重要なカギとなる。

　辞書（大辞泉）によると「多文化共生」の意味は、「国籍や民族などの異なる人々が、文化的な違いを認め合い、対等な関係を築こうとしながら、共に生きていくこと」とある。私は、まずは多文化共生社会を作っていくためには、お互いを認め合う前に、母国を離れ来日してくれた思いを汲み取り、彼らを支えていくという想いが前提にあるべきだと考えている。

　2020年4月に開校した「HAYAMA International Language School（日本語

写真6　当グループ主催の地域との夏祭りに参加する海外スタッフ

学校)・奈良介護福祉中央学院(介護福祉士養成校)」は地方型モデルである。地元奈良市吐山地区の関係者の皆さまと協議会を設立し、地域活性化をふくめ協力体制を構築し運営している。学生の住まいは宇陀市内の物件を借り上げ、地域の皆さまと共に生活できる環境を整備している。この取り組みをHAYAMAモデルと呼んでいる。HAYAMAモデルは、日本語学校と介護福祉士養成校との教育機能を連携させ外国人介護人材の育成を促し、育成した後は地域に還元していくというものである。いわゆる、人材育成と地方創生を兼ねたモデルである。HAYAMAモデルでは、留学生はまず日本語学校であるHAYAMA International Language Schoolで日本語を学び、その後、介護福祉士養成校である奈良介護福祉中央学院に進学して介護福祉士を目指す。両教育機関は地域に密着した学校づくりをめざしており、地域行事への参加、地域住民の雇用、近隣の介護施設等での人材不足に貢献するといった特徴を有している。たいへん特徴的な地方創生モデルの好事例となっており、この取り組みは、奈良県内の雇用促進に寄与していくことも視点として考えており、地方の過疎化といった我が国が抱えている課題に対し、地方創生のヒントとなる取り組みとなっていくことが期待されている(図4)。新聞等でも決して都会でない環境に外国から多くの留学生が来日し日本語と介護

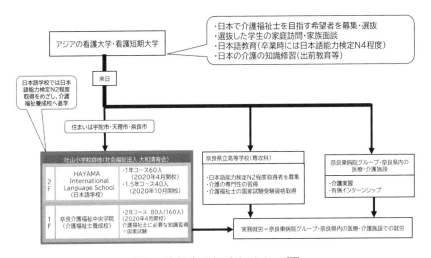

図4　吐山プロジェクトイメージ図

について学んでいることや地域の住民との良い関係性についての取り組みについて数回紹介されている。また、地元の公的病院でのインターンシップの取り組みはテレビでも放映され、関心の高さがうかがえる。

5. 来日前後の教育連携の効果的方法

　外国人スタッフを採用するときに、平等と公正について考えるように心がけている。平等が正常に機能するのは全員のスタート地点が同じ場合に限られる。人それぞれ生まれてきた環境が違うので、個人それぞれの差異や来歴は、何らかの機会への参加に対して障壁となることがある。公正という観点から同じ機会へのアクセシビリティを皆に確保する必要がある。そのため最初にまず公正さが担保されて初めて平等を得ることができるということを、当グループスタッフが共有している。

　実際に教育連携の効果として、どの在留資格を取得して来日するかによるが、通学者のサポート、外部からのサポート、そして当グループスタッフのフォローを効果的に導入している。私どもの強みは、HAYAMA International Language School（日本語学校）では日本語、近畿社会福祉専門学校と奈良介護中央学院（介護福祉士養成校）では介護の専門教育というように日本語教育と介護専門教育とが一体となりサポートすることができる点にある。そして、当グループの母体となる病院や介護施設には、当グループの理念や仕事に対する考え方を理解した外国人スタッフが働いており、その存在は、来日して間もない外国人の方の大きな安心感につながっていくものとなっている。また、来日後のサポート体制も重要だが、前述したように、来日前の教育は、図3「CICS－NARAHIGASHI GPベトナム人材育成モデル」で示したとおり、他にはない事業展開であり、現地での日本語と介護の出前教育は、来日前後の一連の流れとして循環型の取り組みとなっている。国内だから国外だからという観点で人材育成を進めるのではなく、時代にあった形で進めていくことが大切なことだと考えている。今後はWebでの教育も導入し、サポート体制も多様化させていく予定である。この体制を実現できているのは、当グループの推進力もあるが、国内や海外でのパートナーの存在が

大きい。このパートナーとの揺るぎない関係が現在のサポート体制を生み出している。時代と共にお互いを信頼しさらに発展し続けていきたいと考えている。

　外国人スタッフ個々の将来性として、習得レベルや経験に応じたポジションの提案、収入の安定化、そして仮に日本で生活を続けるのであれば家族の移動、子どもたちの教育、住まいといった課題にも直面し、その対応が求められる。この課題に対して相談できる環境をつくることは外国人スタッフの定着につながり、介護サービスの質の向上へとつながっていくと考えている。その最初の出発点である来日前後の教育連携がいかに大事かと、強く思うものである。

　では、以下に奈良東Gの外国人受け入れのポイントを紹介する。

【継続学習】

　繰り返して学習することが大事である。

　在留資格に合わせ、『何を目標に学習をするのか？』『どうすれば、その目標を達成できるのか？』等、具体的に個人と向き合い目標設定し共有して継続学習していくことが重要となる。

【STEP UP 学習】

　STEP UPできるしくみを学習に取り入れると自信がつく。

　具体的には、最終ゴールを国家試験合格としたときに、そこに至るまでに小テストや模擬テストを繰り返していくことで、教育到達目標を明確にしながら個々の成績が維持でき高めることができる。

　そして、当グループの母体となる病院や介護施設には、当グループの理念や仕事に対する考え方を理解した外国人スタッフが働いており、その存在は来日して間もない外国人の方の大きな安心感につながり個々のモチベーションを維持することにもつながっていく。

【日本語と介護専門課程の並行教育】

　日本語と介護専門課程はどちらも重要なため、可能な限り並行して教育す

ることをお勧めする。私の経験としては、在留資格にもよるが、現地教育と来日当初は日本語教育を重視しているが、できれば専門課程教育段階では日本語能力 N2 相当レベルを到達目標とする。

　在留資格にもよるが、教育連携の効果として、通学者のサポート、外部からのサポート体制、そして当グループスタッフのフォローを効果的に導入し専門性を高める。先ほど紹介したように、当グループの特徴は日本語教育と介護福祉士養成が一体となった教育体制により、有機的サポートができる点にある。また技能実習や特定技能の場合は来日後の教育に限界があるため、現地教育の工夫が重要となる。そのためにも現地の送り出し機関や教育機関と信頼関係を築いていなければならない。現地教育に日本側が関与することで支援の見える化を図り、実習生本人との関係も良好となり、来日後の継続教育がしやすくなる。

【学習進捗と結果を共有】
　当グループのスタッフが学習指導も担う。日本語教育等の専門課程は外部へ委託することもあるが、一方通行にならないようにお互いの情報を共有し、学習者の状況を把握することが大切である。また、各事業所間での情報共有化を図るため 1 ヵ月に 1 回は関係者で集まり情報共有を行っているが、このようなヨコの交流を積み重ねることは、我々の経験が積み重なって、学習指導の質も上がる。

【つながる（人脈）】
　これまで、日本でも海外でもたくさんの方と出会いつながってきた。
　全ての方とこれまで関係を継続しているわけではないが、中には 10 年以上つながっている方もいる。これが私の宝であり、海外事業を後押ししてくれる大きな要因である。まずは、つながっていかなければ良いも悪いもわからない。多少の関係でもつながる努力を怠らなければ、いつかはフィーリングが合う人はおのずと現れる。これが重要である。
　国内や海外でのパートナーの存在が重要である。このパートナーとの揺るぎない関係が現在のサポート体制を生み出している基となっている。時代と

共にお互いを信頼しさらに発展し、続けていく関係が安定した受け入れ環境を作ることにつながっていく。

【家族のような安心感】

　外国人の方は、大切な家族と離れて来日する。期待や希望、そして大きな不安を抱えて来日する。その中で、日本人スタッフ等との人間関係にストレスを抱えることが多くある。

　そのようなとき、やさしく相談にのってもらえる人の存在は、外国人の方の心の支えになる。

　私は、当グループで勤務されている外国人スタッフの方のお兄さんやお父さんという存在になろうという思いで対応している。もちろん完璧に対応できるわけではないが、いつでもどこでも相談できるような心構えと環境を大切にしている。携帯電話はいつでもONになっている。

　外国人スタッフ個々の将来性として、習得レベルや経験に応じたポジションの提案、収入の安定化、そして仮に日本で生活を続けるのであれば家族の移動、子どもたちの教育、住まいといった課題にも直面し、その対応が求められる。

　これらの課題に対して気軽に相談できる環境をつくることは、職員間の交流を促し、最終的には外国人スタッフの定着につながり、介護サービスの質の向上へとつながっていくと考えている。

6. 循環型受け入れ体制を構築するまでの仲間との出会い

　海外事業を進めるにあたり、信頼できるパートナーの存在は必須である。特に外国人パートナーの存在はその事業が成功するか、失敗するかといったところにつながるものである。私が海外事業に関わる上で、多くの方に支えていただき現在に至るが、その中で人の移動に対しての考えとして私の基本になった出会い、そして、その時に関わった人物を紹介したいと思う。

【1つ目の出会い】

　私が実際に当グループ海外事業に実務として深く関わったのは、2006年よりエール学園と大阪YMCA日本語学校と連携してスタートしたPFTA Foundation Inc.（Project Free Trade Agreement Foundation Inc.）というプロジェクトである（図5）。具体的には、フィリピンより現地での看護師資格取得者を日本語学校へ留学生として招き、日本語能力を高め、資格外活動許可の範囲として、実際に介護施設で有償インターンシップにおいて受け入れを開始するというものであった。このプログラムを通して10人のフィリピン人留学生を受け入れ、介護施設に入所する高齢者との関係性、ご家族との関係性、スタッフとの関係性を検証してきた。エール学園の長谷川理事長、大阪YMCA日本語学校の神田校長をはじめ関係者の方と何回もミーティングを重ね、今後の介護人材不足への解決策を探るべく活動していた。このプロジェクトを通して介護の臨床現場で、利用者の方や日本人スタッフとのコミュニケーション、就労環境における課題ついて確認できた。このプロジェクトに携わったことが、外国人の方との関係者や多文化共創社会実現に向かうきっかけとなり、踏み出す契機ともなった。また当グループにおいても大

PFTA Foundation Inc. (Projekt Free Trade Agreement Foundation Inc.) の流れ

PFTA Foundation Inc.
- フィリピンの看護系大学と提携就労経験のある看護師の人選と送り出し
- フィリピン現地での日本語教育

留学受入れ専門学校
- 留学ビザの申請
- 資格外活動の取得
- 日本語・日本文化の教育（2年間）
- 日本語能力2級相当取得

受入れ医療機関
- 留学経費の支援
- 宿舎の提供
- 有償インターンシップの受入れ（来日後、3ヶ月目から）

2年後
- 一旦帰国してFTAビザを取得
- 日本の看護師資格に挑戦
- 看護師として再来日し、受入れ医療機関にて就労

全体経費のコーディネートと諸問題の調整　事業推進事務局

図5　PFTA Foundation Inc. のフローチャート

きな財産に繋がることとなった。

　私ははじめての経験だったので、留学生の住まいのこと、食事、宗教といった習慣・文化への理解、家族との連絡体制、在留管理等、正直どのように対応したらよいのかわからなかった。実際には、このような課題を解決する手段が当時はわからず、内包化してしまったことを後悔している。それでもプロジェクト参加者たちの姿から学ぶことは多くあった。人の移動というのは、人の人生を左右する大切な機会であり、多くの情報と人脈を活用することで方向性を見出していくことではないかと考えるようになった。当時、フィリピン人留学生の安心を最優先に考えた場合、私の勉強不足もあり、来日した10人のフィリピン人スタッフには迷惑をかけたと思う。フィリピン人スタッフの中には夫と子どもと離れて来日した者も数人いた。その時の彼女たちの訴えは印象的であり今でも私の心に突き刺さっている。

　「岡田さん、私たちフィリピン人は出稼ぎ国という印象がありますが、決して母国を離れたくて離れている訳ではありません。私たちも夫や子どもたちと離れて暮らすのは辛いことです。でも、家族の将来を思い、私たちは移動することを選びました。この思いを理解してください。」と一人の女性が訴えてきたのである。この言葉は、忘れられない言葉であり、私が外国人の方を支援していく上で基本になっていくものとなった。これ以来、私は彼女たちにどのようなサポートをしていくべきかを深く考えるようになった。まず、私が取り組んだのは、彼女たちと家族をつなぐコミュニケーションツールを構築することであった。今では、SNS環境も充実してきたこともあり安価でオンラインで対話ができるが、このときは、不慣れな上、現在のようなSNS環境も整っていなかった。そのため、安心した生活環境を作るのに時間を要した。

　最初に取り組んだのは環境整備である。それは、来日した彼女たちの中にシンガポールでの看護師歴を持つ人がいて、彼女から、シンガポールでの生活環境は整っていたと聞かされたことによる。例えばパソコン一つにしても当たり前のように設置されていたという。このようなヒアリングから、まずは一人一人にカメラ付きパソコンを貸出し、ネット環境も整備しオンラインで家族と対話できる環境をつくった。ここを基本にして、学習支援やアルバ

イト時間等の調整といったことを中心に彼女たちとの関係性をつくり徐々に信頼関係を築くことを目指した。プライベートでも奈良や京都観光のアテンド。みんなで食事をしたり、時にはフィリピンの郷土料理をふるまってもらったりと交流を深めた。本当に嬉しかった。このように手探り状態で悩みながら外国人の方に寄り添っていくことで現在の体制を構築することができた。

　プロジェクトが経過し 15 年以上経つが、時々彼女たちから連絡がある。

　その一人、エミリさんは、現在クウェートで看護師として働いている。職場の仲間との写真をたくさん送ってくれる。時間が経過しこのような関係性が続いていることこそが私がめざしていたものである。私は人が好きで、出会った人に幸せになってほしい。今の笑顔があのとき苦労したときのことを良き思い出に変えてくれる。このとき多文化共創の意味が理解できる瞬間である。人の移動はその人に寄り添うこと。これが原点であると思う。

写真 7　PFTA Foundation Inc. で来日した一期生のドナベルさん（左）とエミリさん（右）

【2 つ目の出会い】

　もう一つの大きな出会いは、NPO 法人 AHP ネットワークス（以下 AHP）執行役員の二文字屋氏との出会い、CICS 代表のマイアィン氏との出会い、そして AHP の仲間との出会いである。

この３つの出会いは二文字屋氏を中心につながっており、多文化共創について多くのことをこの仲間から学ばせてもらっている。
　二文字屋氏(第１章執筆者)は、人の移動における外国人のサポート等の経験が豊富な方であり、私とは年齢は大きく離れているが、良き友人のような関係だと感じている。人生の先輩ではあるが、普段から冗談を言い合える仲でもあり、時には的確なアドバイスをしてくれる。
　彼との親交もあり、個人的には2010年よりAHPの理事も務めている。そこでは、千葉県、東京都、岐阜県、広島県など、関西圏以外の医療や介護にかかわっている方との出会いもあり、人の移動のこと以外にも病院や介護施設の運営のことも情報共有でき、私の知識向上にもつながり、この出会いに感謝している。
　2014年(平26)より日本・ベトナムEPA(Economic Partnership Agreement、以下EPA)始動にあたり、当グループにおいてはベトナムとの人脈をつくることを考え二文字屋氏に相談した。AHPの仲間ももちろんであるが、在日本ベトナム大使館労働管理部(DOLAB)、ベトナム看護協会、ベトナムの病院や介護施設、看護大学、看護短期大学、そして送出し機関、日本語学校等、彼が長年かけて作り上げてこられた人脈を全て私に紹介してくれた。そのおかげもあって、ベトナムの医療介護をふくめ国情を短期間で吸収することができた。その中でも多くのベトナム人の方と出会い、ベトナムの習慣や文化、そして全てではないが交渉のノウハウ等を学ぶことができた。このことは、大きな経験となった。
　その経験の中で、ベトナム人パートナーとしてキーマンになる人材を探していたときに、「岡田さん、マイアィン氏を紹介するよ」と紹介してもらった。マイアィン氏はベトナムの送り出し機関の業務に携わっており、大阪の製造会社の役員という立場もあり拠点が大阪にある。また、年齢が私と近いことや、彼は流暢な関西弁を話すことから、すぐに意気投合し、短期間で信頼関係を構築することができた。家族ぐるみの交流もあり良き友人でもある。今では、当グループのベトナム事業の窓口は彼が担当してくれている。マイアィン氏に会うために彼の活動拠点であったホーチミンに二文字屋氏と私の２人で訪問したのは懐かしい思い出である。少し話がそれるかもしれな

いが二文字屋氏は、その紹介のためにホーチミンにはじめて行ったという。長年ベトナムと日本の橋渡しとして貢献してこられたのであったが、はじめてホーチミンに行ったというのは不思議であった。後々聞くと、ハノイでしか仕事をしてこなかったので、そこで養われたベトナムのイメージが、ホーチミンに行くことで崩れるのが嫌だったというのが理由であった。こんな難しい人とよく仲良くなったとその時は思っていたが、今では二文字屋氏はホーチミンが大好きという。百聞は一見にしかずである。

【3つ目の出会い】

　最後にホップさんを紹介する。LE THI BICH HOP（レ ティ ビック ホップ）さんは、ベトナム人看護師養成支援事業（第1章参照）で来日し、日本の看護学校に通い看護師国家試験に合格した。その後、彼女は、千葉市内の病院で5年間の看護経験をした後、ベトナムに戻りハードン医療短期大学看護学部の教員を務めながら、兵庫県立大学でMBA修士取得。現在は大阪歯科大学大学院後期博士課程在学中という勉強熱心な方である。彼女は努力家であり私は自分の妹のような存在と勝手に思っている。

　彼女とはじめて会ったのは、2013年12月にハノイで開催された日本・ベトナムEPAの記念すべき第1回目の看護師・介護福祉士候補者受入現地合同説明会であった。この合同説明会では、ベトナム人看護師・介護福祉士候補生の方に当グループの説明をさせていただき、各候補生の意向もふまえ、手続きに沿ってマッチングしていくというものである。各候補生は、日本語能力試験においてN3レベルの方が参加しており、日常会話等は問題なく伝わっている感じはするが、当グループの待遇や住居、職場環境等、こと細かく説明することを想定していたので、そこで重要になってくるのは通訳者の存在である。その通訳者を探していたときに、二文字屋氏がホップさんを紹介してくれた。一言で言うと「おもてなし」が素晴らしい人である。手際よく当グループの説明を合同説明会に参加したベトナム人候補生に説明している姿はもちろんだが、「岡田さん、ここの説明は、こうした方が候補生に伝わりやすいですよ」とか「給与のことも大切ですが、職場環境もふくめて住まいのことを詳しく説明しましょう」等、ベトナム人が気になるところま

で、本当に丁寧に説明してくれた。このときにマッチングした看護師 2 人は、当グループで今も元気にがんばってくれている。2 人とも女性だが、1 人は日本人と結婚し 2 人の子どもさんがおられる。もう 1 人の方は、ベトナム人の夫と当時 3 歳の男の子を奈良に呼び寄せ家族で生活されている。その男の子は現在、小学校 2 年生になった。このようにあのときホップさんの説明を得て 2 家族が奈良での生活につながったと考えている。ホップさんには、ときどき「岡田さん、ちゃんとしないとだめですよ」と怒られるが、今でも兄妹のような間柄！ そんな関係に感謝している。

このように、海外事業を進めるにあたり、特に信頼できる外国人パートナーの存在は必須である。この出会いが当グループの海外事業が前進するかどうかにも大きく影響していたといっても過言ではない。この 3 つの出会いが今の循環型受け入れ態勢を構築する基礎となったと考えている。

写真 8・9　HAYAMA International Language School・奈良介護福祉中央学院合同卒業式のときの学生との写真

7. 最後に

　私は、今ある関係性を活かしながら、これまで培ってきた関係や人脈（ご縁）を礎とすることにより強固な信頼関係を育んできた。そして当グループスタッフ一人一人の帰属意識を高めることに専念し、事業推進の理念である「仁」に沿って、お互いが win となるような循環型（教育ビジネスのあり方）を目指してきた。

　全てではないが、私の基本軸はスポーツ、サッカーにある。ここから今の自分が形成されてきたと考えているからである。チームスポーツは一人では勝利は得られない。チームでありかつ馬が合う人がいることが大切である。自分でも驚くが人への腹立たしさが無くなったときがあった（おそらく40歳あたり）。その時に変わった。もともと上昇意識はない方で、だからこそ、同じ目線で人を観察してきた。そこから得た視点・捉え方・物事の価値観、気が合う人がいて、そこでチームを作っていく。いいチームを作っていくという考え方、いい人材がほしいと聞くが、自分が考えるいいチームというのは、まずは目の前のリソースをそのまま受け入れる、そのうえで現状と課題を見極め、最良の解を探し追及していき、人材の良さを最大限引き出していく。

　奈良東病院グループによる試みの集大成（まだわからない部分もあるが）は、例えばベトナム側の介護労働市場を促し、中核人材の育成を図り、ベトナムに還流することだ。この流れを作るためには、現地で機関を設立し行うというよりも、パートナーシップ関係によって、ベトナム人がベトナム国を創っていく環境に重きを置いている。この流れは、他の機関でも広めて欲しいがなかなか実践化されないものであり時間を要するものである。

『円滑な関係＝お互い歩み寄ること』
　私は、2006年に初めて外国人をスタッフとして当グループに招き入れたとき、良い環境さえ整備できれば定着につながると考えていた。また、私にとって、当グループにてEPA制度を通じて外国人を受け入れはじめた2008年あたりは国家試験合格や職場への定着という視点への比重が大きく、どう

しても実績重視でものごとを進めていたことを思い出す。しかし、精一杯サポートしても様々な理由も重なり退職していくこともあり、必ずしも良い結果に結びつくとは限らない。もちろん、良い環境の方が定着につながることは言うまでもないが、人の移動とは、まずはどこにいてもつながっているということが重要で、最近ではいつかまた戻ってくると思って迎え入れる姿勢が大切であると考えている。このような経緯を積みかさねていった先に外国人スタッフの家族との生活というテーマに移っていった。EPAベトナム人一期生の看護師フエンさんとヒエンさん、そして、近畿社会福祉専門学校卒業生のベトナム人の介護福祉士ベンさんは、日本人での生活に軸を置いている。彼女たちの子どもたちも保育園や小学校に通い日本の習慣や文化を学んでいる。

　母国を離れ、日本で生活することを決めてくれたこの思いが何より嬉しいし、何より私のモチベーションにつながっている。

写真10　EPAベトナム人一期生の看護師フエンさんの長男、日本の小学校入学式のときの家族写真

　海外の方だから長期的に就労してくれるだろうという考えは、必ずしも妥当とは言えない。人には感情がある。その思いを丁寧に汲み取っていくことが定着率につながっていく。中には様々な理由で帰国される方もいる。また日本に、奈良東病院グループに戻ってきたいと思ってもらえるような、またいつでも戻ってこられる関係性を築くことが海外人材の受け入れには重要だとつくづく感じている。今でも退職して帰国した方、他の国へ行った方たち

とはプライベートでときどき連絡を取ることがある。この自然な関係が人の移動というものには不可欠なような気がするし、またSTEP UPできる環境が重要だ。日本語能力試験や国家試験など、個人が成長していける環境を作り、それをサポートし、成長する喜びを感じて欲しいと願っている。

　当グループでは、常に将来的な人材確保のイメージを持って活動しているが、人材確保については「さあ明日からお願いしようか」と簡単に進めていけるものではない。いかに円滑に人材確保ができ、この人材がスタッフとの円滑な人間関係を構築していけるかは、どれだけ経験し、努力したかに尽きるのである。それゆえ当グループでは、将来をイメージして多角的に活動し、活動を継続している。

　最後に私の活動の原点は、日本人であれ、外国人であれ『人が生きてきた環境をできる限り受けとめていく』ということである。特に海外の方については、母国を離れ移動し日本で働かれる気持ちをしっかり受けとめ寛容に対応していきたいと考えている。これは、海外人材を迎え入れる重要なポイントである。

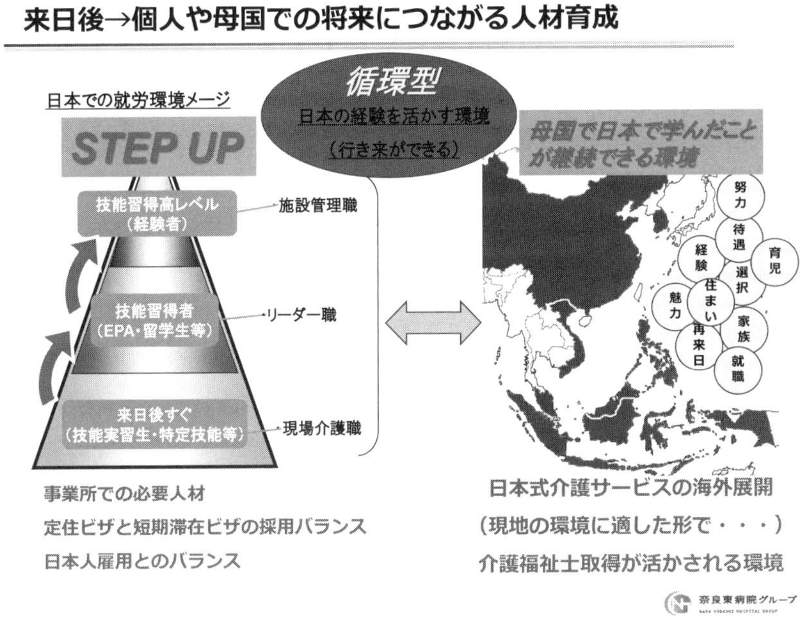

第3章　ベトナムと地域（奈良・大阪）を軸にした循環型受け入れ態勢　131

図6　当グループ将来的な人材確保のイメージ

参考文献

山崎隆（2006）「看護・介護分野における外国人労働者の受け入れ問題」『レフェレンス』No.661，国立国会図書館．

山本克也（2009）「我が国における外国人看護師・介護士の現状と課題」『季刊 社会保障研究』Winter

厚生労働省『第8期介護保険事業計画に基づく介護人材の必要数について（令和3年7月9日）』別紙1』https://www.mhlw.go.jp/stf/newpage_02977.html（2023年7月23日閲覧）

カントー電子新聞 Nguồn "Báo điện tử Cần Thơ" 2017年5月18日 http://www.baocantho.com.vn/?mod=detnews&catid=73&id=193252（2022年9月2日閲覧）

第4章
ベトナム中部都市ダナンにおける介護人材育成の経過と受け入れについて

原国芳
社会福祉法人千寿会 本部事務長

1. はじめに

　社会福祉法人千寿会(以下、千寿会)はベトナム中部の都市ダナンにある医療系大学と提携し、ベトナム人医療・福祉人材育成プロジェクト(以下、プロジェクト)を2010年(平22)9月より開始した。開始した理由は、日本の少子高齢化にある。国内の労働人口が減少していく中で、将来の介護職員の不足は明らかであった。そこで、外国人材が将来日本の施設で介護職員として働けるようにと考えたのがきっかけである。

　本プロジェクトは合計130名以上の修了生をプロジェクトから輩出し、その多くが日本の施設で就労している。現在のところ、当法人にて就労した日本・ベトナム経済連携協定(以下、JVEPA)介護福祉士候補者は全員が介護福祉士に合格している。現在、3拠点併せて26名ほどのJVEPA職員が就労している。

　プロジェクト開始当初は、ベトナムでの教育などもさることながら、元々日本語も介護も含め、教育というものに全く携わったことがなかった当法人を、教育の点、またベトナムの大学との提携という点からも大きく支えてもらったのが、NPO法人AHPネットワークスとそのグループである社会福祉法人さつき会、奈良東病院グループである。AHPネットワークスを中心とした先達方の力添えをもってして初めて開始することができた事業でもある。

　千寿会の考え方としては、プロジェクトを他の法人にも真似てもらえれば

と考えている。そういった観点から、当法人がもっているノウハウを記載していきたいと思う。また千寿会では、外国人人材である彼／彼女らを安い外国労働者などとは一切考えていない。そして、千寿会の夢の1つとしてはベトナム人施設長が千寿会に誕生することである。だが、実際は、彼／彼女らに介護業界で施設長まで成りたいと思ってもらうのが、いかに難しいかを痛感している。なぜかは後述するが内容を読んでいただければ、さもあらん、とご理解頂けるだろう。

　私たち千寿会は岐阜県瑞浪市を本拠地とし、特別養護老人ホーム3施設、デイサービス1施設、保育所2施設等を運営する社会福祉法人である。表1の通り、千寿会が設立されてから約12年が経過した2010年（平22）からプロジェクトは開始された。本プロジェクトの開始後に、JVEPA第1バッチの募集が始まり、プロジェクト開始7年後には、EPA以外の技能実習や特定技能でも介護で来日就労できるようになった。プロジェクトは、早い段階から日本語能力N2レベルを目指すようになり、時間をかけて優秀な人材を育成し、その優秀なJVEPA介護職員を受け入れてきた。しかし、介護での日本就労ルートの拡充により、来日前にプロジェクトのような時間をかけて育成をすることが困難になってきている。このことは千寿会が現在取り組んでいる新しい課題である。

　それでは、プロジェクトの開始当時から現在に至るまでの10年間、様々

表1　プロジェクトの経緯と各種介護就労の開始時期

1998年（平10）12月	社会福祉法人千寿会設立
2010年（平22）9月	ベトナム人医療・福祉人材育成プロジェクト開始
2012年（平24）7月	第1期生8名　初来日 KAIGO 研修実施
2012年（平24）12月	JVEPA　第1バッチ　ハノイにて学習開始
2013年（平25）11月	N2クラス開始
2014年（平26）8月	日越 EPA　第1バッチ　施設での受入開始
2017年（平29）9月	在留資格「介護」　開始
2017年（平29）11月	技能実習　開始
2019年（平31）4月	特定技能　開始
2020年（令2）	新型コロナウィルス感染症の世界的蔓延

な課題や問題が発生し、何とか乗り越えてきたが、そのいくつかの事例を紹介していきたい。

2. プロジェクトの概要

　まず、千寿会プロジェクトの概要を記載する。このプロジェクトは、基本的には約1年間の日本語学習と3か月ほどの介護学習である。ここに加えて、希望者にはもう8か月ほどの学習機会を設け、日本語能力試験N2を目指し、途中で「来日KAIGO研修」として学生たちを2、3か月ほど来日させて、千寿会の実際の介護現場を見てもらう機会を設けている。結果、長期間の教育を施すこととなるが、N2レベルの日本語能力を有し、かつ介護の実際を理解した人材となり、JVEPA介護福祉士候補者として彼／彼女らを受け入れる施設側としては、大きな苦労もなく受け入れることが可能となる。これは外国人材を受け入れるうえで大変大きなメリットとなる。ちなみに日本のJVEPA交渉団が初期の段階でプロジェクトの見学に来られている。フィリピン、インドネシアですでに開始されていたEPAは来日前の学習期間などが短期間であったが、ベトナムとのEPA介護では本プロジェクトがモデルケースを提供できたのではないかと思う。

写真1　一番最初に千寿会からベトナムに派遣された介護講師（介護福祉士）

写真2　ベトナムの教室にて、千寿会から短期派遣された現場の介護福祉士が教える

写真3　ベトナムの教室にて、介護の基礎を教える

　プロジェクト当初の問題は、まず、座学中心で介護を教えていくという点であった。そもそも家族介護が基本であり、日本のような施設で介護をするという考え方がないからである。しかしその点は、「来日KAIGO研修」という形で日本に招聘し、実際に千寿会の現場を見てもらいながら学習を行うことで克服することができている。「来日KAIGO研修」という他ではなかなかできない手法をとったのは本プロジェクトが継続した要因であろうと思う。座学で学ぶ介護では理想と実際の隔たりがどうしても大きくなってしまうが、日本で介護職の現場を見て、利用者と接することで学生たちの心は動かされ、その心の動きをもってして、介護の理解への一歩となるからである。

第4章　ベトナム中部都市ダナンにおける介護人材育成の経過と受け入れについて　137

写真4　来日 KAIGO 研修（千寿会での講義の様子）

写真5　来日 KAIGO 研修（千寿会の介護現場）

3．日本人教師の採用、ベトナム人学生の獲得が困難に

　数年前からダナンに派遣する日本語教師や介護をやりたいベトナムの学生募集が大変難しくなってきた。日本語教師においては需要が高まったためであり、学生については日本や他国への就労ルートが拡充されたためである。日本語教師の募集については、介護だけでなく、多くの職業で人材不足を補うために労働力を海外に求め始めたことも影響して、各国で日本語教育が盛んになった点などが考えられる。これは日本語教師の給与をアップさせることで対応することが出来た。また優秀な日本語教師は専門性が高く、学生への指導力もある。ただ教育現場で磨き上げたそれらのスキルが、ある場面で

は他の教師と折り合わないこともあり、教室運営に影響を及ぼすこともあった。複数名の教師を派遣する場合はこのような点も考慮されたい。これは経験から学ぶ点もあるが、やはり日本語教育の専門家に教授してもらうこともお薦めする。

写真6　ダナンの教室における学習の様子

学生に関しては、以下のとおりである。

プロジェクト開始当初は日本での介護就労はEPA経由のみであった。そのためJVEPAに応募するベトナム人にとって大変倍率が高く、JVEPAの現地選抜において半数は落ちてしまうほどの人気であった。なぜJVEPAが人気であったかは、1年間のハノイでの学習期間（日本語）の際に食と住が提供され、かつ毎月ベトナムにおいては安くない手当を得られることにあった。JVEPA介護福祉士候補者の対象者は、看護系大学・短大の比較的若い卒業生である。ベトナムにおける若年層の失業率は年々増加しており、ベトナム統計局の労働調査報告書によると2015年（平27）では7.03％である。都市部に限って言えば、さらに高く11.94％である。ダナンの看護学生においては、新卒の半数は病院などに就職できるが、残り半数は就職先がなく、日本のフリーターのような形で働いているものも多いと聞いていた。そういった環境下で、JVEPAに人気がでるのも理解できる。本プロジェクトの修了生も当初、その半分がJVEPAの現地選抜に落ちた経験があり、N2を取得するルートが長期間であるにもかかわらず継続できていた理由は、N2を取得することでJVEPAの通常応募とは違うルートで参加できたからである。事実とし

て、これまでに千寿会で育成したN2学生がJVEPAに応募し、落ちたものは誰もいない。ここまでは日本語教師の人気などが影響して学生の多少の増減はあったが、介護での日本への就労ルートが技能実習、介護留学、特定技能（執筆時点（2021年）では、まだ介護の特定技能試験はベトナム国内では実施されていない。2024年からベトナムでも実施。）と拡充され、学生などの来日就労希望者が分散されるようになると学生の獲得が難しくなった。それぞれの就労ルートにはメリット、デメリットがある。しかし、ベトナム人にとっては、早く来日できる、早く就労できるということが大きな魅力となる。結果的に千寿会のプロジェクトは、就労までに2年、3年とかかることから学生の獲得に困難が生じてきた。そういった中、学生募集説明会を年2回開催し、それぞれのルートにおけるメリット・デメリットや本プロジェクトの内容を説明し、学生の獲得に努めてきた。そして、この就労までに時間がかかるのを彼／彼女らが忌避する流れは本プロジェクトだけではなくJVEPAそのものの募集においても影響を及ぼしていると思われる。過去には、応募者の半分が落とされてしまうほどの人気であったが、現在は応募数が減少し、ほぼほぼ定員数の応募となり、選考に落ちることはないと聞く。これも通常応募のJVEPA自体も就労までに1年半近くかかってしまうためであろう。また日本への就労のみならず、諸外国からもベトナム人ケアワーカーの募集があることも影響していると考える。日本よりもいくつかの点で就労者へのメリットがある国があるため、日本自体が選択肢から外れている可能性がある。

　日本の介護現場では、日本語能力を彼／彼女らに日本人と同等レベルに求めがちである。それに呼応するように彼／彼女らには高い日本語能力が来日前も来日後も継続して要求される。結果、少々給与が安くても日本より言語力などの要求レベルの低い国などに彼／彼女らが流れてしまうのである。就労する側の気持ちを考えれば、外国で働くという大きな決断の前において、日本が諸外国と一緒に並べられた結果、見劣りしているということと認識している。これらの課題に関しては、受け入れ側の施設も考え方を変え、そして国としても各種の制度の見直しなども必要となるのであろう。

写真7 学生募集説明会にて説明をしている様子

写真8 学生募集説明会で説明を聞く学生たち

4. 外国組織と仕事をするということ

4.1 チケットがなくて大慌て

　外国の会社と仕事をする日本の企業にとっては当たり前のことかもしれないが、そのような機会がない福祉業界の人間として、私たちがよく躓いたのが、日本と相手国の仕事に対する考え方の違いだ。当初は多くのことをカウンターパートにお願いしていた。「来日 KAIGO 研修」における日本へのフライトの手配、海外旅行保険の手配、日本語教師の就労 VISA の手配、教室の各種整備などなどである。それまでスムーズに進行していた作業が、担当者が変わると各種の事柄が想定を超えて、一変してしまった。一番困惑した

のは、来日研修の前々日になっても 10 名全員分のエアーチケットが取れていないことが発覚したときだ。急遽日本側で購入し、事なきを得たが、そういった経験から日本側でできることはできる限り日本側で行うようになっていった。そのような流れから、できる限りカウンターパートの手を煩わせないようにする方向性となった。ただその結果、プロジェクト運営でトラブルが発生したときも自らで柔軟に対応できることが増え、そのことも長く継続できた要因の一つであると考えている。

4.2 突然の制度変更と各所の協力

また JVEPA 応募において制度の変更が突如としてなされていたということもある。先ほども述べたとおり、N2 を取得している場合は、通常の応募とは異なる。通常の場合、ハノイでの 1 年間の日本語学習があり、この期間で日本語能力試験 (以下、JLPT) N3 を取得することが目標であり、N3 を取得できなければ来日就労することができない。JLPT, N2 取得者においては、この 1 年間のハノイ学習が免除され、すぐに施設側とのマッチングの段階となる。例年、応募時期は通常の JVEPA と同じ秋頃であったが、2016 年 (平 28) は突如として変更された。本プロジェクトのスキームでは、7 月に JLPT, N2 を受験、その後秋頃にかけて応募するという流れであったが、この年は N2 取得者の応募時期が前倒しされ、4 月に変わっていたのである。結果、当時 N2 合格を目指して学習していた学生たちが応募できないこととなってしまったのである。そのため、ベトナム国の労働・傷病兵・社会省海外労働局に問い合わせを行い、また日本国の厚生労働省、経済産業省、外務省にも問い合わせを行った。日本国の省庁には何度か足を運び、学生たちの応募を認めていただくようにお願いしたが、公平性の観点から残念ながら見送りとなった。しかしながら、関係各所において、多大なご理解を頂き、翌年には 4 月の応募時点で N2 取得見込みでも応募可能という形となった。

5. 優秀な人材は羽ばたく

千寿会には 26 名のベトナム人 EPA 職員がいる。その大半が N1 を取得し

ている。N1 であれば問題なく日本語での会話もでき、施設側としても大変助かっているが、実はそう喜んでいるわけにもいかない。理由はシンプルである。それだけ能力が高いのだから、引く手あまたなのである。育成した学生たちの中には、JVEPA に参加する前に N1 を取得し、介護以外で日本語能力を活かした仕事に就く学生や JVEPA 来日就労後に N1 を取得し、介護業界以外に転職する者もいた。最近よく見られるのは、介護の技能実習が開始されるにあたり、介護職員として人気が高くなっていたベトナム人の教育のため、技能実習関連の仕事に転職していった JVEPA 職員である。介護現場は肉体労働の面もあり、なかなか大変である。この人手不足の中、潤沢に職員をいれることができず、現場は人手の少ない中、介護を行わなければならない。そのようなときに、ベトナムで高給で働けるという話があれば、愛国心もあいまって帰国する者が増えるのは仕方ない事である。多くの彼／彼女らにとっては、日本での就労は一種の出稼ぎである。彼／彼女らの生活を見ればよく理解できる。多くの JVEPA 介護職員が、生活費を切り詰め、給

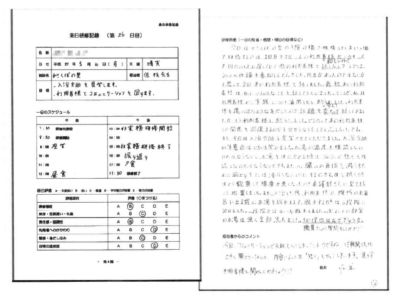

写真 9　来日 KAIGO 研修における研修生が書いた記録

料の多くを実家に仕送りしている。最初の頃、いくら送っているのかを聞いたところ、年に100万円を超えた額を送金したと聞いたときは、驚きを隠せなかった。彼／彼女らの家族への思いは本当に強く、仕送りをするという観点や愛国心からは帰国するという選択肢は当たり前の事なのであろう。日本に恋焦がれて、来たわけではない。そして、多くのベトナム人にとって、さほど残りたい国と仕事ではないのだろう。日本においても介護は雇用の受け皿と言われる。待遇もそうだが、誰もが憧れるような仕事のイメージを作らなければ、ベトナム人に限らず、誰にとっても魅力的なものとはならない。医療もそうであるが、介護や福祉業界が善意の上に成り立っている状態では、遠くない将来、労働人口の減少とともに成り立たなくなるのは明白であろう。

6．時間をかけての育成が困難に

　千寿会としては、優秀な介護人材を育成しようとこれまでトライしてきたが、時代の流れは変わってきたのだと実感している。介護現場では日本語能力が求められる。介護は人間と向き合うものだから、この要求を想像するのは簡単だ。ただ、これまでは2年、3年とかけて人材育成をする時間的猶予を学生達から与えて貰えたが、今はそんな悠長なことは言ってられないということである。彼／彼女らの目的が出稼ぎであるならば、より早く、より簡単に、より多くの給与を稼げる方へ流れるのは、必然だからである。そのような中で、日本の介護業界は、どのような変化が求められるのだろうか。技能実習が始まり、そして特定技能も動き出した。彼／彼女らの日本語能力は、これまでのEPAと比べると低い。だが、事前に育成に時間をかけている猶予はない。

　2020年（令2）4月から、日本政府が満を持して施行した在留資格「特定技能」がスタートした。来たる労働人口の圧倒的な減少に対処すべく、非熟練作業においても労働力を外国から受け入れることを可能とした。また技能実習よりも比較的楽に来日することができる。そして、技能実習よりも就労継続の要件は緩い。今後の流れとしては、この特定技能が主体となっていくだ

ろう。一方、EPA による介護人材の受け入れには、多額の税金が投入されており、事前学習、食、住、給与と莫大な費用がかかっている。その費用のせいか、毎年の受け入れ人数は、フィリピン、インドネシア、ベトナム合わせても 800 人を超えることはなく、必要とされる介護労働人口には到底及ばない。莫大な費用がかかる分、EPA で必要な介護の労働力を賄うのはもちろん無理であろう。しかしながら、EPA には大きな意味があると思う。外国人介護職員のパイオニアたちを育成することが出来ているからだ。彼／彼女らは先輩・教育者として、後進を育てることもできるし、施設側や日本側の意識の変革にも大きく貢献してくれていた。千寿会においても、本プロジェクトの開始時にはほとんどの職員が反対し、そんな金があるなら、自分達に回してほしいという声もあった。これが変わったのは、JVEPA の第 1 陣が入社してからだ。もう何年も前から、JVEPA の介護職員がいなければ成り立たない職場となった。もちろん、少しは日本人職員との衝突もあったりはするが、大きなものではない。

7. プライベートでの支えやサポート

　プライベート、生活という視点では、適度な距離感というところだろうか。そもそも千寿会が位置する場所は車がメインの生活圏であること、24 時間 365 日の年中無休の職場であること、比較的若者が少ない職場である

写真 10　JVEPA 職員の大半が居住している職員寮

こと(とくに若い独身者は少ない)から、日本人と交際するJVEPA介護職員はいたが、職場同僚という感じでよく遊ぶというのは少ない。第1陣は3名だけの受け入れであったので、日本人側もあれやこれやとスキーなどの遊びや旅行に連れていくなど色々としたが、受け入れが進み、一度に車に乗せられなくなる人数になるとそういったことも減っていった。それはそうである。元々休みを合わせて遊びに行くというのが難しい業種である。たしかにプライベートではそういう接点は少ないかもしれないが、いつでも相談できる体制は整えている。主に相談には役職者の女性職員を窓口とすることで、女性が多いJVEPA介護職員にとって相談しやすい環境を整えている。あるJVEPA介護職員が手術をしなければならないときなどは、その担当職員が

写真11　職員寮でカラオケ機器(理事長がプレゼント)を楽しむJVEPA職員たち

写真12　先輩のJVEPA職員と研修生

家族のように病院に付き添い、支えた。また殊更にいうことではないと思うが、一定数の先輩が在籍し始めると、先輩らを通してのセーフティーネットが作られ、より働きやすい環境になっていく。寮などを設置するのも良いだろう。最終的にはワンルームが良いかもしれないが、シェアハウスのような形の寮や職場の近くに住むことで、不安は薄くなる。千寿会でも追加で寮を整備し、新たに寮に入居した彼／彼女らはこれを大変喜び、寮での共同生活を楽しんでいるようだ。

8. ベトナム人職員の待遇

　待遇面では、実際問題として日本人よりもベトナム人EPA介護職員の方が高待遇となっている。これは、あくまでJVEPAを前提とした話となるが、ベトナム人EPA介護人材が大変人気となったためである。第1陣であったベトナム人職員は、さすがファーストペンギンということもあってか、彼／彼女らは非常に真面目で一生懸命であった。これまでのインドネシアやフィリピンEPAと異なり、最初からN3を保持しているという点も相まってか、第2陣、第3陣と受け入れ施設側の競争が少しずつ過熱していった。初の外国人介護職員を受け入れようとEPAに勇気を出して求人を出しても、誰も採用できない、そんな施設も多くでた。色々な理由があると思うが、確実に挙げられる理由の一つは、自分達の地域であれば、採用競争は近隣のみであるが、EPAは全国の施設、法人との競争ということである。必然的に給与や待遇は上昇していき、千寿会も2年以上かけて育ててきた絆のある学生であっても、全員ではないが、待遇で負ければ「ありがとうございました。でも、私は○○で働きたいので、○○に行きます。先生、ごめんなさい。」となるのだ。千寿会に行かなくて本当に申し訳ない、という気持ちを彼／彼女らも持ちながらも、そういう選択となる。海外労働者である彼／彼女らは、優秀であればあるほど、それらの選択は全くもっての必然となるわけだ。そうなると千寿会も「私たちの間には、絆がある」「長年手塩を掛けて育ててきた」と悠長なことは言ってられなくなった。結果として、彼／彼女らを引き留めるためにJVEPAの給与は少しずつアップしていったのである。

第4章　ベトナム中部都市ダナンにおける介護人材育成の経過と受け入れについて　147

写真 13　ベトナムの教室の修了式後の写真

写真 14　来日 KAIGO 研修の修了式（千寿会の施設にて）

　またベトナム人 EPA を受け入れて間もなく、彼／彼女らには隔年で最大2週間の休みが取れる長期休暇制度を設けた。同じような施設を運営している法人で、長期休暇制度がある法人は多くはない。千寿会においても同様であり、この制度は日本人には適用されていない（現在は日本人も利用できる長期休暇制度がある）。法人によっては、一時帰国費用を法人負担としているところもあるが、千寿会では自費となる。自費での一時帰国だからというわけではないが、はるばる日本から帰郷したのに「はやく戻って」なんて言えないので、出来た制度だ。これに対して、意外と日本人からの不満はあまり出なかった。誰もが海外から来たこの若きベトナム人達に対し、ある種の尊敬の念をもっていたのだろう。そして、自分の身に置き換えて、考えたの

だと思う。またベトナムの旧正月（テト）の時期には、誰もが帰国したいと思う。しかし、ベトナム人全員が帰国してしまっては、現場が回らなくなるので、そこはベトナム人同士で調整してもらうこととしている。ベトナム人EPA争奪戦が過熱してくるとともに「してもらって当たり前」という空気が彼／彼女らに少し出てきたため、そのような形となった。

　加えて、もう一つの注意点がある。それは、彼／彼女らベトナム人EPAは横の繋がりがとても強く、広いという事だ。たとえば、給与や賞与などにおいて同期で差があると「私も同じように頑張っています！　なぜ低いのですか？」とくるのである。なかなか日本人同士では互いの給与は見せ合わないので、お目にかからない出来事である。ベトナム人はおよそ自分達の給与を比較しているという事を想定し、給与額などには注意した方が良い。また彼／彼女らは、Facebookで全国のEPAと繋がっている。やれこういう施設がある、ああいう施設がある、なぜうちの施設にはこの制度はないのだ、と主張してくる。結局のところ、EPA同士で横の繋がりから、そういった情報を仕入れてくるのである。日本人だけの雇用のときは、そのようなことはあまりないのだが、彼／彼女らにとっては、外国で働くということは、全国どこでも転職できる素地をもっているということだ。介護福祉士を取得後に帰国する者も多いが、転職するという選択肢も彼／彼女らにはあるのである。しかも、これは全国が視野に入っている。そして、これは特定技能にも当てはまってくることである。

9．定着の兆し

　中にはこのようなJVEPA介護職員もいる。一時帰国し、ベトナムで結婚し、そして、日本に戻ってきて出産、子育てをしながら就労するというJVEPA介護職員も最近出てきた。その施設は千寿会の施設だが、いわば限界集落の田舎と言われる場所にあり、自然豊かなところでもある。そのJVEPA職員は女性であり、配偶者はベトナム人でさらに日本での就労をしている人だ。夫婦の双方がベトナム人であり、日本との繋がりをもっている場合は、また戻ってきてくれる可能性が出てきたのである。田舎ということ

写真15　派遣した介護講師と学生

写真16　来日KAIGO研修　修了式後の祝賀会　着物を着ているのが修了生

もあり、地元でも暖かく迎えてきた点、施設の職員も田舎特有の距離感、町の誰もがお互いを知っているようなそんな距離感が功を奏したのであろうか。色々と述べてきたが、待遇面も一定レベルを保ち、そして、お互いを普通に、当たり前のように大切にすることを継続すれば、いつかはベトナム人施設長が誕生する日も来るかもしれないと思う出来事であった。

10．最後に

　千寿会での今後についても記載したい。
　今後の検討としては、①どのような受け入れを主としていくべきか、②外

国人介護職員の育成はどのようにしていくべきか、である。まずは①のどのような受け入れを主とするかであるが、すでに述べたとおり、今後は悠長に育ててから受け入れるというスキームは成立し難い。そして、教育に投資をしたからといって、それらが絆となり、千寿会で就労してくれるという保証もない。このような状況の中、これまでに述べてきた種々の課題について第1陣で来日した EPA 職員らに共有し、意見を求めたところ、次のような意見が出てきた。

　ア：N1 や N2 などの優秀な人材の育成を主軸としなくても良い。
　イ：一切の学費が無料であるという仕組みをなくす。

　この２点である。千寿会は元よりこのプロジェクトにおいて利益を出すという考えはもっていない。シンプルに日本で一緒に働いてくれる人材を育成し、また千寿会でなくとも日本で就労してくれることを願っての事業である。もちろん、一定数は千寿会での就労をしてもらうのが前提ではある。そうしなければ、これら投資の原資を生み出した千寿会の職員に申し訳が立たない。そういった前提のプロジェクトであったので、学生のため、千寿会のため、日本のためにと考え、授業料などは一切かからず、N2 のコースにいたっては、奨学金も出し、そして、来日 KAIGO 研修のすべての費用（パスポートなどの私物については学生負担）を千寿会が負担してきた。しかし、現在はこのような方法では、望む結果が得られないとベトナム人側から意見・提案してきたのである。彼／彼女らの提案に基づき、現在は、特定技能を前提とした短期のスキームを構築・実践している最中である。その最中にコロナパンデミックが始まり、ベトナムの特定技能も試験が実施されないまま今日まで来ている。近く現在育成している学生たちは一時的に技能実習で受け入れる予定である。彼／彼女らは短期の学習期間となるため、日本語能力は N4 レベルとなる。千寿会としてはこれまで受け入れてきたことがないレベルであるが、いままで 30 名以上受け入れてきた実績と 20 名以上の先輩、そして、受け入れ側の更なる意識改革・体制変革によって、外国人介護人材の受け入れを、一歩前進をさせていくつもりである。

次に②の外国人介護人材をどのように育成するべきかであるが、ベトナム以外でまだ日本への就労者が少ないような国や国民の年間所得が低い国であれば、時間をかけた育成も可能であろうが、仮にベトナムを想定した場合は、短期で来日できるスキームを考えるか、もう一つは現地で介護施設を運営し、給与を出しながら育成をするという方法である。もちろん、現地での介護施設の運営は、現在も介護保険制度がないベトナムで、施設を運営するには富裕層にターゲットとするしかないが、これでは日本を想定した介護とはまた異なってくる。千寿会としては、日本式の老人ホームをベトナムに作り、この施設に教育施設としての機能を持たせる。そして、より早く稼ぎたいという点をクリアし、希望者にはより高収入となる日本での就労を促すといった仕組みの構築を検討している。この方法が成立した場合、受け入れ施設側は育成の手間をあまりかけなくとも、介護スキルや日本語能力をもった優秀な人材を受け入れることが可能となる。そのためには何をすれば良いかは、一法人で何とかなるものではない。そのため、国を巻き込んでのプロジェクトの想定も含めるものとなるであろう。

今後の介護業界はこのまま行けば人材不足に陥り、崩壊を迎えると考える。働き方改革もリモートワークも福祉業界・介護現場ではなかなか効果的には実践できない。千寿会でもインカム、見守りセンサー、見守りカメラ、タブレット端末、モバイル端末など各種のICTを導入し、介護現場の効率化を図っているが、これらのほとんどは間接業務が対象だ。直接介護の労力を劇的に減らせるような機器は少ない。ケアに必要な人材が不足し、介護が崩壊し始めたとき、現代の日本に姥捨て山が出来てしまうことを容認できないのであれば、現在のルールや常識に固執せず、大きく変わらなければならないということだ。

少なくとも私たちは、そのような世界を容認したくはないので、これまでに取り上げてきた外国人介護人材育成の取り組みを継続していきたいと思っている。

第 5 章
介護福祉士養成校における留学生教育と育成について

桝豪司
学校法人田島学園近畿社会福祉専門学校学校長・理事

1. 近畿社会福祉専門学校における外国人留学生の入学動向

　2016 年 11 月 18 日、通称、介護関連人材法案二法の改正が国会を通過した。その中で、新たな在留資格として『介護』が新設され、技能実習生にも、新たに『介護』が加えられた。近畿社会福祉専門学校は、在留資格『介護』新設の流れとともに、介護福祉士の国家試験合格を目指し、将来的に、在留資格『介護』を取得し、日本国内で介護職に就労する事を前提に、本人が望めば一生日本で働くことが可能な留学生の育成を行ってきた。

表 1　近畿社会福祉専門学校に入学した留学生の国籍

	フィリピン	ベトナム	ネパール	中国	タイ	インドネシア	台湾	ミャンマー	モンゴル	ウズベキスタン	ロシア	スリランカ	合計
2016 年度	4名												4名
2017 年度	15名	5名					1名						21名
2018 年度	27名	1名		3名									31名
2019 年度	25名	12名	1名					2名					40名
2020 年度	23名	12名											35名
2021 年度	14名	8名	5名	1名		1名							29名
2022 年度	15名	16名	5名		1名				2名	1名			40名
2023 年度	9名	12名	3名	5名	4名	1名		2名					40名
2024 年度	8名	13名	9名	1名	1名		3名	2名			1名		38名
合計	140名	79名	24名	8名	7名	4名	3名	5名	4名	2名	1名	1名	278名

近畿社会福祉専門学校は大阪市都島区にある介護福祉士養成校で、校舎の全ての教室の窓から大阪城が見える立地にある。2023年4月で、創立30年目を迎える。

　近畿社会福祉専門学校が、本格的に留学生を迎え入れたのは2016年4月で、留学生の入学者数を年度順と国籍別に分けると、以下のようになる。

　執筆時現在では、日本全体の介護福祉士養成校の入学者総数のうち3割が留学生という時代である。（2022年4月　介護福祉士養成校入学者総数6,802名　うち、留学生が1,880名で27.6％　国籍は1位ベトナム、2位　ネパール、3位中国　日本介護福祉士養成施設協会調べ）

2．在留資格『介護』を目指す留学生の現状

　具体的には、日本全体の介護福祉士養成校の留学生の7割はベトナム人が占める。一方本学の場合は6割以上がフィリピン人である。フィリピン人の明るく前向きな姿勢は介護職に向いているように感じる。

　彼らは在学中の施設実習で、利用者からの人気が高く、コミュニケーション能力が優れている。その反面、楽天的で国家試験合格のため時間を逆算して勉強していくのが苦手である。学校の教員は、1年に2回のJLPTテストなどの日本語能力試験に、留学生が申し込みをしているか、必ず声を掛け確認していく。声を掛けなければ申し込みをしない学生が多いからである。よって、避けられる苦労はあらかじめ避ける傾向にある。

　本学の留学生の場合、『石の上にも五年』と思っている可能性が高い。詳細は後述するがその理由は、大阪府の奨学金の返済免除規定によるところが大きい。大阪府下で介護職として就労する期間は5年であるが、介護福祉士筆記試験に合格しない、いわゆる准介護福祉士扱いの者が就労を継続して介護福祉士として認められるのも五年間であり、支援者法人に日本語学校の学費や養成校に通学している期間の住宅費などの借り入れも5年間で返済する想定で法人と話をしている留学生が多い。そのため、5年間を『石の上』と考えているからである。明るく楽天的なフィリピン人の留学生は、施設職員になっても人気が高くムードメーカーになる場合も多い。一方で、介護福祉

士筆記試験を現役合格できなかった留学生の場合は、2年目の国家試験再挑戦時には苦戦することが多く、試験結果も芳しくないことが多い。なぜなら、学校を離れてしまうと勉強と向き合うための時間の配分が、自分一人ではできない事が多いからである。

写真1　介護福祉実習に励む留学生

3. 在留資格『介護』を目指す留学生の授業風景

　留学生は日本語学校と介護福祉士養成校在学期間の計3～4年の間、『資格外活動』という名で1週間28時間のアルバイトが認められている。支援者法人側の本音は3～4年、アルバイト生は、基本的に辞める事はなく、週28時間熱心に働くが、介護福祉士養成校卒業後も5年間は施設で就労してくれる、と施設側は考えている可能性が高い、今の日本人では、新卒採用した職員が3～5年後、法人に残っているかは不明瞭である。そこで、最低8～9年間、法人に尽くしてくれる海外人材は貴重ということになる。そのため、現場では雇用の一つの形態として、在留資格『介護』を認識する傾向にある。

　本学における2016年度の留学生は4名で、学生全体のわずか数％だった。しかし、今や本学における日本人と留学生の比率は1：1となった。日本人と留学生が同教室内にいても教室の雰囲気はよく、日本人と留学生との垣根は感じない。受け入れ当初からの変化といえば、板書の際、漢字に細かく読み仮名を書く程度である。ただ最終的に、国家試験の文章を理解する必要が

あるので、普段の授業内では意図的に読み仮名をつけずに配布する場合もあり、2年生も後期になると特別難しい漢字以外は読み仮名をつけないようになる。特別な支援として、フィリピン人でJLPT『N1』保持者で、日本語講師の資格を持つ者が、週1回1年生を対象に、日本語の特別講座をしている。何気ない日常で用いる日本語に多く触れることが、学習効果を高めるので、この授業では日本語学校の授業の延長線上のような形式で、介護や看護の専門用語ばかりではなく幅広い日本語を指導している。2年生になると、以前からあった日本人向けの漢字検定資格の取得を目指す『漢字ゼミナール』という授業を、名前はそのまま残し、留学生に対する、漢字のフォローアップや国家試験対策の授業を行っている。

写真2　学園祭を楽しむ留学生の風景

4．在留資格『介護』を目指す留学生の授業の工夫

　漢字ゼミナールの授業は、筆者が行っている。授業を行う中で、幾つか気付いたことは、例えば筆者が学生に対して、「それを教えて下さい」と言うと、留学生は奇妙に感じているという事が分かったことである。教員が学生に対して「教えて下さい」という表現は、上位者が下位者に対して使う言葉としては不適切に感じるといったところからのようだ。また『オノマトペ』の表現で、例えば『ドンドン』『スラスラ』や『パクパク』等といったよう

な表現は、ベトナム人を中心に理解しにくい表現であることも経験則から感じた。

　最近の課題として、日本人も含め、授業中の携帯電話の使用を許可するか否かと、板書の写真撮影を認めるか否かが教員間で議論が起こった。撮影した板書の写真を携帯電話のアプリケーションGoogle等の翻訳のフィルターに通すと、ある程度の精度の日本語翻訳の文章になるため、自分の学習に繋がらないという意見からである。何度も書き込んで手で覚えることも大事なので、学習目標によってはアプリに頼らない学習方法の提示などの工夫が必要である。

　留学生の在籍比率が上がるにつれて、多くの教材を作り直すことになった。具体的には、『アイスブレイク』（簡単なゲーム）があげられる。授業の本題に入る前に用いる『アイスブレイク』は、国によって、難易度や興味が様々で、学生の知的好奇心を刺激するレベルの合わせ方が大変難しいと感じた。そういった場合、留学生だけにはスマートフォンの使用を許可し、日本人は何も見てはいけないというハンディキャップをつけて取り組ませるなどの工夫をしている。しかしながら、国家試験は留学生も日本人も同じ試験問題という土俵で競い合うことになるので、特に留学生に対しては、国家試験に見られる専門用語などは、何度も繰り返し教えて、一つ一つ覚えさせていくしかないと考えている。

　本学は、日本人と留学生が半々であるので、日本人に向ける語りかけ方

写真3　介護技術の授業で大阪城へ

で、日本人が通常耳にするような日常の言葉遣いを、留学生に聞かせることも重要と考えている。日常生活で日本人が使う言葉を聞き、日本人が日本語のどういうところで驚き、笑い、反応するのかを体感させる。在籍学生の100％が留学生という学校の場合はこれができない。特に重要なのは、カンニング対策だと考えている。例えば、ベトナム語やタガログ語で、『問題1の答えは3』などと、小さな声で囁かれたら対応は難しい。結果、独り言やささやきも含めて、私語は一切禁止という判断に至った。携帯電話や通信機能を備えた腕時計、席同士間の衝立を立てるなどの対策は、日本人も同等に厳しく対応している。

5．大阪府の介護福祉士養成校と介護福祉士を目指す留学生

　大阪にある介護福祉士養成校は2023年4月時点で23校ある。留学生と日本人の学校におけるタイプ別で分類すると、以下の表2の通りとなる。

表2　大阪介護福祉士養成施設連絡協議会　調べ

分類	校数
Ⅰ．日本人のみを育成している養成校　　（日本人材育成専念型）	6校
Ⅱ．日本人と留学生の混在している養成校　（日本人海外人材混成型）	11校
Ⅲ．留学生のみを育成している養成校　　（海外人材育成専念型）	6校
合計	23校

　本学の場合は、Ⅱの『日本人海外人材混成型』に分類される（ただし、Ⅲの海外人材育成型の6校は、学校側が日本人の入学を拒否している訳ではなく、結果的に留学生のみの構成になっている学校もある）。
　このⅡの混成型の学校は、クラス構成についても、留学生と日本人の分け方についてそれぞれの考え方がある。本学は、クラス内の構成を日本人と留学生で約半々に分けたクラスが2クラス存在している。しかし、留学生のみのクラス、日本人のみのクラスで2クラス作ったほうが良いのでは、という考え方もある。前者は、お互いがサポートをし合い、交流の中で日本語や留学生の母国語を学びあうなどの良さがあるが、日本人がいる分、完全に留学

生に焦点を合わせた授業ができないという短所もある。

　筆者は、2020年4月開校の留学生のみの学校、『奈良介護福祉中央学院』の学校長を兼務しており、留学生100％の授業も何度か経験しているが、どちらも一長一短、それぞれの良さと難しさがあると考える。一方、『ハイブリッド型』の学校であるならば、絶対に日本人と留学生の混成クラスの編成が良いと思っている。特に1年前期は留学生に対する日本人学生からのサポートは効果的である（留学生をサポートするために日本人が在籍している訳ではないため、過度な依存は禁物だが）。混合から友情が生まれることも多い。実験的に構想を練っているのは、1年生は混成クラス、2年生は、日本人クラスと留学生クラスに分けて国家試験合格に向けて照準を合わせていく形態であるが、実現には至っていない。

　本学は、現在までのところ、留学生全体の61.5％がフィリピン人留学生であり、基本的に英語が堪能なので、講義内容の端々に、褥瘡は「Bed Sores（ベッド ソーレス）」とか、骨粗しょう症は、「Osteoporosis（オステオポローシス）」等、英単語を添えると理解度が上がる経験をしている。ただし、最終的に国家試験に臨むときには、介護や医療の専門用語ではない、「任意」、「所得」、「匿名」などの幅広い日本語が出題文の中に混在しているので、何気ない日常生活の中で多くの日本語に触れることが、介護福祉士国家試験の合格に近づく重要な要素と考える。

　クラスの中では、留学生同士も力関係があり、リーダー的な留学生が、日本語の通訳をかってでて、授業中に同一言語の仲間たちに授業内容の解説を始めるときがあるが、あまり良くない結果になることが多い。母国の言葉で理解していても最終的に国家試験は、日本語で問われるので、日本語の枠組で理解していないと合格得点に達しにくいからである。

　このような課題を抱える留学生に対して、日本人学生は大変好意的で、本学は2人用のテーブルに、日本人と留学生がペアになるように座らせる。授業中に日本人が簡単な日本語を留学生に教えている風景はよくある。また、実習などの振り分けも、本学は1施設につき3〜5人ぐらいのグループに分けることが多いが、日本人と留学生の混成チームにすることが多い。お互いが弱点を補い合い、留学生に教えている日本人が、教えながら内容を再確

認し、さらに理解を深めることで学びが深まる。ある年の文化祭で、フィリピン料理の「アドボ」や「ルーガオ」、ベトナム料理の「バインセオ」や「ブンチャー」が並んだりと国際色豊かである。個人的な卒業旅行として、日本人学生がフィリピン人学生の案内で、フィリピンの楽園「パラワン島」に行ったという話も聞いた。

写真4　実習帰校日で教員の指導を仰ぐ留学生

6. 留学生の介護福祉士養成校入学前から卒業までのプロセス

　学生募集は、学校経営における重要な課題であるが、学生同士は宗教やSNS等で深くつながりあっている場合も多い。例えば、フィリピン人の多くはカトリックで、大阪府下で通う教会が同じであることが多く、その留学生コミュニティの中で、本学は、フィリピン人がたくさんいて、彼らにとって、居心地の良い環境であると伝わっているようである。そして彼らは卒業し、卒業生となり後輩や故郷の同胞に本学のことを伝えて、新入生につながっていくという可能性もある。

　今までのところ、概ね順調な留学生の育成であるが、本学の留学生の受け入れの基本的な流れは以下の通りである。

6.1　入国前の母国にて

　母国の日本語学校で、最低限 JLPT（日本語能力試験）N5 レベル相当まで学習する。日本の多くの日本語学校では、N5 レベルが入学要件になってい

るところが多い。その際、日本に入国までに第三国でエージェントが関わる場合も多いが、悪質なエージェントもおり、エージェントから多額の借金をして日本への入国を目指す留学生がトラブルの原因となりやすい。

　エージェントも様々で、母国側のエージェントと日本側のエージェントが分かれている場合と同じ場合がある。高い志を持った健全なエージェントも多いが、『悪貨は良貨を駆逐する』という言葉の通り、悪い事例が一つあがれば、その周囲の良い事例は駆逐される事になる。日本語レベルの高い優秀な留学生を集め、介護福祉士国家試験を現役合格できるような学習能力を持ち合わせていれば理想的だが、留学生全体のパイが大きくなれば、全体的な質や学習レベルの低下は避けられないものとなる。

　2019年の日本はインバウンド景気を背景にホテル業や観光業、飲食業の就職は堅調であったが、新型コロナウイルスで状況は一変し、そういった業種の海外人材の就職のハードルは一気に上がった。そして就職が困難になり、そもそもの就職の志望とは違った、他の職種の専門学校に入学を希望するという事例も散見することになった。介護福祉士養成校として一番懸念したのは、介護がしたいからでなく、日本にいる方法や手段としての介護福祉士養成校の入学である。それについては、入学前の入学試験の際に厳しく精査する必要があった。入学後の気持ちの変化や伸びしろを全て否定するわけではないが、そういった学生は、出席状況が悪い等、比較的怠慢な態度の学生や、介護職として最も重要な接遇の精神（ホスピタリティ）が欠如しているなど、指導の大変な学生が多く見受けられたからである。

　2020年より、世界は新型コロナウイルスの猛威に晒され、日本国内でも技能実習生が入国できない、あるいは、日本語学校に入学が決まっていた留学生が日本に入国できない、等の事態が発生し注目を集めた。しかし逆に、日本に入国していた留学生が母国に帰国できなかったという現象も見逃してはならない。日本語学校や介護福祉士専門学校に在籍する留学生の在留資格は『留学』で、就職が決まらない留学生は帰国か、他の学校に入学しなければならない。そのため帰国を選びたくても帰国できないとなり、大問題となったからである。

　介護という業界に限って言えば、『他人のオムツを交換出来る人と出来な

い人』は、国籍には関係なく、人によって分かれているような気がする。フィリピン・ベトナム・インドネシアなどの国で、看護の資格をもっていたり、人の接遇に関する仕事をしていた人材は、日本に来て介護を業務として取り組むときに、とてもスムーズにシフトチェンジ出来る。そういった優秀な人材はこれからも引っ張りだこで、競争率は高くなると思われる。

6.2　日本語学校

　留学生にとって日本への玄関口になることが多い日本語学校の学習期間は、12ヶ月、18ヶ月、24ヶ月など様々である。入学時期も4月、7月、10月、1月など多様で、入学時期が年に2回や4回ある学校もある。進路先は様々で、介護福祉を主体的に選ぶ学生は多くはない。大阪で多いパターンは、社会福祉法人や、福祉施設を持つ株式会社などが、人材確保のため、日本語学校の学費を支弁するという形態である。その場合は日本語学校に行っている間に、週28時間の制限で「資格外活動」という名のもと、支援者法人でアルバイトをするという形態が多い。

　日本語学校の先生方は一部を除いて一様に、介護という分野に興味を持っておらず、在留資格『介護』や、介護分野の奨学金について知らないことが多い。介護業界としては、日本語学校の進路指導の先生方に介護という分野

写真5　留学生の授業風景

や制度を説明し、介護の分野が留学生の一つの有力な選択肢になるように、強く認知してもらうことが重要だと考える。

2020年以降、新型コロナウイルスの猛威の中で、在留資格『介護』のプログラムで、最も被害を受けたのは日本語学校である。2020年3月から10月まで、基本的に海外国籍の者は日本に入国ができず、2020年4月の日本語学校入学の学生は完全に足止め状態になっていたからだ。その影響は、2021年以降に介護福祉士養成校を含めた日本語学校の進学先や就職先の人材供給に大きなダメージを与えている。

6.3 介護福祉士養成校

介護福祉士養成校の修学期間は、基本的に2年間（3年制や4年制大学もある）である。都道府県によって内容に差はあるが、全ての都道府県に福祉人材センターという機関があり、介護福祉士修学資金という介護福祉士養成校進学のための奨学金が設定されている。この場合の奨学金の保証人は、留学生の母国の親族は認められず、日本に永住権を持つ外国人を含めた日本国籍を持つ者でなければ保証人として認められない。

留学生が使用する上で、大阪府福祉人材センターの奨学金は47都道府県の中で最も裁量を広げた奨学金の一つである。

正式名称は、「大阪府社会福祉協議会　介護福祉士修学資金貸付制度」といい、貸与できる金額は、以下の通りとなっている。

表3　大阪福祉人材センター　大阪府介護福祉士修学資金の額

①	毎月の基本貸与額	50,000円（2年間24回）
②	入学準備金	200,000円（初回のみ）
③	就職準備金	200,000円（最終回のみ）
④	国家試験受験対策費用	40,000円（1年度あたり）

全て合算すると、2年間で168万円になる。介護福祉士養成校2年間の学費は様々であるが、2年間で、およそ200万円前後が相場であるため、おおよそカバーができるということになる。

この奨学金は、大阪府下に所在する福祉施設に5年間就労することによ

り、返済免除となる。5年間という期間は一つの区切りで、2027年3月31日までの卒業者は、介護福祉士国家試験不合格者も5年間で国家試験が付与されるし、留学生も日本語学校や住居費などを法人から借り入れている場合も5年で返済する事が多い。

もう一つ、大阪府の奨学金の優れている点は、個人保証だけではなく、社会福祉法人や株式会社などを含めた、法人の保証を認めた点である。以前は、法人内の幹部クラスの職員が個人保証人になる場合が多かったが、養成校通学期間の2年間と返済免除のための就労期間の5年間を合わせた7年間で、保証人が一人必要なため、多くの留学生支援を希望する法人で個人保証だけでは人数が賄えないという悩みがあったが、法人保証が解禁になり問題が一気に解決した。

大阪福祉人材センターのデータによると、貸付の人数と国籍、貸付額は表4の通りとなる。金額も貸付人数も右肩あがりで、将来的に財源の枯渇が懸念される。

表4　大阪介護福祉士修学資金の貸付額　大阪福祉人材支援センター調べ

	平成30年度募集	令和元年度募集	令和2年度募集	令和3年度募集
貸付決定金額	388,238,000円	610,786,080円	709,202,200円	708,267,000円
貸付決定人数	240人	374人	443人	456人
（うち日本人）	130人	139人	100人	135人
（うち外国人）	110人	235人	343人	321人

6.4　介護現場

返済免除や介護福祉士国家資格の確実な取得、留学生が法人に借り入れる金額の返済に、5年の月日が費やされることが一般的である。介護福祉士国家試験について、養成校は現役合格を目指して熱心に教育するが、現役合格はなかなか難しいのが現実である。本学では、卒業時点の現役合格は25%で4人に1人程度といった状況である。

日本介護福祉士養成施設協会調べで、介護福祉士養成校卒業生の合格率は以下の通り。残念ながら本学の留学生は、全国平均を下回っている。

表5　介護福祉士国家試験の合格率　厚生労働省HPより

卒業年度	平成30年3月	平成31年3月	令和2年3月
日本人合格率	98.5%	98.2%	93.2%
外国人合格率	38.0%	26.8%	39.2%
卒業生全体	88.3%	88.6%	85.4%

日本介護福祉士養成施設協会調べ

　このプロジェクトの1期生が2022年度末で、ようやく勤務年数5年になるため、これからだともいえる。一方で、懸案材料の一つとして、適齢期の女性が多く結婚や妊娠などもあると予想される。そのため、『マタニティマネジメント』や『マリッジマネジメント』という言葉が、真剣に議論されており、留学生に可能な限りのリスクも説明し、修学資金の返済期間はコントロールと管理（100％可能ではないが）するように説明するとともにお願いをしている。現状では、本学における『マタニティマネジメント』や『マリッジマネジメント』は、概ね順調に機能している。

　支援者法人も様々で、留学生の指導や接遇に長けている法人も多いが、そうでない法人もある。学校法人と介護福祉士養成校の立場でいうと、支援者法人とのマッチングを行う学校と、教育だけをアウトソーシングで受ける学校というように、現実的には2種類の学校が存在する。前者は、留学生の就職先まで、全てコーディネートできる醍醐味と大変さ、後者は、留学生育成

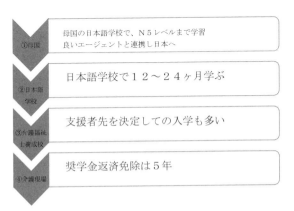

図1　在留資格介護、取得のための一般的な道のり

全体の教育の部分だけを担うので、例えば学生が怠慢な人物であったり、その学生に病気や妊娠など予定外の事態が起こった時、学校だけでトラブルにあたる訳ではなく、支援者法人、エージェント、日本語学校などで問題を処理するので、責任が一部の組織に偏る事なく、その点については、リスクヘッジができているとも言える。

　まだまだ課題も多い留学生の育成ではあるが、現在、介護福祉現場での海外人材活用の現実的な選択肢4つ、EPA・技能実習介護・在留資格介護・特定技能介護の中で、時間はかかるが、最も能力の高い介護人材を育成する手段が、現在、日本に存在する在留資格『介護』ではないかと、現場からは評価を頂いている。

　持論であるが

① 　良いエージェント
② 　良い日本語学校
③ 　良い介護福祉士養成校
④ 　良い支援者法人

　この四つが揃うことにより、はじめて在留資格『介護』の健全な海外人材育成が可能になると考える。留学生は様々な悩みや迷い、具体的には、ホームシックや妊娠など、予期せぬ出来事が起こる可能性がある。そういったトラブルに対応する場合、この中で一つが欠けても、また、この中で一つに過重負担を掛けて一つが手を抜いても、育成はうまくいかないと考える。それは四本足の椅子のように、四者がしっかりと連携し、一人の留学生を支えなければいけない。

　2022年に日本で生まれた子供は約74万人。本来、未来は見えないはずだが2040年18歳の成人を迎えるこの世代は、この数を下回ることはあっても、決して上回ることはない。この点の未来予測は絶対に外れない。2040年に20歳を迎える日本人は、第一次ベビーブームの頃と比較してわずか3分の1以下で、69万人の介護人材不足が明らかにされている。人手不足が叫ばれている現在と比較しても、さらに3割程度の労働力の減少が予想され

写真6　留学生の卒業式の風景

ているのである。海外人材の育成に手をこまねいていては、今の日本の全てのサービスの質と量を維持していくことはできないのではないだろうか。

　介護福祉士育成や在留資格『介護』等の、現状の制度の中で、レベルの高い海外人材育成を持続させることができれば、社会評価などの結果は後からついてくると考えている。

第6章
外国人介護職員の雇用と職員教育の効果

中之庄まき
医療法人弘仁会介護老人保健施設ロータスケアセンター

1. はじめに

　医療法人弘仁会は1953（昭28）年に設立し、介護保険制定前の1998（平成10）年に介護老人保健施設ロータスケアセンター（以下、ロータス）を開設した。当施設での外国人の雇用（受け入れ）は、現在までに21人となっている（表1）。当初、ベトナム人看護師留学生、フィリピン人介護留学生は、法人が日本の学校への留学生として受け入れを行い、その後、経済連携協定（以下、EPA）の日本・フィリピンEPA（以下、JPEPA）、日本・ベトナムEPA（以下、JVEPA）、現在はベトナム技能実習生へと受け入れは拡大した。
　法人の現会長（当時理事長）が外国人受け入れの際に提言した方針は、『人材不足の労働力をではなく、これからの介護業界の為に育成する受け入れである。超高齢化社会を迎える日本において、一時的な労働者ではない将来に繋がる外国人の育成が如何に大切であるか、その礎を築くための受け入れである。また、介護という習慣がない国の介護の普及も考えること』であり、現在まで常に心に刻み教育・育成に携わっている。

表1　介護老人保健施設ロータスケアセンター　受け入れ経歴

区分	雇用順	在籍	入職日 西暦	退職日 西暦
ベトナム人看護留学生	1		2002年4月1日	2004年12月15日
	2		2004年12月16日	2005年3月31日
	3		2005年4月1日	2005年6月30日
	4		2005年4月1日	2006年3月15日
フィリピン人介護留学生	5		2009年8月1日	2010年4月30日
	6		2009年8月1日	2010年4月30日
	7		2009年9月16日	2010年3月15日
	8		2009年9月16日	2010年3月15日
JPEPA	9		2012年1月19日	2015年7月15日
	10		2012年1月19日	2014年3月20日
	11		2012年11月23日	2017年7月31日
	12	○	2017年7月1日	
	13		2017年12月5日	2022年5月31日
	14		2017年10月1日	2018年10月31日
JVEPA	15		2014年8月29日	2018年4月15日
	16		2015年8月6日	2021年10月22日
JPEPA家族	17	○	2021年6月10日	
ネパール人介護留学生	18	○	2019年7月13日	
ベトナム人介護留学生	19	○	2021年6月1日	
ベトナム人介護技能実習生	20	○	2022年6月21日	
	21	○	2022年6月21日	

2. 外国人材の受け入れ職員の反応

　最初の外国人材の受け入れは2002年ベトナム人看護師受け入れ（第1章参照）をはじめ、2009年にJPEPAスタートする前に日本語学習のためにはフィリピン人4名を日本の大学留学生別科日本語研修課程への留学支援を行った。その後は、JPEPA8期生、JVEPA1期生と順次受け入れを行った。そこで外国人受け入れに関して関わりのある職員へのアンケートを実施した。回収率100%、計63人からの回答。部署、男女比は図1、日本語の理解・情報共有は図2、利用者とのコミュニケーションは図3で示した。その他の項目へは自由回答とし、その一部を抜粋した。図2で示すように日本語の理解や情報共有は職員とのコミュニケーションの場面で、簡単な表現や配慮をすることにより困難と感じる職員は少ない印象である。一方利用者とのコミュニケーションに関しては、細かいニーズや対応に関して利用者からの要

望がある際はどうしても介入や間に入る支援が必要と感じる職員は多い印象であった。

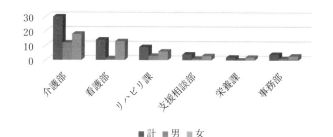

図1　回答比率

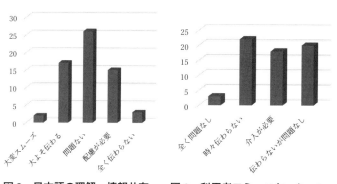

図2　日本語の理解・情報共有　　図3　利用者コミュニケーション

記述式回答
〈職員とのコミュニケーション〉
・挨拶がいつも笑顔で気持ちが良い
・ゆっくりと繰り返し話すことを意識している
・業務内容が伝わったのか、遂行しているか確認する必要がある
・はっきりと言わないと伝わらないことが多い
〈文化の違いを感じたこと、注意していること〉
・時間に対する考え方が違いマイペース
・お金の貸し借りに注意が必要
〈外国人を受け入れた職員の変化〉

・わかるように伝えるため、自分がより理解するように努めた
・見本となるように話し方が丁寧になった
・伝え方の違いでミスに繋がらないように、日本人同士のコミュニケーションが活発になった

3. 介護保険の動向と福祉現場

3.1 今後の介護現場に期待すること

　私は高齢者介護に就いて23年ほどの経験だが、介護保険の動向と福祉現場の経過を見てきた。国は75歳以上の後期高齢者が国民の4人に1人という超高齢者社会が訪れる2025年に向け、重度な介護状態になっても住み慣れた地域で自分らしい暮らしを人生の最後まで続けることができるよう、住まい・医療・介護・予防・生活支援が一体的に提供される地域包括ケアシステムを提言している。その実現のためには事業所の垣根を超えた社会全体が我が事とした取り組みが必要である。地域とは子供から高齢者、外国人、様々な企業・団体も含めて形成されている。しかし、家族や親密な関係の人が支援を必要とする状況にならなければ、なかなか我が事として地域を考えられないのも理解はできる。そして、どの人もどの企業も地域包括ケアシステムにとって必要であると言われても、何をどうするのかロードマップが無ければ動き出せない。やはり、行政や地域包括支援センターを中心に細かな地域への働きかけを続けることでようやく地域包括ケアシステムは実現すると思う。

　また、地域包括ケアシステムの一端を担う介護職員の質の向上は必須である。現在、認知症基礎研修受講の義務化や資格取得するための時間や内容の拡大といったように有資格者を増やし、多様な研修会を準備して質の向上が図れたかのように思う。しかし、介護保険法制定より20年以上経過した今、多様なサービス形態と多様な施設運営、多様な利用者ニーズに多様な家族ニーズ、そして多様な職員により現在の支援は成り立っている。家族は、衰える高齢者にリハビリをすれば能力は向上するのではないか、認知機能の低下を受け入れない中での行動心理症状について対応の悪さを指摘するなど、

計り知れないニーズに対応できる人財育成は手を尽くしても尽くしきれない現状があるとも言える。

3.2 介護現場の課題

職員教育はどこの現場も常に課題がある。質の向上とは何かと考えると、技術や知識は経験や施設内研修や外部研修、学習で何とか最低限の習得は可能である。介護技術や介護物品の進化、介護の知識に関してはこうすればいいとある程度の経験や教育現場の指導で賄える。しかし、その人を見る、その人の気持ちになる、その人の立場で物事を判断するという能力はいまだ低空飛行な印象ではある。この能力は生活環境や人間関係により自然に構築されている人もいるが、日々相手の反応と自分の対応をじっくり評価し、振り返ることを繰り返して身につくスキルでもあると思う。そして、現場での教育は OJT にも OFFJT にも限界がある。どの事業所も、働き方改革による有給休暇取得率の引き上げや残業の軽減などが課せられ、十分な人材育成への時間が取れていると回答できる事業所は少ないのではないだろうか。勿論、当施設も例外ではない。効率的な教育への工夫や教育内容、職員のスキルに合わせた段階的な指導計画に沿った教育が必要であり、どの事業所も試行錯誤を繰り返しながら取り組んでいることと思う。当施設は全職員に対して、最低でも年間 3 回は面談を行い、評価票と現場で共に仕事をしながらの評価によって課題を抽出し、教育目標を立てている。

3.3 外国人受け入れのメリット

冒頭に記した会長の提言した方針に沿って、長期的に外国人介護職員を介護人材としての教育をしながらチームで受け入れてきた。外国人への教育はまず日本語能力や日本の習慣等の確認が必要である。どのように伝えれば伝わるのか、どの言葉なら伝わるのか、伝わったかどうかどのように観察して確認するのか。伝わらなかったときは、言いかえる、ジェスチャー、そしてその確認の繰り返しである。

それは、利用者に対するアセスメントにも通ずるものがある。職員が都度付き添いながら教育にあたるが、「わかりました」との返事は非常に多いも

のの、わかっているかどうかの確認を行う必要がある。介護職はシフトで動く為、外国人介護職員の支援を担当する職員が同じとは限らない。大まかな指導内容は決まっているが日々の業務はその日によって変化し、担当職員により指導すべきポイントは異なる。まずは利用者へのリスクや負担が少ないシーツ交換を重点的に指導する職員もいれば、コミュニケーションを指導する職員、日本語をすべてひらがなに書き換えて教える職員と様々である。休憩の昼ごはん時に国の料理の話やどんなものが好きなのか、また宗教的な理由で食べられないものがあるのか等の確認をする職員など、普段あまり他者交流が得意ではなかったのではないかと思われる職員のそんな姿も垣間見える。その姿をみていると、私が今後の介護職員に必要だと考えているアセスメントを見事に行っていると感じる。相手の表情を見て反応を見ながら次の言葉を選んで話しかける。全く話が通じなければ満面の笑顔で回避する。果たして相手は今どう思っているのか考える。

　私は、今、目の前の利用者が何を求めているのか考え支援することが介護であると思う。その支援は直接的な介護（排泄介助や着替え）にとどまらず、寂しさを補うため一緒に居ることや笑顔を向けてゆっくり座って話を聞くことも含まれる。未経験で介護を始めた私の原点や介護への魅力はそこにあった。すなわち介護はどのような形でもその人を中心とした支援であれば介護である。専門職として介護をしながら、その視点は常に持つべきではないか。しかし、時間で業務を行う中で、どうしても不足しがちになる視点ともいえる。

　外国人介護職員を指導する中で、共に考えることを学ぶ良い機会となった。不思議なもので、経験の浅い教育途中の職員が教えたほうが外国人の技術や知識、日本語能力も向上したように感じる。それは、専門用語ではない様々な日本語で説明するからではないかと感じる。また、指導にあたる介護職員も自分にも教えることができる、誰かを手助けできることで責任感も習得できる利点もあった。外国人を受け入れ始めて日本人職員の新たな一面や長所を見ることもできた。

　介護は白か黒かという対応ではない絶妙な空気での対応が必要な場合がある。外国人介護職員は、その対応が難しいのではないか、答えが無いことに

不安を感じるのではないかと考えることもあった。しかし、それこそ日本人も外国人もその人の特性であるのではないかと思う。妙に間が悪いとか、人によって感じるしつこさなどもその通りで個人の特性であり日本人と外国人との差異は無いように思える。

　私自身、認知症介護について学び、今後の超高齢化、認知症高齢者の増加に介護職はどこまで対応できるのかと常々考えている。認知症の人への対応がなかなか向上しない、当たり前や常識を押し付ける介護をかなりの長い期間教育し続けてきた。一定の介護手順にはマニュアルは必要であるが、大よそ決まった業務の時間から外れ、目の前の利用者の優先すべき時間への対応をどうするかはマニュアルでは示せない。むしろ認知症介護において、「夜は寝るものである」や「バランスの良い食事を残さず食べる」を重要な支援とすることはマイナスであると私は考える。一人ひとりを柔軟に受け止めることが必要である。

　現代社会の若者の普通が私にはすでに理解できなくなっているように、普通とは何か、そして、普通でなくてはいけない社会とは何かを考えると、現代の若者のほうが柔軟性に富んでいる。私の世代が、大きくなったら野球選手かサッカー選手というように、みんな同じ選択肢をもち堂々と答えていた時代とは違う印象である。現代は、斬新かつ合理的な夢を語る中高生も多い。ある意味で、日本はとても柔軟性や自由度を手にいれている。そして、私たち世代の管理者はなかなかその辺りの理解に苦しまされる。

　ある日、食事の進まない利用者へ日本人介護職員は「もったいないから食べて。」と声を掛けた。A利用者は特に反応することもなく手を止める。それを見ていた外国人介護職員は同様に「もったいないから食べて。」と声を掛ける。A利用者は認知機能の低下はしているが、食べ始める。この違いはどこにあるのだろうか。A利用者に刻み込まれた生活歴のどこに外国人介護職員と通じるものがあったのだろうか。拙いながらも、利用者に食べてほしいという思いのこもった日本語がお互いを繋いだのだろうか。多様なニーズに対するアプローチは多様な方が良いと感じる。逆に戦争時代を過ごした高齢者は、夜中に黒船がと騒ぎ始めたこともあったが、外国人に流暢な英語で話し始める利用者もいて、その人を知るとは多角的なアプローチの末によう

やく見えてくるものだと思った。そして、それは外国人介護職員を受け入れていなければ見えないことだった。レクリエーションの盛り上げ方も日本人とは違う。楽しみ方や楽しませ方に違いがあるのかもしれない。

これから先、介護職員に求められるものは、もちろん基本的な知識、安全な技術を基本としてその先にある柔軟性、応用力ではないかと思う。

4. 地域包括ケアシステムへの期待

さて、2005年(平成21)介護保険法改正で初めて「地域包括ケアシステム」という用語が使われた。どの自治体も並々ならぬ力を注ぎ推進を図っていると感じる。介護老人保健施設であるロータスは、地域包括支援センターからの依頼も多く、認知症が進行した独居の高齢者の受け入れも少なくない。

地域の高齢者の中には外国人も増加傾向であり、孤立や言葉の壁、生活スタイルなど地域での適正な支援がどこまで行き届くか今後の課題も多い。そして医療・介護体制の地域格差も課題といえる。国の提言通り、必要な人に必要な支援をいきとどかせる、住み慣れた地域で安心した生活を最後まで送ることは可能なのだろうかとも思う。

ふと、一人で外国に来て技術や言葉を学び、日本の社会で仕事をする外国人介護職員を数々思い浮かべるとその勇気に感心する。EPAの現地面接の際に、日本に行って介護福祉士を取得した後は、ケアマネジャーの資格を取りたいと話をした候補生がいた。日本人、外国人、介護職、看護職、リハビリ職、地域の人等々、10人いれば10人の視点があり、日本人のみでは考えられない視点も外国人を受け入れて得られる。そしてそれこそが、日本の高齢者社会に柔軟性や応用力を養っていく。その柔軟性と応用力こそが日本の地域包括ケアシステムに貢献するのではないかと期待する。

5. まとめ

日本は、これまで外国人受け入れにおいてコミュニケーション能力不足や教育の手間を先行させがちであるが、多様な利用者・家族ニーズに適応でき

る職員を育成するためには、いわゆる常識や今までの普通ではなく、今、目の前の人にどう対応できるかを養うことである。外国人介護職員と協働することで、更なる超高齢化社会で介護職員に柔軟性や応用力が身につくのではないかと期待している。

第7章

外国人医療・福祉人材受け入れの展望
① 外国籍職員との関わりから見えてきた定着のアイディア

矢田高裕
社会医療法人社団さつき会理事長

　ベトナム人看護師養成支援事業が実質的に始まった1994年から現在に至るまで、一緒に走ってきた袖ケ浦さつき台病院。矢田理事長の個性は外国籍人材を惹きつけてやまない魅力を秘めている。問題が発生すればいち早く解決が求められるが、同時に法人全体のバランスも取らなければならない。時としてそこには相反する関係が存在する。そのストレスの磁場に、矢田氏は逡巡よりも面白さを見出す術を身に付けているようだ。わたしはそういう場面に何度も立ち会ってきた。そこには法人の多彩な人材が支え合っている姿が見えている。本書第2章に健筆を振るう剱持氏もその一人である。
　介護と言うとどうしても福祉系の話になりがちだが、医療にも欠かせない業務であり、矢田氏が立ち上げた「外国人職員支援部」は職務の垣根を超えて組織され、私もその一員として現場の課題と解決を多く学んだ。
　ここでは矢田氏を中心とする法人の経験を軸に外国人職員の受け入れのヒントを記していただいた。　　　　　　　　　　　　　　　　　　　　　　　（二文字屋記）

1. はじめに

1.1　28年目を迎えたベトナムとの関わり

　社会医療法人社団さつき会袖ケ浦さつき台病院（以下、当法人）ではこれまでにベトナムを初めとする外国人の育成支援事業を積極的に行ってきた。
　1994年に将来的な医療・福祉人材の不足を見越した取り組みを始めた。これは外国人の育成支援事業を進める中で、人材確保の側面のみならず経済的、文化的な民間ベースでの日越の友好を促進する役割も担うものであり、ベトナムと日本そして来日した人と当法人がWin-winの関係が築ける最良の機会との認識が深まり、それに向けて努めてきた。

当法人とベトナムとの関わりは、千葉にあるいくつかの医療機関と AHP ネットワークスを通じて「ベトナム人看護師養成支援事業」に関わることになったのがきっかけだった。この支援事業について詳しくは本書第 1 章参照。

　また、当法人独自の取り組みとして、ベトナム人臨床研修医の受け入れ（2006 年～ 2010 年）や外国籍配偶者の就労やベトナム難民の子供で日本の夜間中学校卒業生の看護師育成支援なども行った。

　2008 年からは EPA に基づく人材招請の中でインドネシア、フィリピン、ベトナムからの看護師、介護福祉士候補者の受け入れを行っており、さらに 2019 年からは千葉県が進めているベトナム人介護留学生や介護技能実習生の受け入れも行なっている。2022 年 4 月時点で在籍 16 年目を迎える職員も含めて 4 か国 26 名の外国籍職員が当法人で働いている。

　外国籍職員が徐々に増加し（写真 1）、それまでの個々の関りから包括的なサポートが必要となってきたため、法人本部に多文化支援部を設置した。この部署は、外国人の就労、生活等をサポートすることをはじめとして、リクルート、生活支援、各種手続き、日本語教育、各種国家試験対策などを行っている。この部署を通じて外国籍職員の日本での就労への不安を取り除き、現場での就労がスムーズにいくよう支援している。

　これまでの経験から「日本での生活になじみ、長く働いてもらうために必

写真 1　矢田洋三会長と外国籍職員たち。2000 年 11 月

要なサポートとは何か」について、私の考えを7項目にわけてみる。

2. 外国籍職員の定着にむけて

2.1 人選から前のめりに関わっていく

　当法人では様々な形で外国人の就労機会を創出しているが、その選抜については必ず現地に赴き対面でお会いして人物評価をした上で、採用の可否を判断している。そして、採用した方にはできる限り来日前から日本語教育などに関わりを持つようにしている。

　海外から日本に来て働くことはその人の人生にとって非常に重要な決断であり、不安が付きまとうものである。当法人に来たある方が、「どこか騙されているのではないかなど不安を持って日本に来ました」と話してくれたことがある。来日以前からの不安を少しでも取り除き、お互いの理解を深め合い、信頼関係を築いていくことは外国籍職員が長く日本で働いてもらうための大きな一歩目となる。

　そのためにも来日する彼・彼女達とのやり取りを、やりすぎかなぁと思うぐらい行ってあげたほうがいいだろう。

2.2 1期生は先駆者であり、後輩たちの道を切り開く先導者である

　どのような経緯で外国籍の職員の受け入れを始めたとしても、その一歩目を築くのは最初に入職する1期生である。その1期生への対応が法人内でのちの評判となり、その後の外国籍の職員受け入れの継続に大きな影響を与えることとなる。

　まず、1期生が日本の国家試験に合格するかどうか。また定着することができるかどうかが重要となる。なぜなら、その者が次に来る2期生、3期生の見本となり、そして、その存在が後に来る後輩たちの安心材料に繋がるからである。

　また、異国での同国人同士の繋がりは日本人の想像を超えるほど非常に深いもので、受け入れ施設の評判は1期生より次期候補者たちにすぐに伝わっていき、良くも悪くも大きな影響を与えることとなる。

さらに、継続して外国人受け入れを行っていくのに際し、先輩としての1期生の成功体験を2期生の教育育成プラン作成にいかすことも大切である。2期生が来た時には1期生は様々な面で次世代をサポートする存在となるため、1期生の成功体験が2期生の目標となるからである。

長期的な育成支援を成功させるためには開拓者である1期生を特別な存在として捉え、大事に育てていく必要がある。

2.3 相互に文化、風習、考え方の違いへの理解を深める

来日後、就職した外国籍職員たちの目にするもの感じるものすべてが真新しいことであり、日本の文化や風習については一から教え、経験させてあげることが必要である。逆に施設側が来日した職員たちの国の文化や風習、考え方を理解していないとお互いに誤解が生じやすくなる。

例えば、日本人は最後まで話の内容を伝えず暗にほのめかすことがあるが、ほとんどの諸外国ではそのようなことはせず最後までストレートに伝えるため、日本人同士の「暗黙の了解」は外国人にとってはテレパシーを使っているように思われてしまう。外国人たちにはなぜ日本人は口に出して話さないのかが理解ができないからである。

このようなことはお互いの文化を知らないがゆえに起こることである。そのため、誤解が起こった時には単に知らなかったで片づけるのではなく、しっかり話し合う機会を持ち理解するまで根気強く話し合うことが必要であ

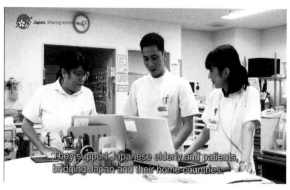

写真2　ナースステーションにて。日本ベトナムEPA看護師第一期生のハーさん(中央)

写真 3　勤続 16 年を向かえたベテランベトナム人看護師ミンフーさん

る。そうすることで問題がうやむやにならず、お互いの理解が深まっていくし、お互いにコミュニケーションの取り方がわかってくる(写真 2)。

　例えばベトナム人は祖先を敬い、家族を大切にするという文化がある。家族や親戚との飲みニケーションは日本よりも頻度が多い。そこでは年長者を敬い、親族のつながりを確認し、孝行という徳目を学ぶのであろう。そのため、時折、家族のことを聞いてあげると非常に喜びお互いの親密さを深めることができる。

　このように互いの国の文化や風習の理解を深めていくと本人達へのかかわり方が変わり、より親密な関係を築くことができるようになる。本当の意味での多文化共生のためには本人、共に働く職員、地域住民の 3 者の意識と行動の変革を進めていく必要があるが、少しずつでも互いに歩み寄る努力をし続けることが、本人たちの生活や就労環境を良くし、長期定着に繋がるものと思う(写真 3)。

2.4　愛情をもって接し、お節介を焼くぐらいが丁度いい

　私も海外生活の経験があるが、海外で生活しているとふとした時に孤独を感じることが多くある。突然襲ってくる孤独感、どうしようもない寂しさである。

　異文化である日本人たちのコミュニティーの中で働くことは、ときに言葉

や文化の壁を感じさせ、大いにストレスがかかる。

　このストレスに負けないためにも日本人の中で働くことに疎外感が生まれないようにするためにも、彼・彼女らが勇気を出して日本に来てくれたことに私たちは感謝し、私たちの職場に来てくれたことを歓迎していることを本人たちがしっかりと感じられるようサポートすることが重要である。さきほど紹介した多文化支援部がこのような役割を中心に担っていくが、その支援体制は1から10まで何でもやってあげるのではなく、自主性を大切にしながらも困った時にはいつでも相談に乗る環境作りを基本としている。この基本事項は職場で長く働いてもらうためには必要不可欠な要素ととらえ取り組んでいる。

　本人たちは、新しいことに挑戦し失敗と成功を繰り返しながら、自主性を育みつつ日本での生活に適応していく。そのため、多少の失敗は許す心を持ち、様々なことに挑戦させてあげ、応援している。時には母親のような愛情も持って本人達と接し、世話好きのおばちゃんのようにお節介なぐらいに関わってあげることが必要な時もある。きちんと言葉で伝えることも必要だが、察してあげることも必要で、そのあたりの機微は、一人ひとりを見ながら、経験を積みながら身につけ、お互いに成長していくものと思う。

2.5　ルールをきっちり理解させ守らせる指導

　日本で暮らしていく上での最低限の日本の法律はしっかりと理解させ、厳守させる必要がある。業種ごとの自社のルールについても同様である。

　例えば、外出時に在留カードを携帯していなければ警察から職務質問された際に保護されてしまうこともある。

　また、医療機関である病院においては患者情報の守秘義務は絶対であり、職員として働くうえで守らねばならないルールのひとつである。

　このように当法人では守るべきルールを「さつき会と外国籍職員のやくそく」として文章化し、漢字にはルビを振り理解しやすくした形態で入職時に提示しながら説明する。必要に応じて母国の先輩たちから母国語での説明を加えてもらいながらしっかりと伝え、そして守るように指導する。

　過度な縛りは自主性を損なうのでしないようにしているが、社会的なルー

ルを守ることは本人たちを事故や事件から守ることにも繋がる。ひいては長期にわたる日本での滞在に繋がっていくこととなる。

2.6 本人の意識改革と自己学習

　日本で生活し、働いていく上で失敗を恐れず自ら日本人達に話しかける勇気を持つことは、日本語の上達には不可欠である。一般的に男性に多くみられるが、自身のプライドや間違えた時の恥ずかしさが邪魔をして自分から日本語で話しかけるのを避けてしまう場面が多く見受けられる。逆に女性は話好きなため、多少の間違いは気にせず話すことができ、外国語の会話能力の上達も早い。

　入職当初の頃は同僚も親切心から話しかけてくれるだろうが、しかしそのような状態はいつまでも続くものではない。やはり本人自身が日本人に話しかけていかなければ日本語は上達しない。恥ずかしさを克服し、自ら話しかけていく自主性を獲得しなければ海外での成功は難しい。

　ある程度までは教育を受けて日本語能力を上げていけるが、自由自在に使いこなしていくためには日常生活を自己学習の機会にし、自身の能力を高めていく必要がある。また私たちは、話しかけられることを待ちながら、その時が来たときは十分に誠意を持って対応することが肝心だろう。

2.7 具体的な目標共有と必要に応じた援助

　日本の医療・福祉業界で外国人が長く働いていくためには専門職としての医療や介護の在留資格と日本語能力が不可欠である。

　最初の目標は看護や介護福祉の国家資格の取得であるが、しかし、同時並行で日本語能力も向上させていかなければ、苦労して資格を取っても職場で十分な活躍ができない。そのために各自に現実的な目標を持たせ、その成功に向けて着実に導いていく必要がある。

　日本・ベトナム EPA 看護師・介護福祉士候補者の場合は、現地で一年間の日本語研修後に日本語能力試験 N3 の資格を取得して来日する。その後、千葉市内での集合研修を 2 カ月ほど行ったうえで各病院や介護施設に配属され、看護師や介護福祉士国家試験の合格を目指すこととなる。

当法人で受け入れる EPA 看護師候補者の場合、入職後、本人たちは看護師国家試験の合格を焦るあまりすぐに国家試験対策の勉強をやりたがるが、闇雲に突き進んでも本人のモチベーションが続かず、点数も思ったよりも伸びず苦戦する結果となる。
　そうならないためにも、一年目に准看護師合格＋必修問題 35 点以上、2 年目に正看護師試験合格するように具体的に着実にこなせる高さのハードルの目標を設定し、そこに向かって着実に能力が積み重なっている感じが実感できる教育を行っていくことが合格率を上げることにつながると考えている。
　そして、日本語についても最初から使いこなすことを目標とするよりも、スモールステップでひとつずつ学習経験を積み上げていくように指導している。基礎学習・日常会話から始まり、試験合格のための専門用語や読解・聴解能力、合格後の勤務上必要なスキル（申し送りや記録の記載等）へと移行させていく。基礎となる教育は専門家による集中講義が必要であるが、その後の伸びを決めるのは本人が自己学習できる状態までたどり着けているかどうかにかかっている。
　医療・福祉機関では、学校のような国家試験対策と日本語教育を授業のように行うことはできない。就労しながら学習しなければならない環境の中で、しっかりと着実に国家試験に合格し、日本語能力を伸ばしていくためには本人自身が自己学習を着実にこなせる状態となり、その上で必要に応じた教育サポートを専門職が行うという体制の確立が重要となる。
　もちろん医療・福祉専門教育について病院や施設の同職種職員が先生となって受験対策をサポートすることはできる。しかし、日本語教育においては外部の専門家から、日常的にどんな関りをすればよいか、また、会話などでの間違いをしっかりと正してあげられる環境を整えることなどについてアドバイスを伺うことが大事である。
　モチベーションを落とさず国家試験に合格する。そして日本語能力を向上させていくためには、本人と相談しながら具体的な目標設定を定期的に行い、自主性を主軸に据え、必要に応じた学習支援を行っていくことが良い結果を生んでいる。

3．最後に

　これまでに多くの外国籍の方々が当法人に入職し、その後、長期にわたり定着して頑張ってくれている方もいるし、入職まもなく退社したり、本国に帰って違う仕事に就く方もいる。

　これまでの 25 年を超える外国籍職員との交流経験はそれぞれの個別性の部分が大きく一概にどのようにすれば上手くいくなどとは言うことはできない。ただ少しでも当法人が好きになり、長く働いてもらえるようサポートしてきた。そのなかで得たヒントを 7 つにまとめてみたが、私自身が様々なかかわり方を試し、try and error を積み重ねてきたのが実情である。

　継続は力なりと言われるが、これまで続けてこられたのは、彼／彼女らにリスペクトするところがあったからであり、そこに楽しさを見出してきたからである。その中でお互いの信頼関係が築かれてきたのがうまくいく鍵なのではないだろうか。

② インタビュー「ベトナムでの草の根活動と医療・福祉人材育成の経験」

大田泰正：脳神経センター大田記念病院理事長

聞き手：二文字屋修

　"ベトナム人看護師"をきっかけに、私が大田先生に出会ったのは2010年の春ごろ。複数の糸に手繰り寄せられるかのようにいろんな偶然が重なりあっての事だった。そしてハノイに、ダナンに、ホーチミンシティに、メコンデルタにとご一緒して各地の医療施設や人材送り出し機関を訪問した。もちろん単なる見学では終わらない。大田先生のスタイルはその場その場で医療従事者と対話や議論をし、経験知の共有を図る。看護短大で出会う若者たちからは将来の夢を聞いてまわり、自分の経験を語る。聞き取りが一段落すると当たり前のように路上でコーヒーを飲み、屋台で食事する。人感覚のベトナムを理解しようと努めていたと、私は理解している。

　脳神経系の専門病院の理事長職をしながらベトナムに飛んでは自らの眼で人材発掘に取り組み、同時にベトナム人医師の研修も快く受け入れ、草の根支援にも熱心に関わる。その類を見ない行動力はどこから来るのかと、興味は尽きない。そこで以下にインタビューを試みた。

(二文字屋記)

――：大田先生がベトナムから看護人材受け入れをなさったのはEPA前からですから十数年になりますね。

大田：私が初めてベトナムを訪問したのは、2006年でした。取引先の社長に紹介され、ハノイの実習生送り出し機関を訪問しました。私は広島県福山市で脳神経系の専門病院を運営していますが、当時のベトナムの医療を目の当たりにして、大変だなあと感じました。かつての日本と同じように、交通事故と労働災害が多く、地域の基幹病院は外傷患者であふれていました。そしてベトナムの医師は、日本で勉強したがっていました。彼らは政治体制の影響で、医師の社会的身分は低く、日本からは想像できないほどの低賃金で働いていました。2010年に市内の医療法人の理事長からの紹介で、ベトナムの脳神経外科医が当院に見学に来ました。そして間もなく2011年から本

格的にベトナム人医師の見学を受け入れるようになりました。その後ベトナムの急性期医療は急速に発展しましたが、10年以上経った現在も病院見学を継続しています。私が招いていたのは、ベトナム中部にあるダナンの医師です。ダナン総合病院は病床数1,000床と言われていますが、2倍以上の入院患者がいるように見えました。ベトナムの医療需要についても、10年あまりで変化しており、外傷対応から癌や血管障害などの内因性疾患にも対応するよう変わってきています。

――：2006年の第一次安倍政権時代に行なわれた両国の戦略的パートナーシップ構築の頃ですね。ODA援助が多くなって日本がトップドナーとして注目を集めるようになりますが、2008年からはインドネシアとフィリピンからEPAで看護師候補者の来日が始まりました。先生はベトナムですね。

大田：そうですね。まずはベトナムの医師と交流を始めたわけですが、当時7対1の看護基準[1]が始まったことにより、大病院が看護師を集めたため、当院も人員不足で困っていました。さらに将来的に日本の若年人口が減少することから、外国人との協業が必要になると予想していました。そこでベトナム人を日本の看護学校に留学させて、日本の看護師の国家資格を取得してもらい、人員不足を補おうと思いました。さらには外国人看護師を育成することで、当時の当院の看護部のレベルアップにつながると期待していました。

　2011年にハノイで募集してもらったところ、50人のベトナム人の女性が集まりました。その中からベトナムでは難関大学を卒業または在学中の3人を選んで、まず日本国内の日本語学校に留学させました。その後2012年に看護学校を受験し、2人は合格しましたが、1人は合格できませんでした。2人のうち1人は看護専門学校に進学し、もう1人は看護大学に進学しました。その後、専門学校に入ったベトナム人は周囲に支えられ、2017年に卒業しましたが、大学に入ったベトナム人は、成績が悪く退学しました。さらにその後専門学校を卒業したベトナム人は、准看護師の資格は取得しましたが、看護師国家試験には合格しませんでした。この経験から、成績優秀なベトナム人で日本好きであっても、日本の看護師国家試験合格は難しいと感じました。

──：この時のハノイ選抜にご一緒させていただきましたが、彼女らが来日して病院が用意したマンションに落ち着き、近所を歩いてみようと福山城の石段を上っているときにきゃりーぱみゅぱみゅの歌をふりを付けながら鼻歌で唄っているのを見て、今どきのハノイの若者だなあと実感しました。AHPでやっていたベトナム人看護師養成の頃とは世代が違うなと肌で感じて、今でも印象に残っています。

大田：ベトナムの中でもハノイの大学生はオシャレですよね。送り出し機関の日本語教師が「ふるさと」とか歌を教えてるのをよく見ますが、本人たちはYouTubeで今日本で流行ってるものに敏感です。

　2014年からベトナムとのEPAが始まったので、2017年からベトナムの看護師を当院で教育して、日本の看護師国家試験を受験させました。EPAによるベトナム人看護師受け入れに踏み切ったのは、ベトナムEPAは日本語教育を受けて来日するため、医学教育と語学教育の両方を受けていることから、留学より国家試験合格の確率は高いと予想したからです。最初の1人は来日後2年で合格、2人目は1年で合格、3人目は3年で合格しました。3人とも日本の看護師免許を取得したのですが、病院勤務を続けることができず、それぞれ免許取得後1年で2人は転職、1人は帰国しました。この経験からベトナム人が日本の看護師免許を取得したとしても、急性期病院での勤務は難しいと感じました。

──：EPA看護師の受け入れ医療機関は慢性期や精神科が多いですね。急性期で働く外国人看護師のデータはありませんが、少ないと思います。

　医療機関の看護師不足は何十年と続く永遠の課題ですが、看護補助者のなり手が少ないのも深刻な問題です。EPA介護福祉士候補者は病院では受け入れできませんが、技能実習や在留資格介護なら可能ですが。

大田：EPAの看護師教育と同時並行で、ベトナム人の介護専門学校への留学も行いました。こちらは2人のベトナム人が、まず2017年に日本語学校に入学し、その後2018年に専門学校に入学し、2人とも順調に卒業して、2020年に介護福祉士の資格も取得しました。1人は2年後に帰国、もう1人は勤務を継続しています。介護士留学はこれまでの外国人受け入れの経験を生かして、国家試験合格に導くことができました。専門学校留学による介

護福祉士養成はできそうでしたが、留学やEPAは養成コストがかかりすぎるのが問題であり、継続的な養成は難しいという結論に至りました。

　介護の技能実習生が認められたことから、2019年から3人のベトナム人の介護の技能実習生を受け入れ、同年6人のミャンマー人の実習生も受け入れました。毎週1回の日本語教師による日本語教育を行いながら、院内で介護について実習を行いました。3年経過したところで、ほとんどが特定技能に移行しましたが、全員が転職しました。やはり病院よりも介護系施設を選択する傾向にあり、また都会に住んでみたいという希望者も多く、定着率の低さが問題となっています。すでに病院での人員確保は困難な時代に突入しており、この状況を予測して外国人スタッフの受け入れを進めてきましたが、日本の病院で外国人看護師または介護士を雇用することの難しさを実感しました。

──：医療機関の職能ヒエラルキーで介護職のポジションと福祉施設におけるそれとでは違うでしょうし、キュアのなかのケアとケアの中のケアでは、緊張感も関係性も異なるのでしょうね。

　大田先生は2017年10月にダナンで開催されたベトナム看護協会国際学会でベトナムにおける介護職の重要性を話されましたが"富む前に老いる"ベトナムはこれからですね。

大田：ベトナムの人口構造は日本の30年前とほぼ一致しています。介護技能実習については、即効性は無いにしても、20〜30年後のベトナムには、好影響を与えると考えています。また介護については社会保障のあり方に大きく影響されますので、これからベトナムの制度が整備されていくはずです。またベトナムにおいても徐々に少子高齢化と核家族化が進行しており、今後は家族介護から施設介護へ介護需要が移行する可能性が高いと予想しています。

──：私たちがトヨタ財団の助成プロジェクトで"家族介護の国から介護保険の国へ"と主にベトナムからの介護職者移動について取り組みましたが、日本では縮小しつつある家族介護ですが、ベトナムはそれを大事にしながら施設介護を進めていただきたいと思いました。そのなかでベトナムのメンバーが注目していたのはリハビリです。

大田：そうですね。当院を見学に来る医師達は、日本の回復期リハビリテーションの体制や治療方針に関心を抱いています。ベトナムでは40年以上前の日本と同じ状況で、リハビリテーションは物理療法が中心であり、療法士の仕事も確立されているとは言えません。私はベトナムにおいて、介護と同時にリハビリテーションについての取り組みが必要と考えており、日本スタイルのリハビリテーションの導入に注力しています。まずはリハビリテーションの人材育成に関与する予定です。

――：ベトナムの医療者で日本のリハビリに注目している方は多いです。北部最大のバクマイ病院に属するハノイ老年病院の関係者ではよく話題になります。

大田：ベトナムへの日本式リハビリテーションについては、懸念事項もあります。まずベトナム人は日本人と比較して、体育に対する考え方が異なっています。実際にベトナムでは、物理療法が中心に行われていますが、痛みや苦痛を取り除く事が優先されます。かなり受け身な状況の背景には、患者自らが取り組むリハビリテーションが好まれない可能性があると考えています。これまでベトナムに日本式リハビリテーションを持ち込もうにも、周囲に好事例が乏しく、患者家族の意識が変わりにくい可能性もあります。ベトナム人の国民性が日本式リハビリテーションを受け入れるか否か、現時点では答えを持っていません。

――：考え方を変えるというのは難しいですね、リハビリに限りませんが。

大田：しかしそれなくしては日本からリハビリを導入しても無駄でしょう。私の予想では、今後のベトナムにおける介護とリハビリテーションの取り組みは、同国の高齢化対策においても重要な役割を果たすでしょう。そのためには、ベトナム人が日本の介護・リハビリテーション技術を学び、その知識を自国で活かせるよう支援していくことが求められます。具体的には、技能実習のみならず、現地での研修プログラムの開発や、日本の専門家とベトナムの専門家が連携して技術や知識の交流を行うことが必要になります。両国の関係者が積極的に情報交換を行い、共同で取り組むプロジェクトを立ち上げることが求められます。

――：先生はこれからベトナムでリハビリに取り組むと伺っていますが。

大田：実は数年前からダナン総合病院の若い先生方と話し合いをしておりまして、当院に見学に来てもらったり、私がダナン医科大で講義をしたり下準備は進んでいます。

──：先生はいつも実行が早いですね。

いま技能実習制度の見直しが進められていますが、新たな制度になったとしても医療・福祉関連の労働者移動という観点から、この分野についていかがでしょうか。

大田：そうですね、日本国内に目を向けると、若年人口が減少している現状で、もっと積極的に外国人労働力を確保する方向に制度変更するべきです。しかしながら技能実習生が帰国しても、介護の仕事が少ない状況では、技術移転の目的が達成されていない印象です。できれば技能実習の延長線上に、日本の介護福祉士の資格取得が視野に入っていれば、実習生のモチベーションも高まると思います。さらにはベトナム国内で介護士需要が高まるであろう近未来の備えにもなります。

──：技能実習だろうが特定技能だろうが、日本で働いた経験が母国に帰った後の仕事に役立つ事が大事ですね。貯金の金額だけでなくそれにプラスαがないと日本を選ぶ優先順位が落ちますから。

大田：私もそう思います。ベトナム人労働者が日本での経験を活かして帰国後も働ける環境を整備することが大切です。これには、ベトナムの福祉制度や労働市場の改善が必要で、日本がその支援を行うことが考えられます。例えば、日本の介護・リハビリテーション技術の導入や、現地での研修施設の整備などが挙げられます。私は、これまでの外国人雇用経験を活かしながら、ベトナムと日本が互いに学び合い、共に成長していく関係を築くことに尽力していきたいと考えています。また、今後も新たな取り組みを模索し、日本とベトナムの介護・リハビリテーション分野における連携をさらに進化させていくことが重要だと感じています。

──：トヨタ財団の助成プロジェクトでは、地域包括ケアシステム（図1）における外国籍住民や外国人看護師・介護士をどう位置付けるかにも関心をもったのですが、数年前の大田記念病院年次報告書で先生と自治会長との対談が載っていて、病院と地域の繋がりの強さを感じました。

大田：あの地域包括ケアシステムの図で真ん中に「住まい」があるでしょう。この地方都市でもお寺の吸引力が弱まっています。お寺の後継者問題と檀家減少の根は同じですから解決困難な大きな問題です。宗教ってやはり心の拠り所として大事な部分を担っていますよね。年一度のお祭りに多くの住民が集う風景はもう戻らないかもしれません。また高齢化と少子化は自治会と子供会を急速に後退させてしまい地域力を弱めています。一番身近な生活圏の地域力が減退していますね、問題が大きいです。

──：自治会に入らない人もいるし、強制ではないので。加入者が少なくなると会費が上ってきますが、上がると非加入者が増える。

　地域包括ケアシステムの図が想定している真ん中と下部が薄くなっては、両翼の医療と介護だけではこのシステムは成り立ちません。

大田：これらを支えるということで図の下には「老人クラブ、自治会、ボランテイア、NPO 等」と列記されていますが、この活動をなさっているのはほとんど同じ人、つまり一人が掛け持ちで担っているのが実情ではないで

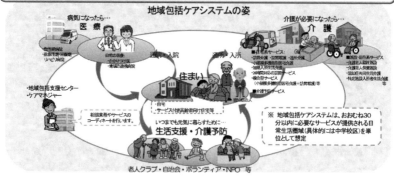

図 1 「地域包括ケアシステムの実現に向けて」（厚生労働省）

しょうか。人生を会社に捧げて、やっとリタイヤして第二の人生という時に、煩わしい人間関係に関わりたくないと思うのは、当然ですよね。だから地域で活動している人は目立つし、そういう方は人から頼まれると断りにくくて、一人何役もやらなくてはならないことになります。

そこで活躍するのがケアマネジャーです。広島県では「ケアマネマイスター」という認定の仕組みがあって、専門性の高いケアマネジャー育成に取組んでいます。地域包括ケアシステムを補完する専門人材がいないと、うまく機能しないですから。それに医療側から言わせていただくと、医療系のケアマネがいると安心ですが、そういう要望だけ言うわけにもいきません。

――：そこはまた難しいところで、介護サイドからすると医療系の人は介護保険について詳しくないと。お互い勉強を重ねていくことが、連携していくには大事になりますね。

大田：介護にも ACP[2] が重要です。特に施設入居時以降の ACP 再確認がないままに病院に運ばれても困りますから、介護でその都度 ACP を確認しておくことが大切になると思います。医療と介護の連携にはお互いの異文化共有が不可欠ですね。

海外から日本にきて看護や介護の現場で働きながら、日本が直面している課題など現場の事情も直に学んでいただき、母国の将来に備える人材になっていただきたいと、切に願います。

――：先生の 17 年に及ぶベトナム経験が、今後も民間の草の根活動として進まれることを願っております。どうもありがとうございました。

(2023 年 4 月 13 日、大田記念病院にて)

注

1　2006 年の診療報酬改定で定められた看護師配置基準。患者 7 人に対して 1 人の看護師を配置する。総合病院などの急性期病棟で重症患者が多く、患者の入れ替わりも激しいため、1 人の看護師が担当する人数を軽減したもの。それだけ看護師を多く雇用しなければならず、看護師不足に拍車をかけた。

10 対 1 や 13 対 1 は慢性期病棟や精神病棟、回復期リハビリ病棟などの看護師配置基準になる。

2 ACPとはアドバンス・ケア・プランニングの略で、厚生労働省は「人生会議」と名付けている。もしもの時に備えて本人が希望する医療・ケアを受けるための意向を前もって考え、それを家族や医療・介護従事者たちと共有するプロセスのこと。

第8章
よりよいベトナム人介護士を受け入れるために

レ ティ ビック ホップ
Ha Dong 医療短期大学看護学部教員

1. はじめに

　近年、街を歩いていてもわかるように在日外国人の数は年々増加している。2020年2月頃から拡大した新型コロナウイルス感染症の影響で減少しているものの日本の総人口（1億2,595万人）の約2％を占めている（図1）。
　厚生労働省「外国人雇用状況」の届出状況まとめ（令和3年10月末）によると平成20年（2008年）と比べると外国人労働者数は3.5倍以上増加している（図2）。また法務省出入国管理庁の発表では令和3年末在留外国人数は

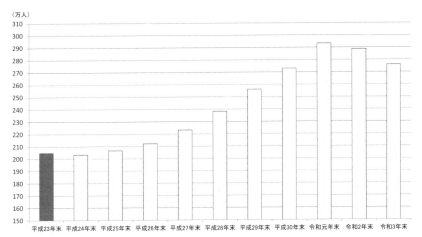

図1　在留外国人数の推移
出典：出入国在留管理庁「令和3年末現在における在留外国人数について」

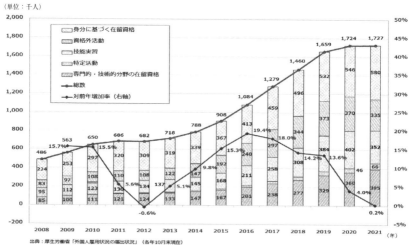

図2　厚生労働省『外国人雇用状況』の届出状況まとめ（令和3年10月末現在）

276.6万人となり、平成24年以降外国人登録者は年々増加しており、毎年、過去最高値を記録している。

このように日本全体が人材不足を解消しようとして外国人労働者に解決を求めようと動いているようである。

2. 日本とベトナムの外国人労働者状況

2021年10月末の日本における外国人労働者数は約172.7万人だが、在留資格別で見ると専門的、技術的分野の在留資格は22.8%しか占めていないことがわかる。

一方、ベトナム労働・傷兵・社会省、雇用局の2019年7月の報告によると、ベトナムにおける外国人労働者は9.1万人で、そのうち約75％は専門家、投資家、管理者である。つまり、在ベトナムの外国人労働者はほとんどが高度人材であるが、日本での外国人労働者の多くは一般的な労働者で占められており、両国の違いが分かる。特に日本には、高卒者の若者で社会経験

や実務経験の少ない労働者の技能実習生や資格外活動（留学生によるアルバイト）が40％以上を占めている（図2）。社会経験が浅い者が多く、そのため日本社会の有益な情報も得にくい。

　それに対してベトナムにおける外国人労働者は、ある程度の社会経験や知識、技能を持つ人が多く、ベトナムにおける社会的地位も高く、ベトナムで就労するための負担は少ないことが考えられる。

　現在日本で問題になっているように、ベトナム人技能実習生の多くは訪日するための費用を借りるなどして日本に行くため、経済的な苦労を抱えているものが多い。彼ら彼女らが不利益を被らないためにも、正確でしっかりとした情報提供や事前教育が大事である。なぜならば、日本入国後、労働者側に立った適切な指導や受け入れ体制が整っていなければ対人トラブルや犯罪、差別等の問題につながりかねないからである。情報不足による社会的な偏見から問題が起こる可能性もある。日本は年々外国人労働者が増えているのであるから、そのため外国人も日本人も両者（両国）の実情を認識し、しっかりと確認する必要があると思われる。

3．外国人労働者に対するイメージ

　日本における外国人労働者が年々増えている状況の中で日本人は外国人労働者に対して次のようなイメージを持つ人が少なくないのではないだろうか。

○賃金が安い労働者である。
○出稼ぎの人が多いからお金に対する執着感が強い。お金さえあれば何でもやりそう。
○高卒で社会経験が浅く能力が低い。いくら説明しても分からない。
○日本人がやりたくない仕事をやってもらう。しかし、日本人はありがたいと思わないどころか軽蔑しがち（昔なら奴隷扱い）。
○無愛想、挨拶しない、話しかけても黙り込む。
○職場でも生活場でもよく問題を起こす。指示を聞かない、些細なことでも喧嘩したりする。

○迷惑行為や犯罪を犯し、地域の安全性が保てない。

　メディアで外国人による犯罪や事件が多く取り上げられている。2020年11月、ベトナム人による豚の窃盗、解体に関する事件が報道された。私は日本の看護師免許を持っており、老人保健施設でアルバイトをしているが、このニュースが流れた時はちょうどおやつの時間で、みんなと一緒にいた。あえて目を合わせない同僚や利用者さんもいれば、私の肩を軽く叩いて、「あなたは違う。真面目に頑張っているのが分かっているから大丈夫だよ」と気を遣ってくれる人もいた。また、移民の問題や外国人による犯罪が多くなっているからなのか、YouTubeでも移民反対デモの映像も多く見かけるようになった。外国人だから問題を起こし、犯罪を犯すのか、日本人は悪いことをしないのか。日本人が日本人による犯罪事件報道をみたとき、日本人は隣にいる日本人を「あなたは違う」と慰めるだろうかと思った。同じ国の外国人によるものでもみんなそれぞれ違うと理解するだろうか。それとも、「また〇〇人かよ。あなたも〇〇（国名）から来たんでしょう？」と一律に犯罪者扱いにするのか。外国人だからという理由だけで、問題があると思ってもいいのだろうか。決してそうではない。日本人だから、外国人だからという考え方をやめて、一人の人間としてみていくべきである。その人が抱えている悩みや苦労を理解し、その人の頑張りを認め、その人の能力を最大限に引き出せるような関わりやサポートをする必要がある。そうなれば外国人であろうが日本人であろうがお互いに学ぶことができ、成長していくことができると思われる。

4. 外国人の日本社会に対する役割

　在留外国人の日本での役割は次のように考えられる。

○日本は超高齢社会に突入し、生産労働力減少による労働不足の問題に直面しているとよく言われている。外国人（主に東南アジア）が人手不足対策の「労働力」として日本人労働者の補充に貢献しているのは明らかだ

が、この役割だけを果たすものではないと言える。

　　　　　　　　　　　　　　　　　→　労働不足解消としての役割
○人工知能（AI）の活用で人手不足をある程度和らげることができたとしても、AI は外食したり、電車に乗ったりしない。もちろん遊びもしなければ人との交流などもしない。AI はこのような日常生活の消費活動に貢献することができない。しかし、外国人は日常生活の中で消費活動に参加する。また、外国人労働者が家族とともに長く日本で生活することになれば、日本人の世帯と同じように住宅や教育関連の消費も増えるだろう。さらに、自国の家族や友人が観光で訪日することによってインバウンド消費にもかなり貢献する。彼らの多様なニーズに対応した商品やサービスが生まれたり、それが雇用の創出につながったりすることも期待できると思われる。

　　　　　　　　　　　　　　　　　　　→　消費者としての役割
○外国人が日本で働けば納税者として日本の経済、社会保障に貢献する。所得税、社会保険、医療保険等を納めるし、生活の中で日本人と同じように消費税を負担する。

　　　　　　　　　　　　　　　　　　　→　納税者としての役割
○日本では若者の地方から都市圏への流出により、人口減少と高齢化の問題で地方経済が収縮し、財源不足に陥っている傾向がある。外国人労働者は、ヒト・モノ・カネが減少傾向にあるような地域に入ることによって地域活性化、地域の振興にも貢献することができる。

　　　　　　　　　　　　　　　　　　→　僻地活性化としての役割
○一生懸命働いている外国人は日本人の若者に刺激を与えるし、ご高齢の方には孫のように近い存在となり、地域との交わりが深まることが期待できる。また、母国の先輩として後輩の支援、指導等の人材育成の役割も果たせる。

　　　　　　　　　　　　　　　　　　　　→　社会的な役割
○企業に外国人労働者がいるとグローバルな人材育成プログラム開発に一役買うことが期待される。グローバルな情報、ネットワークへのアクセス等、日本企業が海外進出する際や外資企業の受け入れにも貢献する。

→ グローバル化の役割

○外国と日本の文化・学術交流や国際関係構築等の架け橋的な立場として貢献できると思われる。

→ 民間外交の役割

　これらの役割を果たすためには外国人労働者自身の努力だけではできない。周りの日本人の理解、協力がなければ不可能である。どの職業にも言えることであるが、特に医療・福祉専門職の人材にはより力を入れる必要があると思われる。

　なぜならば、日本では医療・福祉専門者の偏在や不足が指摘され、医療・福祉専門職人材の獲得と離職防止に努めることが重要となり、職場満足度と職場へのコミットメント意識の向上が図られている。しかしながら、少子高齢化の進展が激しく、国内での人材確保や離職防止だけでは、病院や介護福祉施設で働く労働力の確保は困難な状況にある。そのため、昨今では経済連携協定（EPA）、介護留学、技能実習生や特定技能による外国人介護士の受け入れが急速に伸びている。ただし、外国人労働者を労働力として日本に定着させるためには言葉以外にも文化、宗教、国民性、社会的価値観の違い等を考慮した人的資源管理（HRM）が重要と考えられる。では、私たち外国人の医療・福祉専門職は安心して学習や仕事、生活をするために日本に何を期待するのだろうか。

5. 日本に期待すること

5.1　外国人労働者のバックグラウンドの理解

　まず、第一に私たち外国人のことを知ってほしいということである。人的資源管理の視点からみても相手のことを知った上で、相手が持っている潜在能力を引き出すことが大事である。どこから来たのか、どんな社会背景があって、教育環境はどのようになっているのか等ある程度理解する必要がある。それによって日本社会に適応させるためにどんなことを補足していけばいいのか分かってくるはずである。

5.2　社会背景

　私は2010年代にベトナムから日本に来たのだが、来日した当初のベトナムの人口構造の形は若者が多くピラミッド型だったが、2050年には高齢者が多くなり「つぼ形」へ変化するとの予測である（図3）。2010年代では平均年齢28歳の若い国だったが、速いスピードで高齢化が進んでいることが分かる。

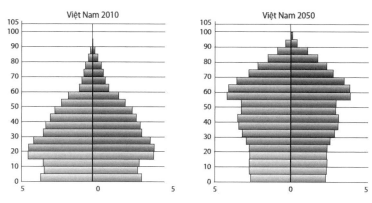

図3　ベトナムの人口構造、国立統計局（2019年）

　ベトナムは2015年に高齢化社会となり、2033年に高齢社会へ突入していく。しかし、今までは年を取ると子供や家族に看てもらうことが普通であり、今の人口構造であればなんとか対応できるが、高齢化とともに支える人が少なくなると社会保障が保てなくなると考えられる。

　ベトナム労働・傷兵・社会省（MOLISA）の社会保護局によると、現在（2020年時点）ベトナム全国で親のいない子供や障害者、高齢者のための社会保障施設は461施設あり、その中で高齢者施設は民間を入れても64施設しかないが、ベトナムは家族介護であり、介護施設は馴染みがない。その上、高齢者保険や地域、在宅診療がまだ不十分のため高齢化への対応が遅れていると言える。しかしベトナムでは高齢者や高齢化社会の問題は一般的な話題にもなっていない。

　ベトナムの高齢者を取り巻く状況はこのようなものである。高齢者介護が社会化されていないベトナムから、日本で働く介護士をベトナムから雇おう

とするならば、上記のような実情を考慮して、それに合わせた出国前事前教育に力を入れる必要がある。

5.3　教育的背景

　ベトナムでは介護は職業としてまだ認定されていないため正式な介護教育カリキュラムがない。看護短大や看護大学で学ぶ老年看護は内科看護の中に含まれており、私が在職している医療短期大学でも老年看護の学習時間は約10時間しかなく1単位にも満たない。最近先進諸国はどこも高齢者をケアする人手不足に陥っており、ドイツや日本からのリクルートが多くなっている。またベトナム国内でも徐々に介護施設で就職することができるようになり、介護教育カリキュラム開発と技能訓練を始めるようになった。

　ベトナムの看護教育に関しては今まで実技を重視した2年課程があったが、国際基準に合わせて2021年から廃止される傾向である。私が勤務する医療短期大学3年制のカリキュラムは119単位3,045時間で、その中で一般科目は450時間、専門科目、モジュールは2,595時間。専門分野では講義が947時間（31%）、演習・実習は2,098時間（69%）という割合である。しかし、各科目の配置が不適切なところがあり、技術重視の考え方がまだ残っているのか、1年目の前期で基礎看護の実習があり、後期には病院実習のため、看護過程の展開に必要な基礎知識がまだ身につかないまま臨床へ進んでいく。そのため1年目で注射や導尿などの看護技術ができても、単なる技術提供でリスク回避や考える看護が展開できないような状況だと考えられる。また、日本の看護教育で展開しているようなプライマリーナーシング等の個別ケアに関してもあまりできず、臨床実習でも受け持ち制ではなく、グループでユニット担当の実習のため一人の患者が入院から退院までの看護が展開できない。もちろん事例検討のようなものはあるが、学生がやりやすい事例を取り上げるだけで、臨床に即した看護が展開できたかというとそうでもない。また学校によって教育カリキュラムが多少違うことが求められているのも日本とは違う。国家試験制度がないため学校を卒業すれば看護師になれるために看護師のレベルは出身校と就職した病院によって差が出てしまう。この格差を埋めるためにJICAプロジェクトで新卒看護師の9カ月臨床実習の育成プ

ログラムを作成したがまだ全国に応用されていない。以前からあった看護教育でさえ日本と相当の違いがあるのが実情で、介護教育というのはまだまだ馴染みがない分野で、学習イメージが難しいことが予測される。

　2017年から日本で始まった介護技能実習やその後に始まった特定技能の対象となるのは高校卒業者であるが、日本の受け入れ関係者はベトナム・日本EPAを意識しているのか、医療系短大の卒業生を対象にしているところが多い。そのため学校独自で考えたカリキュラムやリクルート先の国からの協力で介護教育を展開しているところである。そのため両国に適したカリキュラムであるかどうか検証されないままで導入されている。また教育内容、期間、技術も統一されていない。もちろん介護職に馴染めていないため、海外からのリクルート時の説明会に参加しても教員も学生も受け身で、言われた通りのイメージしかできないのが実情である。

5.4　確実な情報を提供

　医療短大でのリクルートに同席したことがあるが、越日両国にお互いの認識不足や情報伝達の曖昧さ等で誤解を招くことが少なくなかった。特に通訳者による誤解（看護・介護をベトナム語変換時の乱用や誤訳）や制度理解の未熟さなどが見受けられた。制度上重要な点が放置されたまま説明会を行うことによって不正確な情報を与えてしまうこともある。日本で技能実習に介護が加わることが話題になっている頃から、日本の方々がハノイにある医療短期大学を訪問することが多くなった。学校側は日本からの訪問客をもてなし、日本の方々が学校でセミナーを開催したいと希望すればそれに応えて学生を集めていた。日本の方々は帰国してからその時の様子をネットで配信したり、自分の営業ツールに使用したりしたのだろうか。徐々に医療短期大学での技能実習説明会が盛んになってきた。日本の監理団体や介護福祉施設は訪越した場合はほとんどベトナムの送り出し機関のアテンドで来ることが多く、医療や福祉は特殊な分野でありアテンド側もそれに関する制度、職業分類等が把握できないこともあり、通訳の内容に不正確さが目立ったようだ。職業名称や仕事内容の説明が不十分なため学校関係者や学生を混乱させることもあった。なかには両国間の協定締結以前にベトナム側も日本側も動き出

して介護人材リクルートや育成活動を始めたところもあったようだ。ある日本の法人はベトナムの人材会社と協力して学生を募集し日本語教育をはじめた。しかしその頃はベトナム政府がまだ日本と技能実習介護の協定を結んでいなかったため、そのような活動は違法行為であった。しばらくしてそれがニュースで取り上げられ、ベトナムの人材会社には取り締まりが行われた。しかし日本の法人はただ日本に帰っただけであった。あとに残された学生はどうすればいいのだろうか。大きな期待を持ち、親も自分の子供が日本で働けると喜んだことだと思うが、それが違法だったと知った時どれだけ落胆しただろうか。また、どうしても日本へ行きたかった学生は介護ではない職種で日本へ行くことを選ぶこととなった。後々になって、介護で日本へ行きたいという学生が少ないというのも理解できる。もちろん、これだけの理由でそうなってしまったのではないが、正しい情報を丁寧に説明していくことが大事だと思う。

5.5 適切な受け入れの準備
5.5.1 事前教育（現地での教育）

　日本の高齢者介護は介護保険に賄われており、国家資格の介護福祉士という専門家も多く活躍している。しかしベトナムはそうではない。両者の意識の差は容易に想像されることである。そのような介護格差を考慮することなく、介護技能実習生や特定技能の候補生の教育を全部現地の送り出し機関に任せていいものだろうか。ベトナムは日本の高齢者介護についての理解不足、日本はベトナムの社会や現状についての認識不足、これではミスマッチ等の問題が起こるのは必然である。

　いい人材を育てるためにはベトナム側も日本側もお互いを知り、お互いが持っているノウハウを出し合う必要があると思う。ベトナムではまだ馴染みがない高齢者介護にベトナムの若者に興味を持ってもらうためには日本側からのプレゼンテーションは給料等の紹介だけではなく、日本の高齢化、少子化、人材不足、介護施設のビデオや介護士の働き方、日本の介護の魅力や介護士が感じている仕事の満足感が何か、キャリアアップにはどんなものがあるのか、それに準じた給与体系などを伝えることが必要である。

次に事前教育に力を入れるべきである。日本語教育はもちろん、介護士の職業理解、技能訓練を根気よく教えていく。そして、早く日本の生活に慣れるためには日本の文化や習慣を紹介し、マナー教育も必要である。ベトナム人は常識だと思っていることでも日本人にとってそうではないこともあるからだ。

最近のベトナムの若者はなかなか日本語能力が伸びないとよく言われている。彼らの能力が低いのか、教育方法に問題があるのか。私は日本で看護師になるためにハノイで約1年5ヵ月の日本語教育を受けて日本語能力試験N2に合格した。しかしこの時は日本語だけではなく、日本の看護専門学校の一般入学試験を受けるために数学、英語、化学、国語の受験科目も日本語で勉強していた。私は決して優秀ではなく、その時教えてもらった日本人の先生方が素晴らしかったのだと思う。なぜならば、その時のクラス全員がN2に合格し、しかもその中にはN1に合格した人もいたからである。わずか17ヵ月の日本語学習でゼロスタートからN2及びN1に合格したのである。そして私の先輩も後輩も同じプログラムで同じような能力を身につけることができた。一般入試で日本人受験生と同じ試験を受け、東京都立看護専門学校に合格した（中には私費外国人留学生統一試験を受けて、国立大学の看護学部に合格した同級生もいた）。留学期間はもちろん日本人学生と一緒に勉強し、看護師国家試験も1回目でほとんどのメンバーが合格した。この時の経験から日本で勉強したり就職したりするためには現地教育の段階から日本人の教育専門家の介入や指導が必要だと思っている。

5.5.2　国内準備及び入国後サポート

また、現地での準備だけではなく、日本での受け入れの準備も必要である。臨床現場にいる日本人職員に対して受け入れる外国人職員のことをしっかり説明し、周知することが大事である。偏見や差別をなくし、協力してもらうことも必要だ。生活支援者や業務指導者となる人材の研修を行い、しっかりした教育プログラムやキャリアデザインを作成しておく必要がある。もちろん、実際は計画どおりに行かないことも多いと思うが、定期的に生活支援や教育プログラムを再検討し、修正していくことも大事である。準備がで

きたところで、外国人介護職の人材が入ってくる時に整った体制で受け入れることができ、外国人職員が安心して働くことができるだろう。また、資格の有無で生じるレベル差にもきちんと配慮し、それにあった役割を与え、報酬等の功利的コミットメントも検討する必要がある。

6．おわりに：よりよいベトナム人介護士の受け入れを目指して

　日本には経済連携協定（EPA）による看護師候補者や介護福祉士候補者が来日してきたが、彼らの職場への定着は難しかった。2017年9月に在留資格介護ができて介護福祉士養成校を修了した後、国家試験に合格する（現在は経過措置あり）ことにより「介護」を取得して働けるようになった。その後2017年11月には技能実習介護の在留資格ができて、そして2019年4月から新たに介護分野での特定技能による就労が認められ5年の就労が可能となった。職場選択の自由度が増し、在留期間制限もない。そのため、ベトナム人にとって、日本を働く場として対象にできる可能性が広がっている。日本は外国人が介護の仕事をするために在留資格を整えた。それに応じるベトナム人には、本格的な職場定着のための方策が必要となるだろう。これを検討するにあたっては、先に述べた通り、まずはベトナムの介護に関わる状況を理解しておかねばならないと考える。ベトナムでは入院すると、身の回りの世話、日本でいうところの療養上の世話は専ら家族が行うことになる。また近年、ベトナムでも介護施設は増えてはいるが全国的にはまだまだ少ない。これまでのように心身機能の低下や疾病による後遺症があっても施設ではなく、家族と共に生活することが多い。このように、日本の介護福祉士のように国家資格を持った者が病院や高齢者施設で療養上の世話をするといった職業は確立していないし、家族以外の者から介護を受けることは一般的とはいえないのが現状である。

　だがベトナムでも急速に高齢化が進展しており、介護を必要とする社会となることが予想されている。ベトナム看護協会が中心となり介護を専門職化するための活動が展開され、介護に関する専門職認定がベトナム労働・傷兵・社会省だけではなく、保健省も関わりながら進められているところであ

る。

　現在のところベトナムでは介護職がまだ認定されていないが、日本と動いているEPAでは介護福祉士候補者になる対象には、看護短期大学を卒業した者と規定されている。臨床経験は求めないが、看護教育を受けた者であるため、せっかく日本に行けるなら最先端で進んだ医療や看護を見たいだろうと思う。実際、日本へ行って最初は新しい環境に慣れるために一生懸命頑張るかもしれないが、慣れてくれば毎日同じような仕事を行うことになる。出国前に思い描いたことと違って、仕事の単純さで、刺激というより体力勝負の仕事に直面すると介護職の仕事の内容に対する当初の思いとのギャップを感じてくるだろう。また、国家試験に合格すると周囲やメディアに注目されても組織内の役割が変わらなければ、自分にはもっといろんなことができると思う人は仕事に対する不満足感が生じる可能性があると考えられる。長期就労の期待が可能なEPAによる看護師、介護福祉士及び在留資格「医療」や「介護」の就労者には、情緒的なコミットメントだけではなく、キャリアコミットメントを高める工夫が必要ではないかと考えられる。情緒的コミットメントを高めるために、組織の目標や価値観を十分理解させるための教育が必要と考える。また、臨床的知見としては、ベトナムと異なった環境で、馴染みのない言語や生活は、不安やストレスを高めることが予想される。これらの問題を軽減させるためには日常生活のサポートに特段の支援が必要であろう。すなわち、職場での職務に関するサポートだけではなく、衣食住という基本的な生活習慣におけるサポートが重要となる。例えば、日本での生活に早く慣れるように生活指導支援の担当者を決め、いつでもサポートできる体制を整備することは、コミットメントの観点からも重要であろう。本人ができることとできないことをしっかり見分け、現場で指導するといったOJTは、組織の中における自分の重要性、役割を理解し、組織への情緒的コミットを強くするためにも必須の内容となる。同時に、人生設計、キャリアアップが見通せる体制作りも重要である。ある研究で、ベトナムの看護師においては、キャリアコミットメントが就労継続意思との関係性が強いことが示された。このことからは、日本において、ベトナム人材を受け入れる施設では、ベトナムに帰国後のキャリアアップも含めた、事前教育（現地教育）

のプログラムの検討や、施設配属後の新人研修のカリキュラム、入職後の2年目、3年目等の教育計画を作成し、これを彼らに提示することで彼らの就業への意欲が譲成されるものと考えられる。同時にこうした事前教育から外国人介護職員に指導できる人材を施設に準備しておく必要もある。最終的には、彼らをモニタリングし、リーダーシップが取れるような仕組みがあることを示す工夫を含めたキャリア教育の見通しが示されることが求められる。また、在留期間が限定されている在留資格者と、それがない在留資格者とでは異なる対応をすべきであり、長期間の労働が可能な高度技術者には、さらなるキャリアアップの機会を提案するべきである。特に、日本での教育を受けた者(看護学校留学者や介護福祉士養成校留学者)は貴重な人的資源となることから、情緒的コミットメントだけではなく、実利的な配慮(手当、役割を与える等)やキャリア教育等を検討していく必要がある。彼らに与える役割は技能実習生とは異なり、違う形のサポート、キャリアデザインが必要となる。さらに病院や施設において日本人だけではなく外国人介護職員の満足度を高め、職場に定着してもらうためには組織内のコミットメントだけではなく、文化的、宗教的、社会的なコミットメントを配慮することも重要である。

　最後に、私たち外国人医療・福祉従事者は質の高い医療、介護サービスを提供するために、社会のために、そして自分のために日本人の皆さんとお互いに分かり合い、認め合いながら共に働き、共に成長して行くことを願っている。

参考文献

出入国在留管理庁「令和3年末現在における在留外国人数について」2022年3月16日閲覧　URL: https://www.moj.go.jp/isa/content/001370057.pdf

厚生労働省『外国人雇用状況』の届出状況まとめ(令和3年10月末現在) 2022年3月16日閲覧　URL: https://www.mhlw.go.jp/content/11655000/000887554.pdf

朝日新聞(2020年10月28日) 2021年12月26日閲覧
　URL: https://www.asahi.com/articles/ASNBX544MNBXUHNB00B.html

第9章
ベトナムの高齢者および介護士教育の概要

ファム ドゥック ムック
ベトナム看護協会会長
(翻訳:レ ティ ビック ホップ)

　ベトナムの平均年齢は31歳と若い国だが、既に高齢化社会に入っている。ベトナムにおける高齢者の現状と今後の対策等を簡単にご紹介したい。

1. ベトナム高齢者の概要

1.1　高齢者の概念と老年人口の区分
・年齢規定
　- ベトナムでは、高齢者(NCT)は満60歳以上と規定している。
　- 国連人口基金(UNFPA)は、高齢者を満60歳以上と定めている。
　- 国際労働機関(ILO)は、高齢者を満65歳以上と定めている。
　- 欧州連合統計局は、高齢者の年齢を満65歳以上と規定している。

1.2　長年にわたる人口増加
　以下の表はベトナムの人口が年々増加していることを示している(図1)。
　人口増加率は年平均で1.14%増加した。2019年のベトナムの人口は96,208,984人で、世界第15位、東南アジアで3位となる。

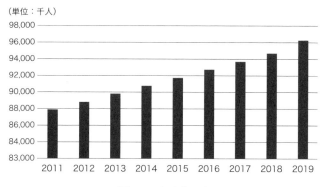

図1　ベトナムの人口

1.3　ベトナムの人口構造

国連人口基金の予測によると、ベトナムの人口構造は 0 〜 14 歳の子供の数が減少傾向を示しているが、50 歳以上、60 歳以上、80 歳以上の 3 つの年齢層はすべて増加傾向である。特に 60 歳以上の人口が増えている（図 2）。

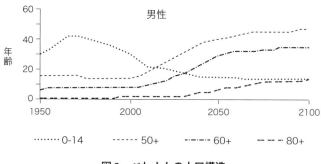

図2　ベトナムの人口構造

1.4　高齢男性 100 人に対する高齢女性の割合

統計総局の 2019 年人口・住宅国勢調査の結果によると、ベトナムの人口性比は女性 100 人対して男性は 99.1 人である。

表 1 は、2014 年から 2018 年では、高齢者における人口性比は総人口性比よりはるかに深刻であることを示している。2014 年では男性高齢者 100 人に対する女性高齢者の割合は 144 人である。2018 年になると男性高齢者

表1　高齢男性100人あたりの高齢女性の割合

年	2014	2015	2016	2017	2018
男性	3,767	3,771	3,961	4,169	4,396
女性	5,419	5,711	5,871	6,056	6,263
男性高齢者100人に対する女性高齢者の割合	144/100	151/100	148/100	145/100	142/100

出典：ベトナム国家統計総局（2019）

100人に対する女性高齢者の割合は142人で、人口性比は2014年から2018年にかけて改善傾向にないことがわかる。

1.5　高齢者人口と平均寿命の予測

　労働・傷兵・社会省によると、2018年12月31日時点で、全国の高齢者は1,130万人で、人口の11.95%を占めている。570万人の高齢女性、720万人の高齢者は地方に住んでおり（65%を占める）、80歳以上の高齢者が約200万人いる。

　国勢調査のデータによると、ベトナムの60歳以上の高齢者の数は、1979年の400万人（6.9%）から、2009年には745万人（8.68%）、2019年には1,141万人（11.86%）に増加した。2019年、9人に1人が60歳以上であった。他のASEAN諸国と比較すると、2000年以降ベトナムの高齢者人口の割合は、シンガポール、タイに次いで3番目に多い国となった。統計総局の人口予測によると、この傾向は今後も急速に増加し2038年までに60歳以上の人口は総人口の2,100万人以上（20%）に達して5人に1人が高齢者の割合となる。平均寿命が延びることは一般的な社会経済的発展、特にヘルスケアにおける大きな成果の1つである。しかし、高齢者の増加と平均寿命の伸びは、社会保障制度、特に高齢者医療制度の改革の必要性という点で大きな課題となっている（図3）。

　統計総局の2014年から2034年の国勢調査と人口推移によると1979年から2019年まで、男性の平均寿命は62歳から71歳に、女性の平均寿命は67歳から76.3歳に伸びる。2034年までに男性の平均寿命は72.7歳、女性の平均寿命は78.7歳になると予測されている。

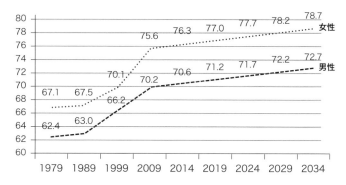

図3 人口と平均寿命の予測
出典：統計総局、国勢調査・人口推移のデータ

1.6 平均寿命（LE）と健康寿命（HALE）

　平均寿命はかなり長いが、ベトナム人の健康寿命（自立期）はかなり短い（64歳以下）。特に高齢者の67.2%は病弱・虚弱、超病弱・虚弱状態で、また難病にかかる高齢者も多い。高齢者の約95%が慢性非感染性疾患を中心とした病気にかかっており、平均して一人の高齢者が3つの病気にかかっている。高齢者の多疾患併存により、国、地域、および家族は、高齢者の健康診断、治療、および医療に多額の予算を投資する必要がある。高齢の女性は男性よりも長生きし、健康寿命も男性よりも高いと予想されているが、女性のLEとHALEの差で表される不健康な年数（10.2年）は男性（7.5年）よりも大きい。

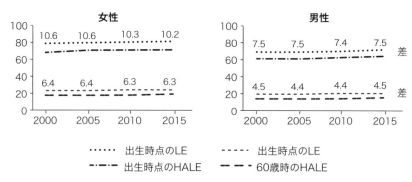

図4　ベトナムにおける平均寿命（LE）と健康寿命（HALE）の差

1.7　急速な高齢化が人口の黄金期を短縮

　人口構造の黄金期とは全体の依存率が 50% 以下（生産年齢 2 人につき、非生産年齢 1 人以下）の時期で、2007 年のベトナムでは約 50% であった。この人口の黄金期は、国ごとに 1 回だけ発生するが、ベトナムでは高齢化人口が黄金期人口と同時に到来した。

　ベトナムは 2011 年に高齢化社会に入り、高齢者は総人口の 11.9% を占めた。統計総局の予測によると、2038 年までに 60 歳以上の人口は約 2,100 万人になり、総人口の 2 割を占めることとなる。2050 年までに 4 人に 1 人が 60 歳以上（約 2,700 万人）になる。2038 年以降、生産年齢人口は減少し始め、適切に対応する政策がなければ、社会経済の発展に悪影響を及ぼすだろう。

　国連の調査によると、シンガポール、韓国、中国、タイの人口構造の黄金期は約 40 年である。ベトナムは 2007 年に始まり、他のいくつかの国よりも短いと予測されている。総人口に占める高齢者の割合は、2011 年の約 10% から 2018 年には 11.3% 近くまで増加し続けている。

　低中所得国であるベトナムは、急速に社会の高齢化に突入している。ベトナムの高齢者の生活には多くの課題と困難がある。貧困世帯に属する高齢者率は 22.4%（2016 年）。農村地域に住む高齢者の 70% 近くは農民であり、高齢者の 70% 以上は物質的な蓄えがなく、高齢者の約 30% は年金や社会扶助で生活している。人口の高齢化によりベトナムはヘルスケア、労働供給、高齢者の雇用に関連する多くの課題に直面している。

　さらに、高齢者の大部分は、主に糖尿病、脳卒中、肺塞栓症、変形性関節症、認知症などの慢性非感染性疾患の「多疾患併存」の重荷に直面しなければならず、生涯にわたって治療を継続しなければならない。ある調査によると、高齢者の 65% が自分の健康状態を虚弱、または非常に虚弱と自己評価しているのである。

1.8　高齢者の所得状況

　高齢者の経済状況に関する調査によると、貯蓄（地金と現金）を持たない高齢者の割合は、初老の高齢者層（60 ～ 69 歳）で 71.8%、中老の高齢者層（70 ～ 79 歳）で 76.7%、高齢者層（80 歳以上）では 85.2% である。高齢者の主な

資金源は、子供や孫からの支援である (81%)。その他の収入源には、仕事、年金、貯蓄、毎月の補助金である。高齢者のほとんどは貯金を医療費に充てており、子や孫のために使うのはわずか 10%、自分の生活のために使うのは 8.5% にすぎない。したがって、高齢者の主な関心事は、健康・医療のために貯蓄を使うことである。2020 年には、貧困世帯に属する高齢者の割合は 7.4% に減少し、貧困に近い世帯は 5.3% に減少する。

1.9 高齢者の健康状態

図 5 の調査データは、ベトナムの高齢者の疾患パターンが多疾患併存にあることを示している。

平均して、各高齢者は同時に 2.6 ～ 3.2 の病気に苦しんでいる。国立老年病院は、80 歳以上の高齢者 610 人を調査し、平均して 1 人の高齢者が 7 つの病気に罹っていると発表した。高齢者によく見られる病気は、最近の 2 つの研究から参照できる。

高齢者の健康に関する研究によると、一般的な疾患は、主に筋骨格疾患、心血管疾患、慢性閉塞性肺疾患 (COPD)、代謝性内分泌疾患、消化器系疾患などの非感染性疾患であり、さらに、認知症のような精神状態に関する疾病も注目すべきであるが、データは不足している。高齢者は障害の割合が高くなり、この割合は高齢者の年齢とともに増加し、機能障害 (歩行、聴覚、視覚、記憶など) の割合が高くなっている。高齢者の歩行障害の割合が最も

ハイフォンの 13 地区の 5,286 人の高齢者の調査	6,050 人の高齢者の調査
- 平均疾病数 3.12 疾患 / 高齢者 1 人	- 平均疾患数 2.6 疾患 / 高齢者 1 人
かかりやすい病気 - 変形性関節症 (56.1%) - 心血管疾患 (53.46%) - 消化器系疾患 (45.57%) - 内分泌代謝疾患 (35.19%) - 白内障 (24.37%) - 呼吸器系疾患 (15.83%)	かかりやすい病気 - 関節炎、神経痛 (45.8%) - 慢性腰痛 (30%) - 消化器疾患 (18.6%) - 心臓および脳血管疾患 (17.2%) - 白内障 (12.3%) - 呼吸器疾患 (7.2%) - 腎・泌尿器系疾患 (5.3%)

図 5　高齢者の健康状態

高く、視覚障害、記憶障害、聴覚障害がそれに続く（図6）。

2017年保健省とUNFPA2019による調査では、次のことが示された。

少なくとも一つの日常生活動作（ADL）に支障がある60-69歳以上の高齢者の割合が28%、80歳以上の高齢者の割合が50%増加した。約15%の高齢者がセルフケアや日常生活に困難を覚え、長期介護サービスを必要としている。しかし日常生活に支援が必要な人のうち、必要な支援が受けられない人が25%以上おり、その割合は高年齢の女性の方が高くなっている。長期介護サービスの需要は高年齢層で増加していることが分かる（UNFPA 2019）。

健康戦略・政策研究所のレポートによると、高齢者の45%以上が高血圧の予防方法を知らない。セルフケアと民間医療サービスは、高齢者の医療サービス利用の一般的な2つの形態である。

病気のときに公的医療サービスを利用する高齢者は40%未満であり、85歳以上の高齢者は、移動が制限されているために、利用率が60-64歳のグループと比べると半分となる。

医療機関までの距離の利便性（アクセス面）は、高齢者が診療のために医療機関を選択する際の主な理由となる。高齢者のほとんどは、訪問診療、民間の医療施設、コミューンの保健所など、自宅の近くの医療機関で健康診断や治療を受けることを望んでいる。

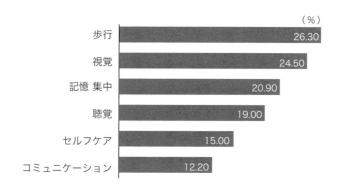

図6　高齢者の困難な課題
出典：統計総局2020年とUNFPA 2021年のデータに基づき筆者作成

2. 高齢者の健康管理

2.1 高齢者の健康管理に関する方針

　ベトナムには高齢者のヘルスケアに関する前提条件となる政策があるが、さらに多くの改革や改善が必要である。特に高齢者人口に対する対策や高齢者のニーズを満たすための具体的な戦略や計画などを検討しなければならない。

　例えば「高齢者法」(39/2009/QH12)、「2030年までの高齢者ヘルスケア プログラムの承認に関する首相決定」2020年10月13日付（第1579/QD-TTg）など。また保健省決定「高齢者の長期ケアアクションプラン2021年3月20日付」(403/QD-BYT)は、一次医療サービスを提供し、非感染性疾患を予防するシステムを開発するための政策を発表した。高齢者の長期的な健康管理のモデルを段階的に構築し、健康管理のための健康診断と治療、リハビリテーション、技術サポートを行う病院と地域の保健所の能力開発を規定している。

・高齢者の治療体制について
　小児病院以外の病院は老人科を設置するか、高齢患者の治療のために多数のベッドを確保する義務がある。病院での急性期治療後の高齢患者の健康を回復し、自宅での継続的な治療とケアを指導・提供する。国は、組織や個人が高齢者に無料の健康診断と治療を提供することを奨励する。
・プライマリーヘルスケアについて
　市町村のヘルスステーション(診療所)は、ヘルスケアに関する一般的な知識の伝達と普及を実施する責任がある。高齢者に病気の予防、治療、セルフケアのスキルを指導する。
・高齢者の健康状態をモニタリングおよび管理するための記録の作成
　健診・療養施設での受診が困難な重病の孤独な高齢者を対象に、居住地に医療従事者を派遣して診療を行う。
・社会保障について
　高齢者は、健康保険、毎月の社会扶助、死亡時の葬儀費用の支援が受けられる。貧困世帯や世話をする人がいない世帯に属する高齢者やコミュ

ニティで自立した生活ができない高齢者に対して、要望があれば社会保護施設に入り、以下の支援を受けられる。

　a）毎月の生活費の給付。
　b）身の回り品および日常活動のための備品の提供。
　c）健康保険の利用。
　d）一般的な医薬品の供給。
　e）リハビリテーション（機能回復）するためのツールと手段の提供。

・高齢者介護施設の建設に関して

国は民間企業や個人が高齢者介護施設の建設に投資することを奨励している。自己資金で高齢者施設の建設に投資する企業や個人は、法律で定められた優遇政策を受けることができる。高齢者法は、高齢者が介護サービスを受ける施設について、以下の通りに規定している。

　a）社会保護施設
　b）高齢者のカウンセリングおよび介護サービスを提供する施設
　c）その他の高齢者介護施設

・ソーシャルサポートワーカー（社会支援職）の教育に関して

政府議決 No.103/2017/ND-CP は、次の基準を満たす十分な数と資格を備えたソーシャルサポートワーカー（社会支援職）が必要であると規定している。

　a）支援が必要となった対象のサポートを実施できる健康状態であること。
　b）正確に実行できる能力を持っていること。
　c）善良な道徳的資質を持ち、社会的に望ましくない者や刑事訴追の対象、前科の免除なしに有罪判決を受けている者でないこと。
　d）社会的対象を支援するスキルを持っていること。

2.2　高齢者の健康管理における困難と課題

①ベトナムの高齢者は、年金と社会保障を受けている人は37.4％しかいない。
　2015年6月時点でその数は415.4万人であった。
②年金、社会保障の給付
　10人の高齢者のうち、1.7人が年金、2人が社会保障を受けている。

③生活環境
　全国で950万人の高齢者のうち、330万人は仕事を継続するも収入が低く不安定である。主な職種は農業やアルバイトである。
④国別の年金受給者/労働力人口の割合
　カンボジア0.4、ラオス1.1、インドネシア8、ベトナム17.3、フィリピン17.5、タイ17.7、中国27.7、マレーシア28.1、シンガポール44.6、韓国54.2である。
⑤労働者の社会保険加入目標
　労働者24人のうち社会保険に加入する人数を2014年5名から2020年12名へ引き上げる。

出典：在ベトナム国連人口基金；労働・傷兵・社会省；グローバル高齢化研究所

　政策決定には多くの進歩があり、高齢者介護には多くの効果的な対策が実施されている。しかし、高齢者は依然として、医療ニーズを満たす上で多くの課題に直面している。2015年6月、在ベトナム国連人口基金は、高齢者の37.4%が年金または社会給付を受けていると発表した。950万人の高齢者のうち、330万人の高齢者は収入が低く不安定である。

　社会福祉施設や保護施設は少なく、介護設備は不十分で初歩的なものである。労働・傷兵・社会省の評価によると、全国で418の社会扶助施設が設立されている（189の公的施設と229の非公的施設）。このうち、老人介護施設86施設、障害者介護施設は67施設である。老人保健施設については、2018年までに介護分科を持つ一般施設が102施設となり、そのうち介護施設は全国に32施設しかなく、民間施設が大半を占めている。

　高齢者に対する医療者について、介助者のトレーニングが不足しており、介護職業認定がされていない。高齢者や障害者のための介護設備、手段は、まだ不十分で初歩的なものである。

　ヘルスケアシステムは、高齢者のヘルスケアに対する急速に高まる需要をまだ満たしていない。保健省の評価によると、一般的な医療制度、特に一次医療は、人口の急速な高齢化にまだ適応していない。高齢者に優しい環境の構築や地域での長期医療の実施が十分に考慮されていない。

　高齢者の医療・介護従事者は深刻な数不足であり、高齢者の世話をするためのスキルの訓練も受けていない。特に、介護を支援する専門職（Kaigo）は公的に認められていないため、介護施設で安全・安心に働き、在宅で高齢者

の支援サービスを提供できる専門の介護職チームはまだ展開できない状況である。

3. 看護人材育成

3.1 看護職員

2020年のOECDデータ（図7）は、ベトナムには1,000人あたり1.1人の看護師がいることを示しており、1,000人あたりの看護師の比率が最も低い

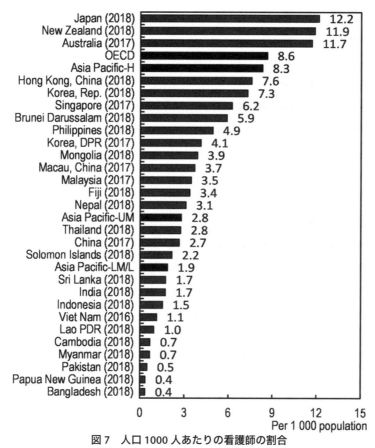

図7 人口1000人あたりの看護師の割合

出典：https://www.oecd-library.org/sites/ec8a199e-en/index.html?itemId=/content/component/ec8a199esyutte

国の中である。OECD 諸国の比率は 8 で、日本、ニュージーランド、オーストラリアは 12 である。

保健部門で最大の医療従事者である看護人材を確保するために、党中央委員会は「保護とケアの強化に関する決議」(20/2017/NQTU) を発行し、人々の健康を改善した。したがって、党中央委員会は 2025 年までにベトナムには 1000 人あたり 2.5 人の看護師が達成できるように努力するという目標を設定した。目標を達成するには、ベトナムは看護師の数を現在の 2 倍 (約 13 万人) にする必要がある。

3.2 看護・助産師養成資格の分類

2021 年のベトナム看護協会の調査データ (表 2) は、ベトナムには 5 レベルの養成課程約 157,000 人の看護師と助産師がいることが示されている。短期大学卒専門職の資格を持つ看護師と助産師の割合が最も高く (43.4%)、次に学士号 (26.7%)、中級学位の看護師と助産師 (28.6%) である。修士号と博士号を持つ看護師と助産師は非常に少ない (2% 以下)。初級レベルはほぼ廃止された。

表 2　看護師・助産師の育成資格区分 (出典：2021 年ベトナム看護協会統計)

職業	合計	博士及び同等の学位	修士及び同等の学位	大学	カレッジ (短期大学 3 年課程)	中級 (2 年課程)	初級
看護師	131,987	10	1,499	37,287	58,008	34,732	451
助産師	24,755	0	104	4,423	9,958	10,161	109
合計	156,742 100%	10 0.00%	1,603 1.0%	41,710 26.7%	67,966 43.4%	44,893 28.6%	560 0.3%

3.3 高齢者専門看護師の養成

ベトナムは一般看護師を養成するだけで、専門分野ごとの専門看護養成に関する法的規制はない。そのため、老年病専門の看護研修はない。老年病院や老年診療科に勤務する看護師は、一般研修を受け、老年科に配属後は追加研修 OJT トレーニングを受けることになる。

2021 年以降、保健省は「2030 年までの高齢者のヘルスケアに関する決定」(403/QD-BYT) にて行動計画を発行した。それにより保健省は、次の重要

な活動の実施を要請した。

a）医科大学の一般医学生、看護学校の看護学生のための老年学に関するトレーニングプログラムと教材の開発。
b）学生や大学院生を訓練するための老年学に関する訓練プログラムや資料を提供するよう、大学や医科大学を指導。
c）コンテンツとプログラムに関する指導者向けトレーニングの開催。

4. 高齢者介護職員養成

4.1　介護支援職（Caregiver）の歴史

　2000年以前は、ベトナムの病院には看護補助者（Nursing aide）のチームがあり、院内表面清掃、患者の日常活動をサポートしていた。平均して、医療スタッフの10人に1～2人が看護補助者で、8人～9人が看護師である。看護補助者は研修を受講する必要はないが、職場で勉強しながら仕事をする必要がある（OJT）。2000年代以降、病院は病院外の企業が提供する清掃サービスを雇うようになり、看護補助者の数は減少し、現在は非常に少数となった。

　2012年以来、介護士または介護福祉士は、ベトナムと日本の経済連携協定（VJEPA）を通じてベトナムに導入された。したがって、看護学の大学の学位と日本語能力のライセンスを持っているベトナム人労働者は、日本の介護施設で介護士として勉強し、働くために日本に入国することが許可されている。2021年末までに、約2,500名の看護師が2職種、看護師および介護福祉士の国家資格試験を受験するために来日・就労している。国際的に看護師の需要は非常に大きいが、応募資格のある人の数はまだ非常に少ない。

　首相は2020年11月26日付の決定34/2020/QD-TTgでベトナムの職業リストを発行した。これによって職業コード53210：ヘルスケアスタッフ（介護職）と職業コード53221：パーソナルケアスタッフ（ヘルパー）が定められた。しかし、労働・傷兵・社会省は、訓練プログラムと期間に関する具体的な指示をまだ出していない。

4.2 高齢者介護支援者（Caregiver）の職業訓練

表3　介護者のためのトレーニング施設一覧

STT	研修機関名	研修プログラム名	時間	レベル
1	赤十字社	- 基本的な介護者トレーニングプログラム：11モジュール - 高度な介護者トレーニングプログラム：11モジュール	3ヶ月未満 3ヶ月未満	初級
2	サイゴン ポリテクニック カレッジ	高齢者介護プログラム	365コマ	初級
3	ハノイ チュー ティン医科薬大学	高齢者介護プログラム	6ヵ月	初級
4	ホーチミン テクノロジーカレッジ	高齢者介護プログラム	1.5年	中級
5	ベトナム医科薬科大学	健康保健士研修	6ヵ月	初級
6	経営管理研究所	高齢者介護・看護初任者研修（初級看護師）	3ヶ月	初級
7	ベトナム教育・テクノロジー株式会社	高齢者介護職業訓練	3ヶ月	初級

近年、先進国の介護留学および労働力輸出プログラムは、介護職業訓練を行う機関を促進させてきたが、国家ガイドラインによる公式な養成プログラムはない。表3のように介護教育に関するカリキュラム・教材・教育時間が統一されずそれぞれの教育機関によってなされているのが実情である。

4.3　ベトナム看護協会が高齢者介護（Caregiver）のキャリアを開発する

ベトナム看護協会は、1990年10月26日付の首相決定 No. 376-CT で1990年に設立された専門的な職業協会である。協会には130,000人を超える個人会員がおり、全国60/63の行政区に800支部以上のネットワークを持っている。

ベトナム看護協会は、高齢者介護専門職を創り出し、高齢者介護支援スタッフを訓練するために多くの活動を実施してきた。協会は、全日本病院協会、NPO法人AHPネットワークス、奈良東病院グループ、日本介護研修

学校 – CICS 等の日本のパートナーと協力して、ベトナムの高齢者介護支援者の職業の誕生、ベトナム・日本 EPA プログラム（以下、VJEPA）の実施を積極的に促進してきた。日本のパートナーとの具体的な活動は次の通りである。

- 日本の NPO 法人 AHP ネットワークスと連携し、ベトナムにおける VJEPA プログラムの実施に関するセミナーを開催。
- 全日本病院協会と高齢者看護・介護のスキル向上に関する研修会を開催。
- 静岡大学、長崎大学と協力して、VJEPA プログラムに参加する候補者の特性に関する研究をコーディネートし、VJEPA プログラムに参加する候補者の能力の評価に関する研究に参加した。
- 奈良県にある奈良東病院グループ、畿央大学、NPO 法人 AHP ネットワークス、近畿社会福祉専門学校、カントー医科大学、国際協力サービス株式会社（CICS）と協力して、高齢者介護のカリキュラムと教材を作成した。
- 奈良東病院グループの支援を受けて、ベトナム看護協会は数名の教師を日本に派遣し、高齢者介護支援スタッフの指導方法の研修を受けた。
- ベトナム看護協会はまた、ベトナムと日本の高齢者をケアする人材の供給ニーズを満たすために、高齢者介護支援者のトレーニングに関して労働・傷兵・社会省職業教育総局との覚書に署名した。

現在ベトナムにおける高齢者介護職には 3 つの基本的な課題がある。

(a) 高齢者介護支援従事者の役職と給与に関する十分な法的枠組みがない。
(b) 高齢者介護に関する標準化された育成カリキュラム・教材がない。
(c) 介護支援者の養成課程において指導できる実務経験者がいない。

これらの解決のために、ベトナム看護協会は奈良東病院グループと NPO

法人 AHP ネットワークスをはじめ、日本のパートナーの技術支援を受けて、専門家を派遣して高齢者介護労働者向けのトレーニングプログラムとテキスト開発に努めている。この育成プログラムと教材は、承認を経たあと、トレーニング機関、講師、学生が使用する主な教材となり、全国に広く適用されることを望んでいる。

またトヨタ財団の助成を受けてテキストの日本語版を作成した。

ベトナム看護協会は下部組織として、ベトナム高齢者介護協会の設立準備をしているところである。ベトナムの高齢者に必要な介護サービスが提供できるよう、今後も多くのパートナーと取り組んでいきたい。

第 10 章

持続可能な介護の日本語教育への探究
―ある日本語教師の足跡―

神村初美

創価大学・教授

1．はじめに

　これまでの論考で述べられてきたように、外国介護人材受け入れの枠組みの創設やそれに伴うさまざまな事業は、高齢化、介護人材不足といった日本の抱える社会的な課題を引き受け、それに呼応するように動き出した。国は、2008 年に EPA（Economic Partnership Agreement 経済連携協定）による介護福祉士候補者（以下、EPA 候補者）の受け入れを開始、2017 年には在留資格に「介護」を新設、かつ技能実習生の対象職種に介護を追加した。そして 2018 年 2 月には、深刻な人手不足を補う目的で新設した特定技能に介護を含めた。この特定技能介護職は、2019 年 4 月より 5 年間で最大 6 万人の受け入れ枠で、入浴や排せつの介助といった直接介護[1]の即戦力となることが期待されている。このような流れの中で、官民における環境整備が施され、今に至る。

　上述した外国介護人材受け入れの枠組みのいずれにおいても日本語教育は必須となる。例えば特定技能介護職における日本語能力要件は、N4 程度とされている。N4 レベルとは、ひらがな、カタカナ、そして少しの漢字を読んで理解ができ、日常の場面で使われる最低限の日本語が理解できるレベルである。しかし、介護は利用者とのコミュニケーションを図りながら業務を行っていく職種であるため、日常の日本語力とは別に介護のための日本語運用能力が求められる。

介護のための日本語運用能力においては、日本語を母語とする日本人介護士は、実務経験やノウハウの極意の実践から感覚的に選びとって自然に使えるようになる。しかし、日本語を母語としない外国介護人材にとって良いコミュニケーションを経験やノウハウから自力で学び取り自然に熟達させることは、極めて困難なことである。介護福祉士国家試験(以下、国家試験)の合格についても同じことが言える。

　外国介護人材の場合、異なる文化背景のもとに社会通念を形成しているため、既有知識に対する異なりと重なりに関連付けさせることによってはじめて、その人の知識としての体系化がなされ、表出に至るからである。つまり、介護のための日本語運用能力を高めるためには、日本の介護の理念や理論を説くだけでは不十分で、日本の文化的背景によって、どのような「ことばづかい」「やり取り」をもって経験やノウハウを実現するのかといった介護コミュニケーションにおける日本語教育およびそれに伴う支援が必須なのである。端的に述べるならば、外国介護人材にとっては、現場のたたき上げで円滑なコミュニケーションのコツを得てベテラン介護士になったり、国家試験対策のノウハウの極意を繰り返し演習することで合格を勝ち取ったりすることは、簡単ではないと言える。

　外国介護人材のための介護の日本語教育について考えた場合、EPA開始の2008年と、そこから16年がたった現在(2024年10月)では、ずいぶんと状況が異なる。また、介護の日本語教育そのものは、今現在、日本語教育業界におけるいわゆる市民権を得たように思われる。日本語教育系の研究会等で、介護の日本語教育に関する研究発表を聞く機会も増え、その内容も多岐にわたるようになってきたからである。

　しかし、16年がたった今でも、①そもそも日本語教師が介護の専門性に踏み入っていいのか、その必要性があるのか、②どのように介護の日本語の授業をデザインしたらいいのか、③国家試験対策の支援で日本語教育と介護の専門性との線引きに悩む、と言った声が後を絶たない。

　そこで、本章では、一介の日本語教師である筆者が、「外国介護人材のための持続可能な日本語教育」に必要な要件とは何か、という問いを主軸にしながら、15年間にわたり探究し続けてきた足跡を語ることによって、上述

した問いへの一回答例を記したい。また、その中で見出された筆者自身の学びを報告し、介護の日本語教育における新たなステージへの呼び水としたい。

なお、本章における「外国介護人材のための持続可能な日本語教育」とは、外国介護人材が持続的に生き生きと日本社会に参画することができるよう支援する日本語教育、と定義する。また、本章は介護の日本語教育に携わってみたい、興味がある、あるいは携わっているが悶々とした思いを抱えているといった介護の日本語教育の入り口に立つ、または何らかの課題を抱える人々を読者と想定し記す。

2. ポピ、エラとの出会い―介護の日本語教育の入り口に立つ

EPA が開始されたその 1 年後の 2009 年、筆者は、EPA 候補者（インドネシア人）であったポピさんとエラさんへの日本語教育支援に携わることとなった（写真 1）。当時筆者は大学院の博士後期課程に所属していたが、その所属していた大学院のインドネシア人先輩院生が通訳として参加した催しに誘われ、そこで出会ったのがきっかけであった。

当時は EPA 開始直後であり、外国介護人材の受け入れそのものや EPA の枠組みのありかたについての論議が高まり始めていた。そのような世相を背に、ポピさんとエラさんは朝日新聞の連載コラムで取り上げられ、企画の主人公となっていた。タイトルは「ポピ・エラの春」「ポピ・エラの夏」、「ポピ・エラの秋」「ポピ・エラの冬」というもので、内容は彼女たちの施設におけ

写真 1　左：エラさん　右：ポピさん

写真 2　K 施設近辺の風景

る仕事や日々の生活、日本語の勉強の様子などについて四季を通し追ったものであった。そのため、筆者自身は彼女たちを多少知りえていたが、彼女たちは筆者のことを知る由もなく「0」からの関係構築であった。

　ポピさんとエラさんは、20代、独身で、物静かながら意思の強さを感じさせる女性たちであった。2人が配属されたK施設は、東京近県に位置し、周囲はほぼブドウ畑といった環境で、車がないと不便な地であった（写真2）。2人は、着任した施設のすぐ近くの寮である一軒家内別室にそれぞれ居を構えていた。一軒家は2階建てで大きく、それほど古くなくきれいな状態で共有スペースに冷蔵庫なども設えられてあった。土地柄冬の室内はとても冷えた。ある冬の日、2人の家を訪問した際、暖房もかなり控えめな室内で、2人とも手袋をはめたまま対応してくれたことが印象に残っている。給与の大部分を母国の家族に送金しているため、暖房費を節約しているということであった。生活は、施設と寮との往復がほとんどで、たまに生活用品を買い出しに自転車で30分ほどかけて街まで出かけるといったもので、楽しみは、インドネシアの家族とのオンライン会話と、日本のアニメやドラマを見ること、と語っていた。

2.1　施設着任2年目　N2レベルの日本語力をつける

　EPA候補者受け入れの枠組みに則って、ポピさんとエラさんには、介護福祉士の資格を有する教育支援者が付いた。それがM氏であった。M氏は落ち着いた物腰の人で、介護分野に全くの素人であった筆者の何気ない質問にも丁寧に答えてくれるような包摂性も兼ね備えていた。このM氏とともにポピさんとエラさんへの日本語教育支援を1年間にわたり図ることとなった[2]。

　2人への日本語教育支援は業務終了後に行うこととなった。これは、M氏による配慮からであった。2人はEPAの受け入れの枠組みで日本人介護士と同額の給与等の待遇を得られることとなっていた。2人の業務時間内に重ねて日本語の授業を組み込むと、おのずと2人の業務量は減るが、反対にその分、日本人介護士の業務量が増えてしまうこととなる。すると、同じ給与等の待遇で就労している日本人介護士から不満が生まれる。やがて、それは

チームで仕事をするという介護現場でのコミュニケーションに何らかの軋轢を生み、ひいては現場全体の空気を包む。そして、その反動で2人が嫌な思いをすることになる。そういった状態になることを防ぎたいという配慮からであった。2人はM氏の説明に納得した。2009年の4月より、週1回、業務終了後の夜6時〜9時まで3時間の日本語授業が始まった。

　2人は施設配属2年目を迎え、翌々年に受験する国家試験を意識し、国家試験対策に係る日本語教育支援を強く望んだ。しかし、M氏も交え話し合った結果、まず「N2レベルの日本語力をつける」ことを目標に定めた。これは受け入れK施設側から、着任2年目に差し掛かるところから、まずは介護現場で同僚との円滑なコミュニケーションを図ったり、介護記録を読めたり書けたりする「仕事の日本語力」をつけてほしいと寄せられたことによる。

　次に、2人の将来を考え、N2の資格を有していたならば、「日本語で何かができる」と2人のライフへの思いをはせた筆者の意見によるところからであった。実際2人は、N3前半レベル（日常の会話ができるレベル）の日本語運用能力で、複文を作成するときに必要な機能語の使用や使用語彙の幅がきわめて少なく、漢字もとても苦手であった。

　3時間の授業では、「文法」の授業を2時間、「漢字・文章作成」[3]の授業を1時間行うこととした。「文法」の授業は、日本語能力試験N2の文法のテキストを用い、その日の目標文法事項を基軸に据えた授業展開とした。

　まず、取り上げるN2レベルの文法項目について、例文や作例は介護の現場に紐付けしたものになるよう心掛けた。しかし、筆者は介護については素人であった。そのため、授業準備にあたり、M氏に協力を仰いだ。授業開始時間よりも1時間ほど早めにK施設に向かい、M氏とどういった語彙や例文であったら介護現場での実践にすぐに生かせるのか、どういった会話の場面を設定すれば、学んだ文法事項を業務に生かせるのかなど、忌憚のない意見を出し合った。それから中心的にとりあげる語彙や例文を決めた。次に、漢字の授業においては、M氏に、施設名や住所など生活に必要な漢字、利用者の名前といった業務に必要な漢字をリストアップしてもらい、それらを取り上げた。

　そして、文章作成の授業においては、介護記録を書く際の文章作成や漢字

への負担感を減らすことを目指して、2人の身近なソーシャルネットワーキングを活用しながら促した。このソーシャルネットワーキングとは、人と人との社会的な繋がりを維持・促進する様々な機能や仕組みを指す。本実践では、2人とも日本のテレビドラマが大好きで毎週欠かさず見ているということであったため、それぞれが毎週見ているテレビドラマをソーシャルネットワーキング構築の核に据え、2人の教育支援者であるM氏との関係性の強化を図った。具体的には以下①〜⑥のような一連の流れで行った。

①取り上げたテレビドラマの週ごとの内容がどのようなものであったのか、その週回のストーリーとそれに対する自身の感想や意見を日本語でワークシートに書く。
②M氏に翌週の授業までにワークシートを見てもらい、コメントとサインをもらう。
③M氏からのコメントを反映させ修正する。
④授業でワークシート③を読み、全員で共有し、分からないところやもっと聞きたいところについてやり取りする。
⑤筆者がコメントを④のワークシートに加える。
⑥全てを反映させてワークシート清書する。

ソーシャルネットワーキングの活用は、自分の好きなことに関しては、たとえ苦手な漢字を使って文章を書くという作業が含まれていても、負担感をあまり感じず、かつ、継続的に文章作成の練習が叶うと考えたところ、M氏を介すことで、M氏とのコミュニケーションの機会が自然と増え、2人にとって最も身近で最も大切なソーシャルネットワーキングをより強固なものにすることができると考えたところからである。

　2人とも、別途で課した宿題や課題にも果敢に取り組み、一日の業務を終えた後で疲れているにもかかわらず、授業には常に真剣に臨んでいた。筆者自身は、自宅から車で1時間ほどかかるK施設での授業を終えて帰宅すると夜の10時半を優に過ぎるといった状況から、身体的にきついときもあったが、なによりもひたむきに学ぶ2人の姿に鼓舞され、懸命に授業に携わっ

た。

　2009年の年の瀬のころ、日本語能力試験N2の文法のテキストをすべて終えた。そのころには2人とも「複文の生成」や「書くこと」への抵抗感があまりないような様相へと変化していった。そこで翌年2010年7月に日本語能力試験N2を受験することとした。一方、2010年4月から2人への日本語教育支援は、筆者自身の仕事の関係から後任の日本語教師に引き継がれた[4]。

2.2　ポピ、エラのその後と教師の学び

　2010年7月、エラさんのみがN2を受験し合格を果たした。ポピさんは国家試験対策に集中したいということでN2の受験は見送った。2011年度（2012年1月）の国家試験の受験年時、2人とも国家試験を受験し、ポピさんは合格を果たしたが、エラさんは合格を逃した。

　その後、ポピさんはほどなくして技能実習生として就労していたインドネシア人男性と結婚し、一女をもうけた。そして、産休、育休を経て、今現在もK施設で就労し、家族とともに暮らしている。当時教育担当者であったM氏は同施設の施設長となり、執筆時現在（2024年10月）もポピさんを見守っている。

　2014年、K施設でポピさんとM氏に再会した。ポピさんは育休中でインドネシア人の夫はEPAによる家族滞在の在留資格で就労していた。ポピさんの夫は家族滞在ビザのため働ける時間が短く、生活費はポピさんの給与に頼りがちとのことであった。しかしポピさんは、日本で家族が持てたこと、家族で一緒にいられることが何よりの幸せと語った。またM氏は、ポピさんはK施設には欠かせない存在であるため育休明けの復帰に期待を寄せていると語った。

　エラさんは2011年度の国家試験の不合格を受け2012年度に再挑戦した。しかし叶わず帰国し、インドネシアで大手日系企業に就職した。それは、2010年にN2に合格していたその資格が功を奏してであった。その後、転職を経て、結婚、出産で一女をもうけ、今現在はインドネシア現地の送り出し機関で日本語教師として活躍している。

2013年、インドネシアでエラさんに再会した。その際、「N2 という資格があったからいい仕事をもらえました。先生のおかげです。」と語ってくれた。この時、N2 という資格がエラさんの人生を紡いでくれていたことを知り、日本語教師として感無量の思いであった。

筆者にとってこのポピさんとエラさんとの出会いは、初めて外国介護人材の日本語教育に携わった機会であった。この経験から学んだことは、まず、日本語教育は、時代の要請に応えうる使命を帯びた一面を有するという確信であった。それは、日本における外国介護人材受け入れの幕開けという国の動きによって、まさに、「人」「お金」も動き、ポピさんとエラさんへの「日本語教育支援の場」の「継続」が叶ったところによる。

次に、日本語教育は、様々なものを繋ぐ役割を果たしているということを実感できたことにあった。日本語教師である筆者がK施設から求められたものは、介護の仕事に十全とかかわることに、国家試験を見据えた日本語力の強化に、それぞれに「繋げる」ことであったからである。

3. 「アジアと日本の将来を担う看護・介護人材の育成」公学連携事業

3.1 開拓者としての覚悟―五里霧中のなかで

筆者は、2012年4月から5年間、東京都と東京都立大学（当時は首都大学東京。以下、都立大学）による公学連携事業「アジアと日本の将来を担う看護・介護人材の育成」（以下、事業）の日本語教育部門主担当教員として、介護の日本語教育に真っ向から携わった。この事業は、2012年に開始され、2014年に国際医療福祉大学が加わり、2017年に終了した。

事業の目的は、①アジアの若者に高齢社会にある日本の看護および介護の技術と資格を得てもらい、将来自国に帰国後も高齢化問題のエキスパートとして活躍してもらえるような道筋を立てること、②それを担える人材を育成すること、③事業の過程において、東京都の高齢化問題への還元も含めること、であった。事業は当時の東京都知事本局[5]の監理下で行われ、主管轄は東京都立大学健康福祉学部（荒川キャンパス）であった。事業で筆者に課せら

れていた業務は以下の 6 つであった[6]。

1. 介護の日本語教育部門全コースの運営および日本語授業(以下、「介護の日本語授業」)
2. 上記 1 の参加者内で希望する者へのオンライン漢字授業(VQS コラボ使用)
3. 上記 1、2 に伴う各種シラバスおよび教材の開発
4. 大学間協定に基づくインドネシア U 大学看護学部生への遠隔日本語教育(テレビ会議システム Policom 使用)
5. 上記 4 に関連したインドネシア・バンドン現地および日本での集中日本語授業
6. 各種会議対応

　2012 年、筆者は都立大学の国際センター(南大沢キャンパス)に事業の日本語教育部門主担当教員(特任准教授)として着任した。都立大学は筆者の母校であり、事業の日本語教育部門長は筆者の院生時代の指導教官であった。また、筆者は 2012 年着任直前月まで同国際センターで非常勤講師をしていた。そのため、古巣での業務は居心地よく、前例のない事業と心得てはいたものの、さほどの緊張感もなく携わり始めた。しかし、すぐに行き詰まり暗中模索の日々が続いた。
　事業開始当時は、介護の日本語教育における実践報告等すらなく、それらに関する情報も極めて少ない状況であった。今でこそ、インターネットで「外国人　介護」「介護　日本語」といったキーワードを入れると、かなりの件数がヒットする。しかし、2012 年当時はインターネット上であっても、介護の日本語教育に関する情報は僅少であった。そのため、筆者だけでなく、外国介護人材の育成に携わる多くの人がそうであったように、外国介護人材への日本語教育という未開の地の障害物を取り除きながら「人が通ることができる道」を自らの手で開拓していかざるを得なかったのである。
　一方、当時、国家試験の合格率が極めて低かったことを受けて、国家試験に見られる語彙の研究や国家試験対策のための教材開発への検討が見られる

ようになっていった。しかし、どのようなカリキュラムやコースデザインで介護の日本語教育を進めるのか、「なにを、どう教えるのか」といった授業内容に関する具体的な情報は皆無に等しかった。

いくつかの検討事例は見られた。しかしそれらの事例は、介護現場の一員として実働しながら国家試験の合格を時限付きでめざす、という外国介護人材のための日本語教育として捉えるには無理があった。なぜならば、多くが、留学生のための日本語教育における知識や理論のフレームワークをそのままEPA候補者のための日本語教育に当てはめた捉え方であったため、「すでに医療知識を持ち得ている」「介護現場で就労している」「時限付きで国家試験合格を目指す」という学習環境や目的が明確な外国介護人材に対し用いるには、極めて非効率的であったからである。

そこで筆者は、各種関連学習会に参加したり、先進的な事例があると聞けば、静岡へ徳島へと足を運んだ。また、国際厚生事業団(以下、JICWELS[7])によるEPA候補者対象の集合研修を機会ごとに見学したりした。さらに、EPA候補者を受け入れている施設を訪問し、受け入れ担当者やEPA候補者自身にヒアリングを重ねるなどし、まさに手探りで介護の日本語教育への知見や事業を行うのに必要な情報を積み上げていった。

2013年、筆者は事業主管轄の健康福祉学部(荒川キャンパス)に異動した。また、同時に特任助教としてM教員が加わり、M教員とともに協力しながら上述した6つの業務に対応していくこととなった。M教員は、2013年着任時点ですでに介護施設で介護の日本語教育に携わる経験を有していた。年齢は筆者と同じくらいで、笑顔が素敵な女性だった。とてもおおらかな性格で授業力があり、特に、演習問題や例文、授業資料の作成などのセンスにたけていた。これを裏付けるコメントが、「介護の日本語授業」受講者の言動や、「介護の日本語授業」終了後に毎回行われたアンケート結果にみられていた。筆者はこのM教員から介護の日本語教育における多くのことを学んだ。少しばかり介護の日本語教育をかじっただけの筆者がなんとか事業における6つの業務をこなせたのは、M教員による力添えが大きかった。今でも深く感謝している。

異動先の健康福祉学部(荒川キャンパス)では看護系の書籍が充実してい

た。引き続き「持続可能な介護の日本語教育とはなにか」を考え続けていたある日、図書館でイギリスの看護系研究雑誌のなかから「摘便の歴史的変遷」というタイトルの論文を見つけた。摘便とは自力で排泄ができない状況において、肛門から直腸に指を入れて便を掻き出すことである。「医行為」にあたるため、介護士が行うことは禁止されており、医師や看護師との連携が重要であるとされている。

　筆者は、1年間の研鑽の中で、「便」や「尿」といった排泄物を体が自然に管理できるということは、実は、健康と深い関係があるということ、介護業務の一つに「排泄の介護」があり、それは「食事の介護」「入浴の介護」とともに介護業務の中で大きな比重を占めるということは知りえていた。その一方で、「便失禁」「おむつ交換」といった言葉を見るにつけ、多少の違和感を禁じえずにいた。「食事」や「入浴」の分野と違って「排泄」となると、どうしても「汚い」というイメージが先に立ち、正面からそれらの事象に向き合うことを避ける、いわゆる「とまどい」の気持ちが浮かんでいたからである。しかし、「摘便の歴史的変遷」を読み進めるうちに、その「とまどい」は、いつしか「覚悟」に変わっていった。腹をくくり事業に向き合い、「持続可能な介護の日本語教育とはなにか」を追究するという「覚悟」である。

　「摘便の歴史的変遷」では、まず、食べ物を消化する、栄養素や水分を吸収する、不要なものを便として排出する、といった腸の機能が記されていた。次に、腸が不調に陥った場合、腸本来の機能が低下してしまい便秘や下痢になるという腸の仕組み、原理について書かれていた。そのうえで、薬剤などを使って人為的に排泄を促すすべがない時代、腹部マッサージなども取り入れながら、いかに腸の蠕動(ぜんどう)運動を起こし排便を誘発することができるのか、摘便と向き合ってきた看護の歴史が記されていた。上行結腸、横行結腸、下行結腸、S状結腸、直腸、肛門とともにそれぞれの腸内での便の性状(固形便、有形軟便、泥状便、水様便)のイラストもわかりやすく記されていた。この論文を読み終えたとき、「ひとつの物事を極めるとそれは科学になる」と実感した。

　また、介護業務として利用者の健康状態を管理する際に、「便」、ひいては「腸」について考えることは、とても重要な要素であると確認できた。さら

に、利用者の健康な「腸」の状態を保ったり、そのための適切なケアを実践したりするには、「腸」の仕組みや働きといった腸に関する医学的な知識が必要不可欠であるということを理解した。ここから、「医学や看護への造詣がないと介護は極められない」「介護は一種の科学ではないのか」と考えるようになった。やがて「介護は医学を内包している」という思いに至り、「とまどい」は払しょくされた。筆者自身に課された業務への意義を深く実感するようなったのである。

　高齢化がすすみ介護人材が不足している日本において、医学を内包する介護、その一役を担おうとしている外国介護人材のための日本語教育を構築するということは、日本語教育における新しい社会的な使命であると考えるようになった。たとえ五里霧中であっても、できるところから、一歩一歩でいいから、「持続可能な介護の日本語教育とはなにか」を追究してみようと決めた。これにより、筆者の「持続可能な介護の日本語教育」への探究はより明確、かつ具体的になっていった。

　まず、外国介護人材のための日本語授業のシラバス開発、各種教育教材の開発を少しずつ進めていった。この経験は、日本語教育学が専門である筆者が、介護分野における研鑽を深め体系的な学びを獲得する機会となった。

　次に、この学びの過程で、介護のオノマトペに注目した。介護施設やEPA候補者へのヒアリング調査等から、介護現場で明らかに介護のオノマトペの必要性が認められるも、介護のオノマトペに関する研究は少なく、実態すら明らかにされていなかったからである。2017〜2019年度、科学研究費「基盤研究(C)いきいきとした介護のオノマトペ使用のための学習映像教材の開発に関する研究(代表)」を実施し、外国介護人材および受け入れ施設でのオノマトペ使用へのヒアリング調査、特定技能介護職の送り出し国のモンゴルとインドネシアで各母語話者に対する現地調査を行った。そして、介護のオノマトペの機能および介護現場で頻出する、外国介護人材に教授する必要があるオノマトペにつき明示した。また2018年、これらの調査結果等を反映させ、介護のオノマトペを学ぶための自学自習用のスマートフォンアプリ「おのまとコ」を開発した。

　そして、上述の科研の調査で外国介護人材が就労する「自立支援介護」[8]

施設に赴いた際に目の当たりにした「自立支援介護」を受けた利用者の快活さに驚き、自立を促す介護コミュニケーション研究に係る調査を開始した。この時の調査から、介護者は「意識的な対話」をもってコミュニケーションを図り、覚醒の状態を判断基準にしながら、それぞれのケースに応じた「さまざまな介入」の声かけを行っていることが分かった。しかし、対象データが僅少であり、利用者の身体機能の回復を図る「さまざまな介入」における「ことば」の類像性・構造・機能については明らかにしていないという学術的「問い」を得た。そこで、2022年度に科学研究費「基盤研究（C）外国人材のための自立を促す介護コミュニケーションの汎用的参照枠の構築（代表）」を受託し、今現在、十全とした「自立支援介護」を行う施設で調査を行いながら、外国介護人材のための自立を促す介護コミュニケーションの汎用的参照枠の構築の研究過渡にある。

　2019〜2020年度には、これまでの研究成果を、「利用者の思いにこたえる─介護のことばづかい」および「介護と看護の日本語教育実践─現場の窓から」にまとめ出版した。次節では、これらの研究成果の中から、「介護の日本語授業」内で、筆者の着想のもとに始めた「日本語アシスタント」の取り組みを取り上げ、国家試験の合格後をも視野に入れた「外国介護人材のための持続可能な日本語教育」について考察する。

4. EPA介護士を起用した「日本語アシスタント」
　─外国介護人材のキャリアに注目して

4.1　合格後の定着
　2015年度–2016年度の2年間にわたり、事業内の「介護の日本語授業」において、事業輩出のEPA介護士を起用した「日本語アシスタント」を行った。この取り組みは合格後の定着への一支援策として行った試みである。この取り組みから「外国介護人材のための持続可能な日本語教育」の要件とは何であるのか、という問いへの答をさらに探る。なお、本節における「日本語アシスタント」のアシスタントとは、国家試験に合格した事業輩出の候補者を指し、「日本語アシスタント」とは事業内でアシスタントが行う関連業

務を指すこととする。

4.2 「日本語アシスタント」の概要と方法

　岡崎（2009）は、思考を進める「心理的領域」、および他者との関係構築を図る「社会的領域」で、言語がその力を十分に発揮できる状態にあれば、人間としての活動もよい状態にあるという主張に基づく日本語教育へのアプローチを、持続可能性日本語教育と呼んだ。ここでは、所属するコミュニティの中で持続可能に生きていく人間として、自分の生活をよくする言語力を手に入れる言語学習が目指されるとしている。本節で取り上げる「日本語アシスタント」においても、介護の日本語授業に関する業務を介すことによって、アシスタント自身が、在住地域や所属施設といった日本社会の各コミュニティの中で、生き生きと持続可能な状態でよりよく生きるための言語力の獲得に繋がることを目指した。アシスタントの起用にあたっては以下の順を経た。

　　① EPA 介護士自身の意思確認　⇒　②所属施設との話し合い　⇒　③所属施設長レベル決定権者からの許可　⇒　④資格外活動許可申請手続き　⇒　⑤アシスタント雇用成立

「日本語アシスタント」始動時の予定実働頻度は、年間 19 回、1 か月 2–3 回、1 回 3 時間であった。アシスタントの対象は、「介護の日本語授業」輩出の EPA 介護士で、対象者 21 名中 6 名から協力の声を得た。いずれもインドネシア人で、2015 年度は対象 11 名中 4 名、2016 年度は対象 10 名中 2 名の合計 6 名で、年齢は 25 歳〜 30 歳である[9]。実働は正規業務の休日を充てることとし、事業の規定に沿った対価が支払われた。実働内容は、①「介護の日本語授業」での学習のサポート（以下、実働①、写真 3）、②候補者向けメールマガジン（以下、介護通信）への掲載記事の作成（以下、実働②、写真 4）である。本節では、「外国介護人材のための持続可能な日本語教育」の要件とは何であるのかを探るために以下を検証対象データとし考察を加えた。

(1) ライフ・キャリアプランニングシート(「シート1・2」)
(2) アシスタント自身が記入した活動報告書(「アシスタント報告」)
(3) 年3回行ったN1レベルのテスト(「N1テスト」)
(4) 筆者が振り返りを記した記録(「アシスタントログ」)
(5) 介護通信作成時におけるやり取りの記録(「実働②ログ」)

写真3　実働①の様子(2016年度から)　　写真4　実働②の様子(2015年度から)
　　　立っているのがアシスタント　　　　　　　左から2番目が筆者

　実働①においては、事前に授業資料を送り授業内容への自学を課した。実働②では、別途の業務日を設け、まず、トピックスに対するアシスタント同士の意見交換、次にそれらを全員でまとめる。最後に、筆者がサポートしながらPCを用いて記事を作成するという段を経た。
　アシスタントは初回と最終回に「ライフ・キャリアプランニングシート」(上記(1)「シート1・2」)を、各授業後に、アシスタント自身が記入した活動報告書(上記(2)「アシスタント報告」)を、最終回に振り返りシート(「シート3」)を記入し、年3回N1レベルのテスト(上記(3)、「N1テスト」)を受けた。
　「シート1・2」「シート3」は、合格後の自身の在り方を言語化させることで、自分の生活をより良くする意識化を促し、「思考を進める「心理的領域」(岡崎2009)」に働きかけるために、また「N1テスト」は「他者との関係構築を図る「社会的領域」(岡崎2009)」、つまりアシスタントの日々の生活や仕事の中で言語がその力を十分に発揮できる状態にあるかを検証するために行った。筆者は都度、振り返りのための記録(上記(4)「アシスタントロ

グ」）を記した。考察には、実働②におけるやり取り（上記(5)「実働②ログ」）、および上記「シート1・2」、「アシスタント報告」、「N1テスト」、「アシスタントログ」を合わせ、複眼的に「外国介護人材のための持続可能な日本語教育」への要件を探った。

4.3 「日本語アシスタント」の実際

アシスタント雇用へ向けた働きかけは、国家試験の合格発表直後に行った。まず、対象21名中6名の実働となった理由としては、EPA介護士および教育担当者が快諾であっても他機関での就労を認めないという施設規定に触れた場合や、施設側が快諾であってもEPA介護士自身が望まなかった場合、また合格直後に帰国してしまった場合などであった。

次に、開始時期の一律化は困難であった。国家試験の合格に伴う在留資格の切り替えや資格外活動許可申請の諸手続きに、各人2–4か月を要することとなったためである。実働頻度は、計画時の全19回から2回を中止し、全員1か月2–3回から適宜の持ち回りで対応することとした。これは介護現場での人手不足から、予定していた「日本語アシスタント」当日に急きょ、仕事が入る、または連日夜勤の翌日に「日本語アシスタント」日となるといった就労実態から鑑み、変更したものである。

そして、アシスタント自身の勤務状態は、いずれのアシスタントも積極的に携わり、むしろとても楽しみにしている様子であった。

4.4 「外国介護人材のための持続可能な日本語教育」への考察

「シート1・2」「シート3」および「N1テスト」を見ていく。それぞれのアシスタント名は匿名化しA〜Fで、「シート1」の日本語レベルは雇用時のおおよそのレベルで示す。

まず表1「シート1」は、記述時点の1年後および5年後の自分をイメージし、その時に居る国名とおおよその人生プランを記してもらったものである。次に表2「シート2」は、「シート1」を記した後で、「将来なりたい自分」について記してもらったものである。そして「シート3」は、最終回で書いた「日本語アシスタント」の振り返りである。また「シート1・2」「シート

第10章　持続可能な介護の日本語教育への探究　243

表1　ライフ・プランニングシート1（「シート1」）

「2015-2016 初回　ライフ・キャリアプランニングシート1」						
アシスタント名	A	B	C	D	E	F
日本語レベル	N2中	N1初	N2後	N2中	N1初	N2初
1年後　場所	日本	日本	日本	日本	日本	分からない
1年後　計画	自分の家族と日本国内旅行	バリバリ仕事/お金を貯めて海外旅行	N2を取得/結婚したい	いろんなところに行く/N1合格/結婚プランを立てる	翻訳や通訳をする/たくさんの知識を身に着ける	○○で通訳をしてみたい
5年後　場所	日本	日本	尼国	尼国	日本？尼国？他国？	尼国/日本
5年後　計画	結婚相手とオリンピックを見る	結婚し子育てしながらキャリアウーマン	看護の大学院に進学するつもりです	結婚して子供を産む/日本で勉強したことを活かす	プロの通訳/いい母、いい妻になりたい	プロの通訳/英語の能力試験を受ける

「2015-2016 最終回　ライフ・キャリアプランニングシート1」						
アシスタント名	A	B	C	D	E	F
1年後　場所	日本	日本	尼国		EPA介護福祉士として働き続けながらN1を勉強する(N1不合格ならば)	
1年後　計画	介護の技術を向上させたい/ダメだったらほかの施設に勤めたい	結婚式をあげたいです。恋人がいるから	結婚するつもりです。(頑張っているのに認めてもらえないから)			
5年後　場所	尼国	日本	尼国		日本/尼国	
5年後　計画	結婚して家族と一緒/日本語の先生か日本企業で働く/ツアーガイド	子育てしながら人材派遣会社で働く/子供がほしい	クリニックで働く/看護か介護か日本語の先生になる/マスターに入る		本業主婦で在宅翻訳のバイト/インドネシアの子供に教える	

3」はいずれも、①問いに対する内省の時間を設ける、②書かれた内容に対するアシスタント同士の自由闊達な意見交換、といった過程の後に、各自記された。

表2　ライフ・プランニングシート2（「シート2」）

	「2015-2016 初回　ライフ・キャリアプランニングシート1」					
アシスタント名	A	B	C	D	E	F
日本語レベル	N2 中	N1 初	N2 後	N2 中	N1 初	N2 初
将来なりたい自分	優しいお母さんになりたい	誰からも頼りにされる人間になりたい／今よりも素敵な人になりたい	看護師としてたくさんの人を助けられる／親や家族の世話をしたい	看護か介護の先生になりたい／日本で勉強していること（専門日本語）をインドネシアで活かしたい	通訳のプロ	プロの通訳になりたい／日本の会社で働きたい

	「2015-2016 最終回　ライフ・キャリアプランニングシート1」					
アシスタント名	A	B	C	D	E	F
将来なりたい自分	尼の病院で本当は働きたい理由：5年間、体と心が疲れる。あきらめの気持ち。	介護じゃない仕事理由：5年間で体と心が疲れた。あきらめる気持ち。体がきついのに給料はあまり高くない。	インドネシアで看護師になる。理由：4年間、頑張っているのに認めてもらえない。体がきついのに給料はあまり高くない。		翻訳者（家）になりたいと考えています。子供と関わる仕事がしたい（日本語の先生）。	

4.4.1 「シート1」：1年後および5年後の自分

　まず「シート1」内の「初回」と「最終回」を比較する。6名全員、「初回：1年後と5年後」では、日本で描く将来への希望が見られ、この時点では総じて介護の仕事に前向きで、意欲的であったことがわかる。例えばBは、2015年度第2回目「実働②ログ」に「B：いろんな介護の仕事をしてみたい」と、Cは「C：施設の人間関係がいいからずっと働きたい」と語ると記されている。ここから、BとCの介護の仕事への期待と意欲がうかがわれる。

　次に「シート1」の「最終回：1年後と5年後」を比較する。ここで「結婚」という言葉が散見され始める。また、「本音」ともとれるコメントもみられようになる。

　「結婚」と記す文章内容からは、将来の自身の家族像を描きながら、自分自身の可能性をも模索している様子がうかがわれる。例えばBは、「初回：1年後」で、介護の仕事でバリバリ働くキャリアウーマンとしていたが、「最終回：5年後」で、日本で子育てをしながら人材派遣会社で働く、と記した。

またCは、「初回：5年後」で、インドネシアの看護系大学院への進学と記しつつも介護の仕事への思いも語っていたが、「最終回：5年後」では、多様な人生の選択肢をえがきつつ「最終回：1年後」に「結婚」を記している。

その一方、Aは介護に対し意欲的な一面を見せ介護技術の向上を望むと記しつつも「ダメだったらほかの施設」と記した。また、Cは「結婚」の理由に「頑張っても認めてもらえないから」と添えた。ここに彼らの「本音」が垣間見える。この時点で介護現場に対する「満たされない思い」が頭をもたげ始め、それを認識し始めたのである。ここから「あきらめの気持ち」が表出されていると見てとれる。この「本音」については「シート2」でさらに考察する。

4.4.2 「シート2」：将来なりたい自分

「シート1」で「ダメだったらほかの施設」と記したA、および「認めてもらえない」と記したCのいずれも、「シート2最終回」で、「本当はインドネシアで看護師になりたい」と記している。またA、B、C、ともに、将来なりたい自分を、「介護じゃない仕事」と記した。その理由は「体と心が疲れてしまうからあきらめる気持ち」と添えている。2015年度第14回「実働ログ②」には、介護現場での人手不足から過酷な就労状況となる日常に「異口同音：努力しても大変になるだけ」と語るとある。ここでは、疲弊し介護の仕事をあきらめる気持ちや、候補者時代に得ていた家賃補助が解かれたことが原因で生活費が圧迫され、候補者時代よりも苦しい経済状況にあることなどを語る「本音」のやりとりがあった。

4.4.3 日本社会に融合しようとするE

「日本語アシスタント」として起用した6名のうち、Eのみが調査終了時点も（2018年10月時）EPA候補者着任時と同じ施設で就労していた。そこで、Eの例を主軸とし、「外国介護人材のための持続可能な日本語教育」の要件についてさらに考察する。

Eは、「シート1最終回：1年後」で介護福祉士として日本で働き続ける意思を記している。しかし、「シート1最終回」以降で「結婚」「主婦」など

が見られ、気持ちの揺れともとれる。

2016年度第14回3月10日（水）「実働ログ②」では、「仕事は楽しく職場も働きやすいので田舎だけどずっと住みたい」と笑顔で語る、とある。ここからこの時点のEの場合、介護の仕事への意欲もあり現状に特段問題はないが、描く自身の将来像に「結婚」は自然と思い浮かぶ諸事で、さらに理想は「いい母、いい妻」なので、「シート1最終回5年後」に「本業主婦で在宅翻訳」と記したと考えられた。「いい母やいい妻になる」「家族とともにある」といった、いわゆる「女性はこうあるべき」というEの人生観として「結婚」があるため記されたとも考えられた。

この「人生観」という視点でアシスタント全員の「シート1最終回：5年後」に頻出した「結婚」を捉えた場合、インドネシア人EPA介護士に関しては、結婚、出産、育児、という人生の諸事を踏まえずして、合格後の定着は図れないと考えられた。なぜならば「人生観」として「結婚、出産、育児」が無意識のうちに据えられていると読み解けるからである。よって、それらが人生に「ない」ことは、彼らには考えられないことであろうと推測できるからである。

また、「実働ログ②」で見られたあきらめの気持ちの「本音」や、その「本音」に相反するEの語りから、合格後の定着に必要な彼らのライフにおける諸事は、経済的、精神的な安定という生活基盤があってこそのものであるということが分かった。

他方、いずれのアシスタントの「シート1・2」にも、介護の仕事を通して自分がどのようにキャリアを形成し、生きていくのかといったいわゆるキャリアビジョンが見られない。一般的に人がある社会の成員として就いている場合、より上を目指し、キャリアアップを望み描くのは当然である。しかし、そのキャリアビジョンが描けないとした場合、彼らが抱く日本社会への閉塞感は想像に難くない。また、先にあげた、結婚、出産、育児、という人生の諸事は、インドネシア人に限らず、どこの国でも、男女問わず、人が人として歩む道のりの過程でのごく一般的なライフ・ステージである。さらに、合格後の定着に必要な生活基盤と示された、経済的、精神的な安定は、外国人でなく日本人であっても等しく必要な生活基盤ではないだろうか。

これらの考察から、安定した生活基盤、人生の諸事への対応、および閉塞感を解消することが、合格後の定着のためには肝要であることが分かった。閉塞感の解消への具体的な対応策としては、外国介護人材がどのようにキャリアを形成し、そこからどのように将来を描くのか、について支援するような働きかけが望ましいと考える。

4.5　日本語能力の変化に見られた「日本語アシスタント」の効果

　「シート 3」と「N1 のテスト」を取り上げて、さらに「日本語アシスタント」を省察する。「シート 3」では、自身の学びに繋がったとした記述が多くみられた。以下に、記述のまま記す。この「シート 3」における記述から、「日本語アシスタント」が、アシスタント自身の自己肯定感を育み、能動的な学びを深める、という相乗効果をもたらしていたことがうかがわれた。

表3　最終回：アシスタントによる振り返り（「シート 3」）

- ・質問された時、ちゃんと答えられたらうれしかったし、達成感がある。
- ・アシスタントに選ばれた事に対してとても光栄ですし、とても感謝しています。
- ・「自分って意外とこんなことも出来るんだ」という新しい発見もあります。
- ・このような経験ができると次はこれをやってみようと自分の可能性を広げている。
- ・人に教えると考えて勉強になる。
- ・自分のためもサポートになっていろいろな知識が増えた。
- ・過去問題を一緒に解いた時いっぱい間違えて勉強になりました。
- ・アシスタント同士で助け合えるようにしてもらえたらよかった。

（原文ママ）

4.5.1　N1 テスト結果

　「N1 のテスト」では、通年で就いたアシスタント 4 名全員の、漢字・語彙・表現・読解への各数値の伸びが見られた。アシスタントは、「日本語アシスタント」業務のために、事前に分からない言葉や文章の意味を調べたり、介護の専門的な知識の再確認をしたりしていた。また、筆者から発話や書いた文章への修正や添削を受けていた。

　一方、「日本語アシスタント」以外で学びの機会はなかったことが確認されている。また、2015 年度 2016 年度の両「実働ログ②」で「実働①」のた

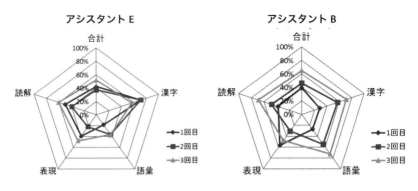

図1 「N1テスト」結果

めに課した課題から発展させた自主的な学びを行っていたことが確認されていた。そのため、「日本語アシスタント」が合格後の継続的で能動的な学びに寄与していたことがうかがわれた。ここから、「日本語アシスタント」業務から叶った継続的で能動的な学びの成果が日本語力の伸長に影響を与え、「N1のテスト」における全アシスタント4名の、漢字・語彙・表現・読解への各数値の伸びに繋がったものと考えられた。具体的に、日本語能力の伸長の変化につき、雇用時ともにN1初レベルであったBとEの「N1テスト」を図1に示す。

4.6 外国介護人材のキャリア形成の必要性

本節ではEPA介護士を起用し試行した「日本語アシスタント」の取り組みに対する省察から、「外国介護人材のための持続可能な日本語教育」の要件について考察した。まず「日本語アシスタント」は日本社会で生きることへの自己肯定感を育み、自主的かつ継続的に学んでいく意欲を促す機能となることがうかがわれた。さらに、「日本語アシスタント」の試みから外国人介護人材のための持続可能な日本語教育の要件として、以下が示された。

(1) 経済的、精神的に安定した生活基盤の構築
(2) 介護分野における外国人のキャリア形成

（1）は、EPA 介護士になることで起こる経済的・精神的マイナス変容、外国人が地域に根差し生活すること（結婚、出産等）への意識化とそれらへの配慮である。(2) は、中長期的スパンで外国介護人材に対するキャリアビジョンを図ることである。またここから、どのような日本語教育支援が望ましいのかを考えた場合、介護分野における外国人のキャリア形成を促し支援するような働きかけを含めた言語教育支援が望ましいと考えられた。一方、「シート 3」から、「日本語アシスタント」にあたりアシスタント同士が助け合うような仕組みづくりが必要と示され課題となった。

5. EPA がもたらしたものは何か
― ベトナム人 EPA 候補者への帰国後調査から

第 4 節で導きだされた研究成果は、日本国内に EPA 候補者がとどまった場合においてである。EPA 候補者が母国に帰国した場合においては検討されていない。そこで、第 5 節では、帰国後および国家試験の合格後を国家試験の合格率が最も高いベトナム人 EPA 候補者に焦点を当て追う。ここから、母国帰国後にも生かせるような汎用性の高い「外国介護人材のための持続可能な日本語教育」への示唆を得る。

5.1 調査の概要

調査対象は、2015 年来日の第 2 陣ベトナム人 EPA 候補者合計 9 名（EPA 介護 8 名、EPA 看護 1 名）である。すべて女性で、調査時点（2022 年 3 月）での平均年齢は 27 歳である。

調査方法は、まず、Google Forms で 20 項目のアンケート（表 4）に回答し、その後、対面 (7 名)、オンライン (2 名) で、フォローアップインタビュー（以下、FI）を行った。FI は半構造化インタビュー形式、使用言語は日本語で、一人当たり 30 分行い、合計 270 分間である。FI はすべて文字化した。以下表 4 にアンケート項目を示す。

表 4　アンケート項目一覧

	質問要約	質問文
1	来日年	いつ、EPA で日本に来ましたか？
2	帰国年	いつ、EPA を終えてベトナムに帰国しましたか？
3	現在の境遇	今、日本にいますか？
4		（「はい」の場合）今の在留資格は何ですか？
5	現在の仕事	今どこの国に住んで、何の仕事をしていますか？
6	EPA エントリー理由	EPA に申し込んだときの理由は何ですか？　自由に書いてください。
7	1 年目：夢	EPA 候補者として来日したばかりの時の夢は何でしたか？　自由に書いてください。
8	2 年目：夢	EPA 候補者として 2 年目の時の夢は何でしたか？　自由に書いてください。
9	3 年目：夢	EPA 候補者として 3 年目の時の夢は何でしたか？　自由に書いてください。
10	国家試験受験有無	介護福祉士国家試験を受験しましたか？
11	合格の有無	介護福祉士国家試験に合格しましたか？
12	日本の印象	EPA 候補者として日本で生活した中で印象に残っていることは何ですか？　2 つ書いてください。
13	現在の仕事	今の仕事は何ですか？　どんな仕事ですか？
14		今の仕事は介護や看護の勉強や仕事と関係していますか？
15	現在の仕事とEPA の関係	EPA で学んだ介護や看護の勉強や仕事は今の仕事に役立っていますか？
16		具体的に何がどう役に立っていますか？　自由に書いてください。
17	EPA の良さ	EPA で来日してよかったことは何ですか？　2 つ書いてください。
18	EPA の課題	EPA のプログラムでもうちょっと校だったらいいのになぁ・・と思うことはありますか？　自由に書いてください。
19	現在：夢	今現在の夢は何ですか？　自由に書いてください。
20	5 年後のあなた	今から 5 年後（2027 年）のあなたは、どこで、何をしていると思いますか？　自由に書いてください。

5.2　結果と考察

5.2.1　第 2 陣ベトナム人 EPA 候補者の来日時の背景と現在

　調査対象 9 名全員が 2015 年に EPA 候補者としてそれぞれの施設や病院で就労を開始した。

まず、「(6) EPA エントリー理由」は、調査対象9名中5名が「ベトナム国内にいい仕事がなかった」とし、2名が「日本のアニメ」、1名が「EPA 第1陣の先輩からの紹介」、もう1名が「EPA の広報」がきっかけと記した。FI では調査対象9名中5名が看護大学を卒業しても「いい仕事がなかった」と回答しており、ベトナムの push 要因として、ベトナム看護大学卒生における就職の困難さが浮き彫りとなった。また、「日本のアニメ」、「EPA 第1陣の先輩からの紹介」と続いたところから、日本の pull 要因として「日本文化への興味」「口コミ」があることが分かった。

次に、「(7) 1年目：夢」は、調査対象9名中3名が「国家試験の合格」「とりあえず日本語の上達」とした。ここに来日初年度の真摯な候補者の様子が汲み取れる。次いで「(8) 2年目：夢」は、調査対象9名中3名が「介護の技術向上」、2名が「国家試験の合格」と示すも、続いて「日本で介護ではない仕事」1名、「ベトナムで介護ではない仕事」1名と「介護ではない仕事」を2名が記している。FI でその理由について、「介護は大変だから」と回答した。ここから来日2年目での介護職に対する「揺れる心」が見てとれる結果となった。第4節での「日本語アシスタント」における調査でも介護職そのものに対する「揺れる心」がうかがわれていた。ここから特に「介護職に対する魅力」への再考がいることがうかがわれた。

一方、国家試験の受験を控える「(9) 3年目：夢」になると、調査対象9名中7名が「国家試験合格」とし、2名は「受験しなかった」と記した。

「(2) 帰国年」は、2017年2名、2018年3名、2019年2名、2020年2名である。帰国理由は、2017年に帰国した2名の内のVFC01[10]は、「予期せぬ妊娠」を、もう一人のVFC02は、「家族の看病」をあげた。

VFC01 は FI で、「妊娠してすごく不安だったからベトナムに戻ったが、施設に申し訳なかった」と話し、支援をしてくれた施設関係者への謝意を述べた。また、帰国後5年経過しているにもかかわらず当時担当していた利用者の名前を口にし、利用者のその後を気にかけていた。また VFC02 は、「そのとき旦那さんのお父さんが重い病気だったから仕方がなかった…」と残念そうに語った。

2018年に帰国した3名の内のVFC03は「今思えばもうちょっと頑張れた

かもしれません…でも、その時は帰ることしか考えられなかった。腰も痛かったけど、気持ちも弱かったかも…」と当時の心情を振り返った。さらに同じく2018年に帰国したVFC04は、「予期せぬ妊娠」を挙げた。そして同じく2018年に帰国したVFN01は、「人生プラン」「ベトナムで仕事がしたかったから」であった。VFN01は、2015年来日、2016年准看護士に合格、2017年看護師国家試験に合格と、順風満帆の中2018年に帰国している。そのため、この後、さらに詳しく見ていく。

「(3)(4)現境遇」として、まず、調査時日本在住者はVFC01の1名のみであった。VFC01は2017年に「予期せぬ妊娠」により中途帰国しているが、ベトナム人配偶者の仕事の関係で再び来日し、調査時、関東圏に在住していた。このVFC01の配偶者もまた元EPA候補者である。VFC01の配偶者はEPA候補者としての来日時点ですでにN1に合格していた。だが、当時交際していたVFC01の妊娠に伴って2017年に共に帰国したため、国家試験は受験していない。VFC01の配偶者はベトナムに帰国後、技能実習生の送り出し機関に就職したが、その後同社における日本関東圏内支社に転勤となり、主に技能実習生の管理業務に携わることとなった。ここからVFC01も配偶者の家族滞在による在留資格で一女と共に日本の関東圏に在住することとなった。調査時VFC01は、EPA候補者時代の経験を活かしながら関東圏内の介護施設で介護職として就労していた。その後帰国し2024年10月現在、ワーキングホリディVISAでオーストラリアに居住している。

次に、ベトナム在住者は調査対象9名中7名である。この7名の「(13)現在の仕事」は、VFC02、VFC03、VFC05、VFC06の4名が送り出し機関で、業務は介護の技能実習生の日本語教育や送り出しの管理業務である。また、VFC04は日本の建設会社の事務で、VFC07は専業主婦、さらにもう1名のVFN01は、ハノイ市内にある看護系大学の専任教員である。

VFN01は、2015年来日、2016年准看護士に合格、2017年看護師国家試験に合格し、その翌年の2018年に帰国しており帰国理由は「人生プラン」「ベトナムで仕事がしたかったから」としていた。VFN01は帰国直後に結婚し、2人の子供をもうけた。並行してベトナムのタンロン大学修士課程に進学した。修士課程に3年間在籍し、2人の子育てをしながら修士号を取得し

た。それから、ハノイ市内にある日系の看護大学である東京健康科学大学の専任講師となった。VFN01は執筆時現在（2024年10月）、同大で基礎看護学や小児看護学などを教えている。

一方VFC08は、ドイツ・ミュンヘンに居住している。VFC08は、国家試験合格後から2年経った2020年、ベトナムに帰国した。帰国後、ベトナム国内における「ドイツで作業療法士になるプログラム」にエントリーし、ドイツ・ミュンヘンで作業療法士になることを夢見て現在（2024年10月）も勉学に励んでいる。

VFC08が、EPA候補者時代から通算5年間の日本滞在を経てもなお母国への帰国を決めた理由として、アンケートには「人生プラン」と記していた。しかしFIでは「先生、田舎はまだ外国人に差別がありますよ」とその真意を語った。さらに、いったんベトナムに帰国後、新たにドイツで作業療法士になると決めたその理由については、「本当は、看護師になりたいんですよ」と、看護師となることへのこだわりを語った。また、ドイツで作業療法士を目指す理由については、「ベトナムでは漢方医療を勉強しました。この中に針治療と漢方マッサージがあります。なんとか漢方マッサージ、脊椎衝撃は作業療法に似合うところがありますから興味になってもっと勉強したいと思っていますから。」（語りのママ）と人生の岐路における選択の理由を、向学心に基づくものと述べた。

以上の考察から、EPAのエントリー理由に関しては調査対象9名における重なりが見られるものの、帰国理由に関してはそれぞれのライフ・ステージや価値観による要因が大きく、異なりが見られた。ここから、日本の受け入れ施設等でよく聞かれる「支援してあげたのに帰国してしまった」と一言で片付けるにはあまりに多様なEPA候補者の人生の機微が帰国理由に内包されていることが分かった。

結婚願望があるアジアの若者が20代で来日し、「介護の仕事だけ」で人生を全うするはずもないことは自明の理であろう。それにもかかわらず、EPA受け入れ担当者からは「現代はキャリアウーマンという考え方だってあるから結婚しなくても…」といった声も聞く。外国介護人材の結婚、出産、育児、そして更に自己の可能性を探り自己実現を果たしたいという思いは、人が人

として「ライフ」を送るなかで起こりうることである。それにもかかわらず、外国介護人材となったときになぜ「困ったこと」にすり替えられてしまうのか。私たちは、どこまで「合理化」すれば気がすむのか。いつから人間を人間として敬う気持ちを忘れてしまったのか。私たちに突き付けられた問いでもあると考える。

　外国介護人材の持続可能性を考えた場合、「労働力」だけに目を向けることは間違いである。外国介護人材の持つ「労働力」を包摂している「ライフ」に目を留める必要があることを、本調査結果は示していると言えよう。

5.2.2　EPA候補者が寄せるその後の想い

　「(17) EPAの良さ」についてはEPAとして滞在した日々や、日本語や国家試験の教育支援に関して調査対象9名が異口同音に「自分の人生に意味ができた」と語った。具体的には、①日本語を習得できたこと、②利用者に会えたこと、③自分に対する自信が生まれたこと(日本で頑張ったこと)、の順で聞かれた。20代で日本に赴き、ある一定の期間集中し、勉学や就労に励み、日本語を身につけたり、利用者の笑顔に出会えたり、お金を得たりできたことが、その後の彼女たちの人生の弾みにつながったというのである。FIではEPA候補者としての勉強や施設での就労の様子をお互いに懐かしそうに語る様子がみられた。

　「(14)(15)(16) 現在の仕事とEPAの関係」では、現在、介護や看護の仕事に関係していると調査対象9名中7名が答えた。さらに、EPAで学んだことは、今の自分の人生に「とても役立っている」と調査対象9名全員が回答を寄せた。特に2015年来日、2016年准看護士に合格、さらに2017年看護師国家試験に合格し、その翌年の2018年に帰国したVFN01は、「山口県の施設からのアドバイスで先に准看護師を受験してから看護師国家試験を受けた。病院で外国人のために看護師長や事務長さんがグループを作って2・3か月間集まって集中して勉強した。遊びに行ったりもした。困ったことも相談にのってくれた。それがすごくよかった。」(語りのママ)と4年以上前の出来事にもかかわらず詳細かつ丁寧に述べ、そこに感謝の意を添えた。

「(12) 日本の印象」では、調査対象9名中5名が「施設で受けた手厚い指導」「よくしてもらった」と回答した。注目すべきことは調査対象9名全員が「機会があればまた日本で働きたい」と語ったことである。理由としては「日本は安全で便利だから」「子供の教育にいい」「給料が高い」とされた。

ベトナムでは、政府による外国語推進政策の動きおよび経済発展に伴って、ここ最近外国語教育熱が高まり、初等・中等における外国語教育が盛んで、日本語も人気がある。また、「いい教育を子どもに受けさせたい」とする教育熱心な層も厚くなってきた。これらベトナム社会における「今」の動きを調査対象者たちの声は反映しているものと考えられた。

5.2.3 EPAがもたらしたものは何か

2008年のEPA開始から16年がたった現在(2024年10月)でも、合格後に帰国するEPA介護士・看護師が後を絶たないとの嘆きの声も聞く。さらにはEPAがもたらした意義は薄い(平野・米野2021)とする論考も見られる。しかし、本調査で得られた考察からは「好転」がうかがわれた。それは、調査対象9名全員が「機会があればまた日本で働きたい」と語ったところ、またその理由に、「(12) 日本の印象」で調査対象9名中5名が「施設で受けた手厚い指導」「よくしてもらった」と経験を挙げたところから、さらに、日本の利便性や教育の質を挙げたうえで「また日本で働きたい」と語ったところからである。この「好転」こそがEPA開始後16年が経過した「今」を表しているのではないだろうか。EPA候補者は、日本の安全で便利な生活を実感し、日本で受けた教育や支援を確実に心に刻んだ。そして、将来の自分の子どもへの教育にも思いを馳せた。そのうえで日本での就労を望むという「好転」である。

一方、フィリピン人EPA介護士の場合は、かねてから合格後の定着率の高さが唱えられていた。また、インドネシア人EPA介護士についても、近年、モスクやインドネシア人コミュニティなどの環境が整った地では、結婚、出産を経てもなお長期に滞在する傾向が見られるようになってきている。ここから、EPAにおいては、16年の試行錯誤の月日を経る中で受け入れの枠組みが整備化され、「長期滞在も検討」という射程のとらえ方にシフ

トしてきていると考えられた。

　EPA 開始から 16 年の成果として、その営みは確実に外国人材に働きかけ、彼らのライフに作用していると言えるのではないだろうか。他方、第 4 節では(1)経済的、精神的に安定した生活基盤の構築、(2)介護分野における外国人のキャリア形成が、外国人介護人材のための持続可能な日本語教育の要件として導き出されている。よって、受け入れ側である日本は、「好転」しているからこそ、導き出された(1)(2)の要件を踏まえたうえで支援に臨む必要がある、と考える。

6．人材還流型の日本語教育

　以上、5 節にわたって「持続可能な介護の日本語教育とはなにか」という問いを主軸にしながら探究し続けてきた筆者の足跡を語った。

　EPA が開始され執筆時現在で 16 年が経過し、外国介護人材の受け入れ枠は、EPA、在留資格「介護」、技能実習、特定技能と多様化している。これらの枠組みを俯瞰した場合、長期的な在留に向けては、いずれも国家試験の合格を目指させ、「定着」を促す向きにある。ここに筆者の足跡を合わせて俯瞰し、介護の日本語教育の今後を考える。

　これまでは外国介護人材のライフから「生活のための日本語」「就労のための日本語」「国家試験のための日本語」を分断させ、それぞれの日本語教育支援の在り方を単体で模索する傾向が強かった。EPA を例にとれば来日 1 年目は「生活のための日本語」「就労のための日本語」で、2 年目は、「就労のための日本語」を少々と「国家試験のための日本語」、3 年目は「国家試験のための日本語」のみで、合格後は「なし」といったものである、しかし今後は、中長期スパンという通時態のなかで外国介護人材のライフを捉える必要がある。なぜならば、私たちは、「労働力」を受け入れているのではなく労働力を内包している「人」を受け入れているからである。

　外国介護人材のライフの中で、「生活のための日本語」「就労のための日本語」「国家試験のための日本語」を分断させず、かつ、共時態として扱う必要がある。例えば、来日 1 年目、2 年目、3 年目、合格後といった中長期ス

第10章 持続可能な介護の日本語教育への探究　257

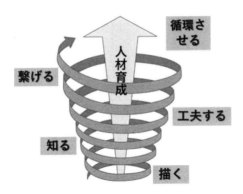

図2　「人材還流型日本語教育」のイメージ図

パンを通時態として縦軸で捉え、そこに横ぐしをさすように、共時態として「生活のための日本語」「就労のための日本語」「国家試験のための日本語」への支援を図る必要があると考える。さらには、国家試験合格後の「定着」、または帰国後の「還流」も射程に入れた包括的な介護の日本語教育のデザインへの視座が必要であると主張する。これらの考えの枠組みを「人材還流型の日本語教育」と呼び、図2にそのイメージを示す。

この「人材還流型の日本語教育」は、「先輩から後輩へ」「日本から海外そして日本へ」と経験が還流する仕組みを組み込んだ国境や世代を越えて繋がる持続可能な日本語教育でもある。具体的には、各現場ごとに日本および送り出し国における日本語教育と介護の各専門家、帰国外国人材が協働しながら以下の1〜4のように図っていくものである。

1. 「描く」　　　　　中長期的なスパンでの人材育成ロードマップを描く
2. 「知る」　　　　　外国看護・介護人材が抱える個人的要因を知る
3. 「工夫する」　　　適切な教育支援を図る
4. 「繋げる」・　　　すでにある還流のしくみを活かし繋げ外国介護人材
   「循環させる」　　を循環させる

冒頭で示した、①そもそも日本語教師が介護の専門性に踏み入っていいの

か、その必要性があるのか、②どのように介護の日本語の授業をデザインしたらいいのか、③国家試験対策の支援で、日本語教育と介護の専門性との線引きに悩む、については、この「人材還流型の日本語教育」内で、それぞれの教育現場ごとに、教育支援者や施設関係者との協働を図りながら対応していく必要がある。なぜならば、現場は、常に個々の事情を含むため、一律の正解はないからである。現状と課題とを的確にとらえ、柔軟な姿勢と創意工夫をもって現場での協働を図りつつ、かつ、果敢に携わっていくことが正解ともいえる。

　日本語教育は、外国介護人材にとって中庸な立ち位置にたつ。受け入れ側、送り出し側、そして外国介護人材の中間に日本語教育は位置し、どちらの側にも寄り添える。だからこそ、現状と課題とを的確にとらえ、柔軟な姿勢と創意工夫をもって現場での協働を図りつつ、かつ、果敢に携わっていくことが可能となり、正解となるのである。この「人材還流型の日本語教育」から、合格後、帰国後、還流後をも含めた持続可能な支援のあり方を模索することによって、来る時代に貢献し得る「持続可能な介護の日本語教育」の具現化に繋がるものと考える。

注

1　身体に直接触れる可能性がある介助及び介護の準備・後始末のこと。
2　その後M氏には介護の漢字教材の製作等、尽力いただくこととなった。詳しくは神村（2019a）を参照されたい。
3　「漢字」と「文章作成」は隔週で入れ替えを行った。
4　筆者の後任は、日本語学校での豊富な教授経験を持つ日本語教師が継いだ。
5　石原慎太郎東京都知事（当時）体制にて設置された部局。
6　各業務の詳細については西郡・神村・三橋（2014）を参照されたい。
7　国際厚生事業団（英語名：Japan International Corporation of Welfare Services、通称：JICWELS）は、交換公文に基づくインドネシア人、フィリピン人及びベトナム人看護師・介護福祉士候補者の受け入れあっせんを行っている日本唯一の受け入れ調整機関。
8　ここで指す「自立支援介護」とは、水分、栄養、排便、運動の4つを基本ケアとし、1500mlの水分摂取、1500Kcalの栄養摂取、生理的規則的な排便、歩行中心の運

動を包括的に管理しながら行うことによって「できないことを手助けするのではなくできるように導く介護」を体系化させたケア技法。詳細は以下を参照されたい。https://jsfrc-powerreha.jp/
9 「日本語アシスタント」実施の2016年度時点、ベトナム人EPA候補者の国家試験の受験はまだ始まっていなかった。そのため、ベトナム人EPA介護士は含まれていない。
10 EPA候補者名は匿名化した。VFCのVはVietnam、FはFemale、CはCaraGiverの各頭文字を略したものである。またVFNのNはNurseを指し、続く数字は通し番号を示す。

参考文献

安里和晃（2012）「外国人候補者・受け入れ先の実態と懸念される労働市場への影響とはEPAは介護・看護現場を変えたのか」『新世代のための雇用問題総合誌posse』16、141–153

遠藤織枝（2012）「介護現場のことばのわかりにくさ—外国人介護従事者にとってのことばの問題」『介護福祉学』19-1、94–100、日本介護福祉学会

翁川純尚（2022）「外国人介護人材政策のこれからの展開について」2022年8月20日 看護と介護の日本語教育研究会第11回教師研修資料

岡崎敏雄（2009）『言語生態学と言語教育』凡人社

小川令子・平野裕子・川口貞親・大野俊（2010）「来日第1陣のインドネシア人看護師・介護福祉士候補者を受け入れた全国の病院・介護施設に対する追跡調査（第1報）受け入れの現状と課題を中心に」『九州大学アジア総合政策センター紀要』5、85–98

神村初美（2016）「EPA候補者に対する介護の専門日本語教育—CBIモデルに基づく授業実践の報告を通して」『イマ×ココ No.4』ココ出版、2–13

神村初美（2018a）「モンゴル人日本語学習者のオノマトペ学習における一考察—介護のオノマトペを中心に」『日本語教育方法研究会誌』Vol.24（2018）No.2、日本語教育方法研究会、116–117

神村初美（2018b）「外国人材との円滑なコミュニケーションを考える—オノマトペの視点から」『月刊地域ケアリング7月臨時増刊号』ニュー・サイエンス社、120–121

神村初美（2019a）『介護と看護のための日本語教育実践—現場の窓から』ミネルヴァ書房

神村初美（2019b）「第3章 オノマトペを上手に使う」遠藤織枝・三枝令子・神村初美『介護のことばづかい—利用者の思いにこたえる』大修館書店、42–63

神村初美（2019c）「介護のオノマトペ学習アプリ「おのまとコ」の開発と試行—痛みのオノマトペを中心に」日本語教育方法研究会誌Vol. 25（2019）No. 2、日本語教育

方法研究会、128–129
神村初美（2020）「介護のオノマトペの分類からみるその機能と背景‐介護職員と外国人介護従事者への調査から—外国人材との円滑なコミュニケーションを考える—オノマトペの視点から」『日本語研究』第 40 号、首都大学東京・東京都立大学日本語・日本語教育研究会、15–28
神村初美（2021a）「オノマトペ教育実践の試み—教科書解題とモデル会話作成への取り組みを中心に」『日本語教育方法研究会誌』Vol. 27（2021）No. 1、日本語教育方法研究会、54–55
神村初美（2021b）「体調に関するオノマトペは自然習得が可能なのか—外国人住民への調査を中心に」『日本語研究』第 41 号、首都大学東京・東京都立大学　日本語・日本語教育研究会、33–46
神村初美（2022b）「第 13 章　介護看護の日本語教育のための協働学習」池田玲子他『協働が拓く多様な実態』ココ出版、233–256
神村初美・西郡仁朗（2016）「候補者にとって有効的な介護の日本語教育支援とは何か—集合研修でのアンケートとヒアリング調査を通して」『2016 年度日本語教育学会春季大会予稿集』249–254、日本語教育学会
神村初美・三橋麻子（2016）「外国人介護人材のためのシラバスモデルの構築— EPA 候補者を対象とした集合研修での成果と課題を通して」『日本語研究』第 36 号、首都大学東京・東京都立大学　日本語・日本語教育研究会、73–86
神村初美・二文字屋修・マイ　アイン・岡田智幸（2022）「外国人看護・介護人材の現状—送り出し・受入れの現場と日本語教育の観点から」ハノイ国際セミナー 2022、アジア人材還流学会　発表資料
西郡仁朗・神村初美・三橋麻子（2014）「東京都と首都大学東京による『アジアと日本の将来を担う医療人材の育成』」看護と介護の日本語教育研究会、第 4 回例会　資料
丸山真貴子・三橋麻子（2014）「日本語教育としてすべきもの—受け入れ施設・合格者の声を受けて」『2014 年度日本語教育学会春季大会予稿集』78–81
三橋麻子・丸山真貴子（2012）「EPA 介護福祉士候補者への学習支援と支援体制—今後の連携・ネットワーク作りを目指して」『2012 年度日本語教育学会春季大会予稿集』217–222
野村愛（2013）「介護福祉士候補者に対する日本語教育の制度的課題」『2013 年度日本語教育学会春季大会予稿集』239–244
平野裕子・米野みちよ（2021）『外国人看護師：EPA に基づく受入れは何をもたらしたのか』東京大学出版会
宮崎里司・西郡仁朗・神村初美・野村愛（2018）『外国人看護・介護人材とサスティナビリティ—持続可能な移民社会と言語政策』くろしお出版

一般社団法人日本自立支援介護・パワーリハ学会 2023.8.13
　　閲覧 URL：https://jsfrc-powerreha.jp/
厚生労働省「外国人介護人材受入れの仕組み」2023.8.13
　　閲覧 URL：https://www.mhlw.go.jp/content/12000000/000510709.pdf
厚生労働省「外国人介護職員の雇用に関する介護事業者向けガイドブック」2023.8.13
　　閲覧 URL：https://www.mhlw.go.jp/content/12000000/000496822.pdf

第11章
座談会
外国人介護職員受け入れの諸問題
――日本型移民政策を考える糸口

川村千鶴子（大東文化大学名誉教授）
安里和晃（京都大学大学院文学研究科准教授）
万城目正雄（東海大学教養学部教授）
マイ アィン（ベトナム国際協力サービス㈱会長）
岡田智幸（奈良東病院事務局長兼海外事業部長）
司会：二文字屋修（NPO法人AHPネットワークス執行役員）
記録：杉田研人（うつつ堂主人）

1.「介護」に混在する4つの入り口

二文字屋：本日は異文化間介護や社会老年学（ジェロントロジー）の専門家、そして外国人労働問題の研究者と介護現場で海外からの介護職者を受け入れている方、またベトナムの人材送り出し機関の方と、各方面からお集まりいただき、介護人材の国際移動の諸問題についてご意見を伺ってまいりたいと思います。

外国人が日本で高齢者介護の仕事をやりたいとなった場合に、経済連携協定（以下、EPA）、在留資格「介護」、技能実習そして特定技能1号と4つもドアがあります。この状況は、業界に関わる人には理解できますが、そうでない人には分かりにくいのではないかと思います。特に技能実習と特定技能の違いは、ベトナムではどのように整理されているのでしょうか。

マイ：業界以外の人にはわからないと思います。端的には、技能実習生は「見習い身分」で、特定技能は仕事を3年こなしてから該当するという感じで理解されていると思います。イメージとしては、高卒は技能実習生で、短大卒は特定技能1号、大卒は特定技能2号のような感じでしょうか。仕事自体は

普通高校でも工業高校でも卒業したらできますね。また、外国人が技能実習から特定技能に切り替えるのは「給料がよくなる」と思っているからです。法律にも「日本人の報酬と同等額以上」という文言があります。しかし、日本語力や日本の文化がわからないなど、外国人にはどうしてもハンデがあり日本人と同じように働くのは難しいです。受け入れる側もその点をもう少し理解していただければなぁと思います。

万城目：技能実習と特定技能の違いを理解することはとても大事だと思います。とりわけ私が大事だと思うのは、技能実習と特定技能の目的の違いです。技能実習は、人材を育成することが目的になっています。他方、特定技能は人手不足を解決することが目的です。技能実習は、初めて来日する外国人の方々に日本での暮らしと職場で仕事に従事するために必要な支援や指導を行いながら介護施設や企業で受け入れをしていく制度になっていますが、特定技能は自立した労働者として就労することが基本になっています。しかし、入国して間もない外国人が、労働者として自立して生活し、仕事に従事できるのかというと必ずしもそうはならない。そのため、技能実習をステップにして特定技能にステップアップするような制度の利用が増加しているのだと思います。だからこそ両制度を一貫性のある制度にしていくことが、本来あるべき姿だという声が出てきているのだろうと思います。

表1 「ルート別介護分野特定技能1号在留人数」

総数	試験ルート	技能実習ルート	EPA介護福祉士候補者ルート
10,411	9,191	1,009	210

（出入国在留管理庁発表　R4,6）

二文字屋：そうすると、技能実習を下積みにしてその後に特定技能へ、ということでしょうか。

万城目：はい。そこはオプションが2つあると思います。一つは、技能実習1号・2号を終えてから、特定技能に移行するパターン。もう一つは、3号まで終えてから、特定技能に移るパターンですね。

二文字屋：介護は特定技能2号がありませんから8年コースと10年コースになりますね。以前AHPの仲間で議論していた時、施設を経営しているメ

ンバーが「技能実習は3年で帰国するのだからその後は要らないんじゃないか」と言っていました。そこに特定技能など追加の制度をくっつけようとするからごちゃごちゃになるので、技能実習ならば3年で修了証を持って終わればスッキリすると。でも日本での滞在経験がなく、海外で特定技能試験に受かったからと言って、じゃあ即座に働けるかというとそうはいかないですよね。

万城目：だからこそ入り口として技能実習が選ばれているのだと思います。3年間の技能実習を修了してから、その上で外国人側が「もう少し働きたい」、受け入れ側が「もっと働いてほしい」と双方合意しているのであれば、その道を閉ざすことまではしないという考え方です。技能実習をゲートウェイ（入り口）の制度として基礎的な訓練を行う。さらに日本での就労を望むなら残ることもできる仕組みにしていくのが、わかりやすいのではないかと思います。人手不足だから、労働力が足りないというのは日本側の事情です。それでは日本は選ばれる国になるとは思えません。本人たちも日本でのスキルアップ・キャリアアップを望んでいるのです。同時に、送出し国にとっても優秀な若者は自国の将来を担う人材ですから、一定期間、日本での就労経験を通じて、スキルを身に付けて、帰国後、自国で活躍してもらいたいという意向を持っています。だから人材の確保だけでなく人材育成と国際協力の視点も重要だと思うのです。

二文字屋：一方で、介護の技能実習生がスキルを身につけて3年満期で修了帰国するかと思っていたら、特定技能で全く知らない登録支援機関に行ってしまうということがあります。技能実習指導員たちは頭では理解できても気持ちとしては忸怩たる思いもあるのではと察します。その点について万城目さんはどう思いますか。

万城目：悩ましいテーマです。先日もある地方の企業さんと話をする機会がありました。「技能実習を終えたら、都市部の企業に特定技能で移りたい」と言われ、その技能実習生は特定技能に切り替えるに当たり、言葉通り都市部の企業に転職したそうです。しかしその企業が自分の想像していた待遇ではなかったようで、その後、失踪して行方不明になってしまったというのです。都市部への転職をあっせんした登録支援機関から連絡があり、行方を尋

ねられたそうですが、もちろんわかりません。本当なら、3年間自社で支援して育成してきた人材ですから、特定技能に移行したいなら、自社に残ってほしかった。そういう「優秀な人材」が他の企業に転職して不本意な結果になってしまう例があると聞いてます。転職を斡旋する仲介業者も多数あるようです。転職を前提とした受け入れになれば、外国人を雇用する企業が、これまでどおり、外国人の生活支援、福利厚生、人材育成のために「投資」することに二の足を踏むようになってしまう可能性も否定できません。移動の自由や権利を担保することはとても大事なことですが、もう少し枠組みをしっかりしないと、かえって外国人に負荷や不利益をもたらすことにつながってしまうのではないかと心配しています。

川村：「介護」とは個人の親密圏に深く寄りそう仕事です。「生活介助」「身体介護」そして「相談や助言」など個人の心理的深層に深く寄りそう親密性の高い仕事です。やっている介護の仕事は生の保障と幸福に繋がる親密的で複雑なのにビザが4種類もある。このような制度は日本だけなのでしょうか。介護士の在留資格が多いのは、これは日本特有のことと考えた方がいいのでしょうか。

万城目：本来は、介護の在留資格が新設されたのだから、介護福祉士の資格を取得した方を介護人材として育てていくのが基本なのかなと思います。その点は、他の先生方の方がお詳しいかもしれません。

岡田：確かに次々と介護のビザができて、私どもがベトナムの医療短大でセミナーを開くと、これらの違いを説明するのは一苦労です。結局出口は一緒ですから。

　介護福祉士については、2017年9月に在留資格の介護が創設され、介護福祉士養成校ルートに在留資格介護取得を目的にした留学生の受け入れが本格的に始まりました。特に2027年3月卒業生までは卒業すれば介護福祉士国家試験に合格しなくても日本の介護施設等で5年間就労できれば介護福祉士の資格が付与させるため、日本語能力が十分でなくても在留資格介護が取得できるので、ベトナム、ネパールといったアジアからの留学生が増加したと思います。日本の介護人材、特に中核人材である介護福祉士の確保は必須ですから、各種団体からさらにこの経過措置延長を求める声も多く聞いてい

ます。一方、介護福祉士という専門性から国家試験は義務化して経過措置延長はすべきではないという意見もあります。経過措置は元々日本人学生への措置ですが、最近は留学生が増えていますので留学生を惹き付ける部分もあります。2022年度の入学者総数は6,802人で、そのうち留学生が1,880人です。やっと定員の充足率が54.6％で、介護福祉士養成校は留学生がいないと運営が難しくなってきています。ただ経営だけでなく、介護現場に介護福祉士が増えていくわけですから私は歓迎しています。

万城目：2019年4月に特定技能がスタートしました。特定技能の仕組みを知り、「どうやら特定技能の方が賃金が高いらしい」と特定技能に移るために会社を飛び出した実習生がいたという例もあると聞いています。しかし実際に人材斡旋会社に勤め先を紹介してもらったところ、「在籍している実習実施者（企業）のほうが待遇が良い」ということがわかり、結局、しばらくしたら戻ってきたそうです。目先の賃金の高さを求めて転職を繰り返すことになれば、日本での就労経験を通じた技能の習得・キャリアの形成に結びつかない事態になりかねません。人的資本を蓄積し、労働生産性が上昇しないと賃金は上がりません。そうなると、企業にも本人にも日本社会にも出身国にもプラスにならないのではないかと危惧しています。

二文字屋：さらに技能実習から特定技能への在留資格変更申請中に空白期間が発生します。その間は無収入。どこに住むかなどの問題も発生します。同じ法人ではなく他社に転籍する場合は、そういうことも懸念されます。

安里：特定技能は、コンピューターによる試験制度を導入し、当事者間の求人求職活動を可能としていること、移動（転職）の自由が一定程度認められ、送り出し国と積極的にMOC（協力覚書）を締結しているという制度的特徴があります。これは技能実習制度の問題点を考慮した制度設計だと思います。コンピューター試験は独学でもよく、試験に受かれば送り出し機関を通さなくてもよい。さらに転職も同業種内であれば自由である。このように自立性が高いため、ブローカーなどに依存しなくてもいいという意味においては費用も低くなります。しかし、それが送り出し国に受け入れられ、効果的な制度かと言えばそうではありません。というのも、技能実習制度の利権構造を大きく変えることになるため、送り出し国は特定技能制度を必ずしも歓迎し

なかったのです。

　技能実習制度における送り出し機関が徴収できる費用はベトナム 3,600 ドル、ミャンマー 2,800 ドル、カンボジアは 5,000 ドルにのぼります。こうした利権が脅かされるのです。また、労働者保護という観点からも、何の登録もなく勝手に海外就労されたら困るという政府の事情もあります。

　特定技能制度はコロナ期間中、日本国内での在留資格変更によって急激に増加しましたが、送り出し国から直接来日するケースは少なく、制度が骨抜きにあった感があります。

　このように、日本側の特定技能制度の狙いは送り出し国に伝わりませんでした。特定技能制度は日本で在留資格を変更する場合と、送り出し国で試験に合格して在留資格特定技能で来日する人の 2 通りありますが、後者は限られています。これは送り出し国が特定技能制度での積極的な対応をしていないからです。

二文字屋：EPA で来日したフィリピンの介護士が、4 年間いたけど介護福祉士試験に通らなかった。そこで特定技能に在留資格を切り替えようとしたら、フィリピンの送り出し機関を通さないと登録できないとなりました。すでに 4 年間一緒に働いてきた仲間なのに。制度上はそうなっているとしても、何とも言えない不合理を感じました。

安里：国によって方針が異なります。フィリピン政府は労働者保護の観点から、特定技能外国人には送り出し機関への登録と、使用者の事業所登録が必要で、大使館は事業所の代表や人事部と面談を求めています。そのため事業所の負担が重く、登録をしないで就労している人が多くいます。一時帰国すると、フィリピン政府は帰国後の出国を認めないため、日本に戻ることのできない労働者がたくさんいます。つまり、日本側から見れば合法でもフィリピン側からすれば手続きに不備のある労働者ということになります。

2．来日費用の障壁と市場原理

二文字屋：朝日新聞の記事（2022 年 6 月 6 日）について、マイさんにお聞きしたいです。記事によると、来日までの手数料が 45 万円〜 90 万円程度で

それ以上の可能性もあり、ベトナム政府が適正化のために日本の基本給の3ヵ月分までにするといったことが書かれています。この制度は今年1月1日から施行されるそうですね。

マイ：そうですね。しかしこれは現実的ではないと思います。前々から制度上、来日するのに3年間の場合は上限3,600.USドルが手続き費用です。

　弊社の例で言うと、食事は昼と晩は提供します。ある実習生が2年ほどうちの学校に入って生活していましたが、それでもお母さんが毎月3万円ほど仕送りしてくれていました。何に使うかというと、遊びです。それもお母さんからしたら「日本へ行く費用」と捉えているとしたら、2年間で100万円は越えますね。そういう例は結構あると思います。10年ほど前、名古屋へ行った実習生もそうでした。結局、その実習生は欠勤も多くて素行不良を理由に日本企業から追い返されてしまいました。契約解除されたので本人は帰国しました。その後、弊社に対して訴えてきました。「日本に行くのに100万円くらいかかった」から、と。明細も出してきました。いったい何に使ったのか確認すると、飲み食いです。バーに行ったり遊んだりしてお金を使っていました。日本で問題を起こした実習生に限って渡航費用が高い傾向にあるんです。確実なデータがある訳じゃありませんが、そう思います。

二文字屋：ベトナムのスマホ普及率は6割を超えていて日本に次いで世界第9位です。Facebookの使用率は90％です。多くの送り出し機関はFacebookで募集しています。日本に行きたいなら、送り出し機関と直接チャットもできるし、事前にSNSで調べればいいと思うのですが、本当に大事な情報を収集していないように思います。

マイ：5年前くらいに家庭調査したところ、両親が弊社の調査スタッフに「いくら払えばいいですか」と聞いてきたそうです。賄賂というか手数料のことだと思います。スタッフが、そういうのは受け取りませんと答えると、「お金を受け取らないならうちの息子をお宅の会社には通わせません」とその両親は言ったそうです。彼らには、お金を渡しさえすれば「うちの息子は日本に行ける」と安心できるという感覚があります。

安里：おそらく信頼できる情報プラットフォームが成立していないことも背景にあると思います。フィリピンでは移住労働者省（Ministry of Migrant

Workers)のWEBサイトが比較的参照されています。斡旋料規制に関する法令にもアクセスすることができます。

　斡旋料の高い制度と低い制度がありますが、斡旋料の高い制度に人気があるという皮肉な現象が起こっています。経済連携協定(EPA)は労働者の斡旋料負担はありませんが、技能実習は特にベトナムなどでは負担の大きい制度です。ところが、人が集まるのは後者です。技能実習制度は斡旋料が高く人数が多い分、経済波及効果が大きく市場の吸引力が強く働いているのです。送り出し機関、語学学校、ブローカー、官僚、政治家が利害を広く形成し、それぞれのネットワークを用いて人材がリクルートされるわけです。ところが、労働者からの費用徴収がほとんどない経済連携協定にもとづく人材の受け入れ(EPA)は経済波及効果が小さく、市場における吸引力をもたないのです。つまり斡旋料の高い制度の方が制度的な認知がされやすいという国際労働市場の難しさがあるのです。

万城目：ベトナム政府の対応に関して私が聞いている話です。3,600USドルというベトナム政府が定めた手数料を大幅に超えて高額な手数料を払っている実態があることを指摘した報告書を2021年3月にベトナム政府の監察局が公表したというのです。ベトナム政府の中でも、高額な手数料が問題視され、その対応がなされるようになってきています。日本の外国人技能実習機構も、失踪者の多い送り出し機関に対しては新規の受け入れを停止するようにベトナム側に文書で通知するなどの対応が行われています。両国政府が協力して対応する取り組みが行われている点にも言及しておきたいと思います。なお、その後、ベトナム政府は、2022年1月に新しい法律を施行し、今夏から日本に派遣されたベトナム人労働者についても適用すると聞いています。

3．国際労働市場における日本

二文字屋：ベトナムは東欧や中東、アフリカ、韓国、台湾など世界各国に人材を送っていますね。日本に特徴的なことはなんですか。

マイ：日本だけが技能実習生や特定技能など複数のビザがあります。他の国は単純に労働者扱いですからわかりやすいです。一定の基準を満たせばそれ

第11章　座談会　外国人介護職員受け入れの諸問題　271

でいい。ただ、他国でも手数料は取ります。アメリカやカナダは手数料が高いです。

川村：そういう仲介事業者を規制する法律が、国際法と乖離しているとも指摘されています。つまり、ベトナムの国内法と国際法の間にズレがあると。この点についてベトナム国内でも周知され理解されているのでしょうか？

マイ：ズレがあることは理解していると思います。ILO（国際労働機関）はDOLAB（ベトナム労働傷兵社会省海外労働局）とそうしたプロジェクトをしています。

安里：アジアの家事労働市場の話ですが、香港、台湾、シンガポールには大体100万人くらいの外国人家事労働者がいます。90年代まではフィリピンが同地域の家事労働市場のシェアを握っていましたが、2000年代初頭に、インドネシア人家事労働者が急増を始め、フィリピンのそれを上回りました。それは高額斡旋料と低賃金をインドネシア政府が認めるようになったことと関連します。労働者負担を大きくして使用者負担を軽くすることで人気を博すようになったのです。こうした送り出し国間の競争を通じてインドネシアはシェアを拡大してきたのです。しかし、行き過ぎた競争は労働者負担を増やすだけで、マクロで市場のパイを獲得できても、ミクロでは大きな問題となることがあります。これが国際労働市場の現実です。同じメカニズムが技能実習でも働いたのです。

二文字屋：そういう流れの中で、日本の魅力はどこにありますか。

安里：日本の魅力は為替相場や相対的な経済の後退により魅力は薄れています。とはいえ、名目上の給与額は日本の方がまだ高いという点においては、魅力的かもしれません。また、アニメにあこがれるなど社会的動機で来日したい人もまだまだ多いと思います。ただ、高額斡旋料が課されると来日しない人も増えるでしょう。

二文字屋：香港や台湾は行きやすいでしょう。日本に行くには日本語能力がN3やN4だと事前にかなり勉強しなければなりませんけど。

安里：価格メカニズム以外にも言語面では、日本のハードルは高いと思います。

岡田：それでも介護をやるにはしっかりと事前学習が必要かと思います。業

界は低賃金と言われていますが、最近は一人月々3万円ほどは処遇改善費として国から充てられているので、介護職員の給与も少しは上がってきました。私たちはある種、税金で賄っている企業体なので、職員の収入を安定化させていくことも労働者を守るため一つの使命としています。介護福祉士の比率が高い場合には、サービス提供強化加算が設けられていることから、国としても有資格者を増やすことを推奨しています。そこで、外国人にとって資格の意義はあるかということになりますが、介護福祉士の資格を取得してビザを介護に切り替えて「日本で家族と住めるようになった」と喜ぶ人は多いです。ただ、例えば台湾に行くと「介護専門学校2年間の勉強って長いですよね」とよく言われます。最近、タイからの留学生が増えてきました。タイは全国に150校ほど介護の学校がありますが6ヵ月くらいの教育なんですね。ちなみに大学進学率は51％強であり、アジアの中では日本についで高いものとなっています。タイで介護は月給2～3万円の世界。まだまだ看護師が強く、ボランティアが積極的に介護を担っている国です。都市部との賃金格差も大きいので、私どもの学校の留学生はバンコク首都圏からは来ず、地方出身者が多いです。彼らのモチベーションは、ベトナムとかフィリピン、インドネシアの留学生とは違うところがあると感じています。専門的な技術の習得や成功したいという学生もいるかもしれないですが、「帰国して身近な人たちのお世話をしたい」という人が多いように感じています。動機の違いは色々とありますが、国家ライセンスの取得は一つのステータスでもあります。技能実習で来日しているうちに地元に愛着や職業的な魅力を感じて、「日本に残れるなら介護がいいです」と言う人もいます。そうやって技能実習からステップアップしたいと考える実習生も少なからずいるのです。先ほど話をしてきましたが、介護福祉士養成施設卒業者の経過措置など、こういうこともみんな日本に来てから理解できる状態なので、この辺のところはこれから整備が必要かなと思います。介護福祉士は日本唯一の資格です。帰国した時に資格にどんな価値を見出せるかも、国によってバラバラな面もあります。そのため、資格取得にどれだけの時間をかけるべきかについても議論の余地があると思います。

安里：介護職員の確保のために看護課程修了者をリクルートするという

EPAの流れから、最近は大きく変化してきました。特定技能は介護の経験を問いませんし、日本語も初学者レベルでそれ以上の学習継続は求められていません。こうしたことに懸念はありますでしょうか。

岡田：それはあると思いますが、単なる数合わせではないので、入職後の教育支援をどこまでするかという問題と絡むことです。私たちの法人では、奈良県内の吐山というところの学校に百数十人の留学生を受け入れています。入国後3カ月間、生活が安定するためにインターンシップという形で雇用して時給を発生させています。私たちは現地の日本語学校からほぼ100％が介護職を志して来日してくれる仕組みを作っているのですが、そういう環境であっても日本語能力が無ければ、そもそも介護の教育ができません。また介護福祉士の養成まで行なうために日本語が必須になります。その中で働いてもらうためには環境整備も必要ですが、万城目先生のおっしゃる通り、技能実習生からステップアップしていける仕組みが必要かなと思います。実際に特定技能の方は、技能実習生から雇用継続支援で切り替えている方が多く、日本語能力の高い方が多いと感じます。ただやはり、介護職については、日本語ができない方が入ってきたら問題が起こると思っています。現場では日本人スタッフも限られた時間の中でスケジュールを組んで業務をこなしています。その場その場で、時間的にも日本人スタッフの心情的にも、日本語を教えたり通訳したりといったゆとりがどれだけあるのか。そういう余裕がない場合の方が多いと思う。資格の面でいうと、介護福祉士の有資格者は日本人と同等に仕事をすべきだ、とこちらも扱うことができます。技能実習生は研修生扱いで、指導員が付いて指導しながら働きます。しかし特定技能は、どっちつかずの状況にあると思いますね。さらに、少なくとも日本語能力の面において大きな差があるのに、技能実習も特定技能もEPAの介護もみんな一緒だと思っている日本の法人が多いのも現場の軋轢を生んでしまう原因の一つかなと思います。もう一つの問題点は、受け入れる日本や法人の側が来日される方々に対して「日本語ができて当たり前」だと思い込んでいることだと思います。「日本語能力が高い人がいい外国人材だ」と考えすぎです。仕事面については、語学力が乏しくても有能な方はいる。日本語ができない人がいるという前提に立って、日本が、あるいは介護を受ける高齢者の方々

がどう受け止めていけるのか、という視点も大事だと思います。例えば、日本語が上手くなくても、お互いに少しくらいコミュニケーションを図れば、見守りとか食事介助はできると思うんですね。でもそこに介助の記録とか不得手なことまで現場で求めてしまうから、外国人は苦労しているのだろうと思います。

二文字屋：現場のアレンジですね。一部のメディアでは技能実習制度が悪の権化かのように言われたりしますが、現場は「そんなことはない」というのが正直な感想です。先ほど万城目さんがおっしゃるように、技能実習の目的をきっちり現場に落とし込んで、「少なくとも自分のところはまともにやっていこうよ」というのが私たちの考えです。ただ、2017年に技能実習に介護が追加になったとき、「技能実習介護における固有要件について」という文書の「基本的考え方」に「介護が外国人が担う単純な仕事というイメージにならないようにすること」と書かれていました。わざわざこういうことを書くこと自体、ダメだと思うんですよ。日本に来る人のことを考えてないですよね。技能実習の介護はこういう意識から出発したんです。ベトナムの送り出し機関の友人たちと話をしましたが、みんな「そんなことまでわざわざ書く意味は何ですか」って残念がっていました。

岡田：日本側がどう受け入れるか、という点では、ミスマッチを減らすことも重要だと思います。EPAでもすぐに当直に入れる人とそうでない人がいますよね。できる候補者に合わせて育っていけばいいのですが、同じ職場だと配置換えも難しいことがあって、できない方のモチベーション維持に気を遣います。ですが、そもそも外国の方々には来日してからわかることの方が多いんです。日本側は実習生を受け入れるときに、「ここの人員が足りないから入ってもらおう」と配置する法人が多いと思います。でも例えば、「寝たきりの高齢者ばっかりでみんなしゃべれない。私が想像していた高齢者介護と違う」と訴える候補者もいる訳です。現場では「しゃべれない人も介護するのが仕事だよ」と教育するのでしょうが、たくさんある介護の職場の中で、EPAでも実習生でもそれぞれにやりやすいフィールドっていうのがあるはずなんです。上手く組み合わせてマッチングさせていくことも大事なことかなと思います。

4．日本は外国人に門戸を開いているか

二文字屋：一口に高齢者介護と言っても、仕事内容は多種多様ですね。

岡田：私は、日本語ができなくても介護をする気持ちがあればできる仕事はあると思っているんです。それは日本側が寛容にサポートできる仕組みを作ればいいと思うんです。ただ日本国として、本当に外国人を受け入れるつもりがあるのかな、という点がまだ疑問です。官僚としては「受け入れる気があるからたくさんビザを作った」ということなのかもしれないですが、現場で働いているとそう思います。本当に門戸を開いたのかな、と。

マイ：とても慎重だと感じます。介護士不足32万人といわれていますが、そこに外国人をどれだけ参入させようとしているのかわかりません。

岡田：国家資格の介護福祉士を養成する学校の入学者が年々減少しているのも問題です。お子さんが介護に進みたいと言うと親御さんは「介護はいつでもできるから」と、他の進路を勧めることがあると、学校関係者から聞いたことがあります。

先ほど申しましたように養成校の定員充足率は54.6%です。定員割れしていても留学生を受け入れないところもありますが私どもの学校は海外の方を進んで受け入れる仕組みを作ってきました。これからも日本人だけでなく外国人の介護専門家も日本の介護現場で活躍してもらいたいと思います。

二文字屋：このような教育現場の声ですが、川村先生はどう思われますか。

川村：これからの介護現場はITとか生成AIを搭載したテレナースが主流になるとも言われていますね。2025年には日本の高齢化率が30.5%。約32万人の介護士が不足と予想され、介護士のプログラムの中にはデジタルな知識が必然的に入ってくる。見守りもAIやロボットを使ってできるようになっていく。遠隔的に介護できることも増えていくのではないでしょうか。介護も時代にフィットしていくようになると思います。そうすると進学先として親が否定するようなことも少なくなる気がします。介護やケアの重要性と平等性が生まれれば外国人も不利益から守れるようになるかもしれませんね。

岡田：川村先生の言う通り、介護者は腰痛になる方も多いですし、人材が思

うように採用できないことを考えた場合、ロボットや IT や AI がこれからの介護に必要になるかもしれません。また介護は「きつい」仕事だというイメージがありますので、新しいテクノロジーを活用することが介護のイメージアップにつながることに期待しています。

二文字屋：安里さんはいろんな国のケアワーカーや介護現場を見てこられたと思いますが、日本の介護はどのように見えますか。例えばニューヨークだとアジア系の移民が最初にやる仕事のひとつが介護で 60 時間無料で学べます。英語以外の言語でも学べて、取得した資格は全米どこでも使えます。エスニックグループに入れば言葉の問題もなく収入が得られます。

安里：家事労働を除き、介護となると諸外国でも一定の経験や研修の要件があります。日本の場合は日本語教育も不可欠ですので、どうしてもリクルートに時間がかかってしまいます。そのような意味では、日本以外への渡航はハードルが低いと言えます。

万城目：外国人にとっての介護の魅力を賃金と将来性から考えてみます。賃金については、賃金構造基本統計調査をみると、基本給は技能実習も特定技能も他の産業と比較すると高い傾向がみられます。ボーナスも高い傾向です。しかし、残業が少ないので総額で見ると他の産業の方が高くなる傾向があります。残業が期待しにくい業界ということが、働いて稼ぎたいと思っている外国人にとってどのように映るかという点は押さえておくべきことかもしれません。将来性については、技能実習生は若いので人生設計を考えたときに帰国を希望する人も少なくないと思います。将来、アジアの母国でも介護産業が必要になることを見越して、日本で介護の技術を学び、帰国後、母国で活躍できるような好循環が生まれていくと新たな展開になるのかな、と思います。

二文字屋：2017 年 5 月 4 日に第 50 回アジア開発銀行年次総会が横浜でありました。そこで「アジアの持続的発展に向けた高齢社会への対応セミナー」があるというので岡田さんと一緒に参加したのですが、日本の高齢者介護のハードとソフトを高齢化を迎えるアジア諸国に積極的に役立ててもらおうというプレゼンテーションで、オーディエンスにマイクを向けたところ、ある女性が「このアイディアは私たちの国が長年作り上げてきた家族介護という

素晴らしい文化を壊すんですか」と発言しました。プレゼンターの JICA の方は少し驚いた様子で、「社会で活躍できる女性を介護から解放するんです」と回答されました。そんなやりとりを覚えています。

安里：華やかな国際会議で話されるのは、「介護」というよりも「介護市場」の話になっていると感じることがあります。つまり、介護の実践と介護産業に乖離があるのではないかと思います。本来、日本の介護は家族介護と相容れないものではないですよね。訪問介護やデイサービス、小規模多機能、地域包括など家族介護の延長で QOL を高めていくソフト面の工夫をしてきたのですが、国際会議ではそのようなソフト面よりもハード面が前面に出ているという気がします。

5. ベトナムの人材送り出し機関から見る日本の制度

二文字屋：マイさんはベトナムで送り出し機関を始めて 19 年になるそうですが、現状の技能実習制度はどのようにみていますか。

マイ：日本としては国を守るためなのでしょうが、書類手続きがものすごく煩雑ですね。こんなに手続きが煩雑だと行くのも行かせるのも嫌になってしまいます。日本として、本当に外国人に来てほしいのか、来てほしくないのか、疑問です。長年送り出し機関をやっていても、難しいことだらけですから。こういう状況なので、間でお金を取るスキができてしまうのだと思う。「この書類が足りない」となったときに、「何とかなるよ」というのです。「早く日本に行きたい」という人がいても半年勉強したくらいじゃ日本語能力試験 N4 は取れません。それでも早く行きたいからと勉強せずにお金で解決しようという人がいる。私も「あんたのところは資格を売ってくれないのか」と聞かれることがあります。「ちゃんと勉強して資格を取らないと日本に行ってから大変だよ」と言うと、「行ってみないとそんなのわからないでしょ」と言われる。日本の制度は時間がかかります。もう一つ気になるのは、日本はアジアを見下してるんじゃないか、ということです。人材育成とか国際貢献とか言うけれど、困っているのは日本の方でしょ、と思います。「進んだ我が国の技術移転を他国のために」というのは綺麗事に聞こえま

す。たしかに、介護の面では学ぶこともたくさんあります。ベトナムは、今は家族介護がメインで施設介護は少ない。国民としても選択肢が多ければ助かるはずです。施設の設計ばかりでなく、介護の技術も学ぶことは多い。「2025 年までに 20 万人の介護士を育成する」とベトナム政府も言っています。これは現実的な数字に思えませんが、ベトナム国内で介護職需要が高まれば、一度帰国した人も改めて日本に介護を学びに行くかもしれませんね。でも技能実習全体を見れば、本当に技能移転になるのかどうか一番疑問に思っているのは実習生本人たちでしょうね。

安里：台湾の調査をしていた 2000 年代初頭から、ベトナムでの学歴偽造書類問題は聞いていて「ベトナムの関係書類は精査しないといけない」と当時から言われていました。

マイ：先日、日本語能力 N3 を取得しているという人が入国しました。日本側の受け入れ機関はチェックもせずにそれを信用したようです。でも日本に来てみると、何もしゃべれない。「本当に勉強して N3 取ったのか」と、問題になりました。受け入れ施設側が、N3 取得者の場合は送り出し機関に対して 25 万円払う契約でした。N3 で 25 万円というのは相場より安い。日本の受け入れ施設としては即戦力で助かるのでここに需要が生まれて、偽造資格で入国する人が増えた、という流れです。

安里：日本語教育費用として、N4 だったら受け入れ機関が 20 万円を払う例はよくありますね。

マイ：そうですね。問題なのは、実際には資格を持っていない人がいる、ということです。

安里：技能実習制度は国際労働市場の失敗を克服できていません。斡旋費用の高さが失踪率の高さにもつながっているため、社会コストも大きいと言えます。これを克服するためには、協力覚書（MOC）では不十分で、交渉のレベルを上げていく必要があるかもしれません。

二文字屋：この制度が毀誉褒貶相半ばしながらも続いてきたのは、比較的競争力が弱い中小企業を支えてきた面がありますし、そういう仕事が私たちの日常生活を支えてくれています。受け入れ企業は結構な費用を負担しています。毎月 3 〜 4 万円ほどの監理費がかかりますし、実習生のアパート契約と

宿舎費用の一部負担、渡航費負担や来日後1・2か月間の入国後研修費用と研修期間中の生活費支給、その間の保険など。それに現地選抜時の出張費用や日本語教育費用負担もあります。送り出し機関も書類には日本語訳を付けて、監理団体もたくさんの書類を作らなければならない。OTITに提出する書類は1人分3cmくらいの厚さになります。介護の場合は監理団体の職員に看護師か介護福祉士資格者がいなければなりませんし、入国初年度は実習先の監査を毎月実施します。OTITの書類保管用の倉庫代だけでも相当な金額になるんじゃないですか。電子化したらお互いスムーズになると思うんですが。

マイ：電子化したら、また偽造される可能性があるからできないんじゃないですかね。でも電子申請できるならその方がいいです。同じものでも一人一人書類を作らなきゃいけない。10人いたら広辞苑くらいの厚さになりますよ。ベトナム語の文書は翻訳しますし、事務作業は多すぎます。

川村：必要書類にルビをふるなり簡略化し、専門用語にはやさしい説明を入れ、もっとやさしい日本語を使って難しい日本語を減らすことはできないんでしょうか。

二文字屋：やさしい日本語は、日本語が未熟な外国人向けのツールですから、技能実習生や特定技能者には合っていると思います。日本教育の先生方は普及活動に励んでいますし、介護はEPAの下地もあって研修会など結構盛んです。介護施設向けのやさしい日本語があれば便利ですね。

万城目：提出書類については、世の中が技能実習制度を批判すればするほど、政府は規制を強化し、指導を厳しくせざるを得なくなるので、多くなります。その結果が「今」です。適正に事業に取り組んでいるところほど、負担を強く感じられているのだと思います。

二文字屋：確かに入管法の基準省令を見ると技能実習のページ数が一番多いですね。

マイ：世間でいくら技能実習制度が悪いと言われても、私としてはいい制度だと思います。ベトナムの田舎出身の高卒者が日本に来て、最初の3年間は最低賃金でもいいと思うんです。万城目先生のおっしゃるように、人材育成が目的なのですから。石の上にも3年で実習をすればその作業については一

人前になりますよね。3年経ったら入社3年目の日本人と同等レベルまで賃金を上げてあげてほしい。監理団体への支払いがあるとしたら、そのときには手数料の手間暇も軽減されているはずですから、そこは安くできないんですかね。ベトナム社会との違いも技能実習制度の評価に関わるかもしれません。ベトナムでは看護師は学校卒業後に9ヶ月間の病院実習があります。それが終わっても初任給は2万円くらいです。それでは生活できないので患者さんから付け届けをもらって仕事をしています。私も以前、それを渡さずにいたら注射をブスッと痛く打たれました。次のときはちゃんと渡したらとてもやさしく注射してくれました。包帯を交換するのにもそれが必要です。そのくらい、日本とベトナムは違う。

安里：私は海外からの人材が必要ないとは全く思っていません。ただし、現在の技能実習制度がいいとも思いません。技能実習生の無許可の転職者（失踪者）のうち、ベトナムの占める割合は7割弱に上ります。中国は減少傾向にあり、フィリピンは送り出し国としては3番目に多いですが、失踪者はかなり少ないという特徴があります。2021年の失踪率を見ると、ベトナムが約3％、中国2.4％、インドネシア0.8％、フィリピン0.2％です。次に法務

表2　技能実習生送り出し国の失踪率と負担額の関係

国　名	技能実習滞在者数	失踪者数	失踪率	斡旋料等平均負担額（万円）	失踪者斡旋料等負担額（万円）
ベトナム	160,563	4,772	0.030	65.6	102.8
中国	37,489	896	0.024	57.8	83.7
インドネシア	25,007	208	0.008	23.1	40.8
フィリピン	23,186	47	0.002	9.4	22.2
その他	29,878	1,244	0.042	―	―
計	276,123	7,167			

技能実習滞在者数は法務省「在留外国人統計」2021年時点のデータ、失踪者は同じく法務省「技能実習生の失踪者数の推移（平成25年～令和4年上半期）」www.moj.go.jp/isa/content/001362001.pdf
失踪者斡旋料等負担額は法務省「実習実施者等から失踪した技能実習生に係る聴取票」をもとに安里が算出したもの。斡旋料等平均負担額は法務省, 2022,「技能実習生の支払い費用に関する実態調査について（結果の概要）」https://www.moj.go.jp/isa/content/001377366.pdf
安里和晃（2022）「国際労働市場と高額化する斡旋料：技能実習制度における価格管理の失敗」『京都社会学年報』(30) 1-25．

省がようやく調査を実施した斡旋料など実習生の費用負担額を見ると、ベトナム 65.6 万円、中国 57.8 万円、インドネシア 23.1 万円、フィリピン 22.2 万円となっています。さらに失踪者本人の申告のデータを集計すると、ベトナムは 100 万円以上を負担している割合も高いのですが、フィリピンはわずか 22.2 万円です。同じ技能実習制度でなぜ大きな格差が生じているのでしょうか。これが示すのは、斡旋料など負担額と失踪には強い相関があるということです。フィリピン政府は送り出し機関が技能実習生から斡旋料を徴収することを禁じています。技能実習制度の実習生負担は、実習生負担の大きな国と小さな国に二極化しています。同じ制度において二極化していることからも、斡旋料などの負担額は、必要経費の積み上げによって決まるのではないということがわかります。結局、技能実習制度は価格管理ができていないと指摘できるのです。

万城目：これもよく言われていることですが、ベトナム人の失踪者は韓国、台湾でも問題になってきました。OECD の報告書（Recruiting Immigrant Worker: Korea2019）では 2017 年 10 月のベトナム人労働者の韓国における不法滞在者率は 35 〜 40％の間くらいとなっています。日本だと、先ほど安里先生がおっしゃったくらいに止まっているとも言えます。日本だけでベトナム人の失踪者が多いわけではないのだと思います。

安里：ただ韓国は、外国人労働者の職業選択肢は限られているけど、無理に同じ職場にとどまらなく「勝手に転職してもいい制度」ですからね。そして、アムネスティ（合法化）を繰り返し措置しています。日本における失踪は収容の対象となりますが、韓国は合法化されるといっていいので、失踪の意味が全く異なります。

マイ：たしか 7 年か 10 年間は失踪扱いにしないようになったと思います。

6．人材斡旋システムの歪みと心のケア

安里：私は、今の斡旋のシステムには非常に大きな問題があると思います。このシステム上の問題は、国際労働市場の失敗を克服しない限りは良くならないと思います。100 万円払って日本に来るということは、ベトナムの感覚

では400万円、500万円くらいかもしれない。これだけの借金をかけて来日すると普通の心持ちでは生きていけないですよ。残業が少ないとか、未払いがあった場合、あるいは暴力を我慢しながら借金の返済するのは大変です。昔は家のドアを叩いて借金取りは来たかもしれませんが、今はSNSでいつでも催促してくるわけです。それはかなりの精神的ストレスなはずです。高額斡旋と高い失踪率は受け入れ国にとっても大きな損失だと思います。計画的な人的配置ができず、新たな搾取や犯罪の原因となりかねません。アムネスティのある韓国と比べても、日本の仕組みでは失踪後の対応が厳しい。個人の責任ではない失踪だとしても、責任は個人がとる仕組みになってしまっている。ベトナムのEPAの介護福祉士合格率は日本人以上なのに、刑法犯で捕まる人は国籍別で一番多く、失踪者数も一番多い国になっているんです。なぜこのような結果が出ているのか。これは明らかに制度の歪みがもたらしているのです。技能実習のような高額な斡旋料が伴う制度の下では、日本に来る人々は追い込まれてしまいます。やはり斡旋の仕組みを直していかないといけないと思う。例えば台湾では、ベトナムからの家事労働者の受け入れに際して、高額斡旋料を理由にベトナムからの受け入れ停止を措置したこともあります。外交圧力を手段として政策に取り入れていくのも必要なことだと思います。

川村：日本全体が出入国管理政策や社会統合政策に無関心ではいけないですね。そして各国の事情にも関心をもつべきですね。

安里：日本では労働者から紹介料を取るのは違法じゃないですか。でも外国人が送り出し国で高額斡旋料を支払うのは認めているのです。明らかに倫理的な二重基準です。なので、ベトナムに限らず、倫理的な二重基準を解消するため、斡旋料規制については進めていく必要があります。

二文字屋：外国人技能実習機構（OTIT）や国際人材協力機構（JITCO）はなぜ駆け込み寺にならないのでしょうか。

万城目：政府系の機関に相談するのはハードルが高いと思う方が多いのではないかと思います。しっかりと救済できる仕組みに改善していくことを制度全体の改善と合わせてやらなければならないと思います。支援機関と連携したり、SNSやアプリなどを使って相談窓口を多様化するというのも一案か

もしれません。

マイ：もう少し日本側の受け入れ企業や団体に強めに罰金とかをすれば問題は減ると思います。今、失踪者を雇うのにも罰則はありません。

川村：出入国在留管理庁が新たな相談窓口・外国人在留支援センター（FRESC）を設置しましたね。だから、ハラスメントにあったとか殴られたとかいう話を聞いたときに「相談窓口があるから行ったほうがいいわよ」とアドバイスするわけですが、なかなか敷居が高いようです。あるネパール人が「上司に殴られた」と言うので紹介したら、「そこに行っても問題は解決しないから僕は行かない」と返されました。数ヶ月経ったときには、「もう殴らなくなったのでこれからも我慢します」と言っていました。窓口に行って「自分の上司に殴られた」と相談しても、「余計に自分の立場が悪くなるだけと思ってしまった」と振り返っていました。法務局には人権相談窓口がありますが、でも緊張するところに行って複雑で微妙な精神的ストレスの話をするなんて日本人ですらできないのに、ベトナムから来て失踪するしかないくらい追い込まれた状況にある人なら、なおさら相談窓口には及び腰になってしまいます。私は、企業内部にこそソーシャルワークの専門家がいて安心して相談できる場所があるといいなと思うんですがいかがでしょうか。常日頃から企業内部にグローバルカフェみたいなスペースを作って、悩みを抱えたときに話を持っていける「安心の居場所」を共創する。上司とのコミュニケーション問題は解決できると思う。さらに技能実習生が妊娠・出産してしまうとか思わぬことが起きたときにも対応できると思います。今はいったい誰に相談したらいいのかわからない。話せる人がいないと思うんです。

マイ：妊娠してしまった場合、どうしたらいいんですかね。

二文字屋：一昨年の新型コロナウィルス感染拡大で実習生や留学生など帰国したくても叶わない不安の中で生活していたと思うのですが、千葉県内のある産婦人科の先生がどのような事情の方であっても診るということで、AHPに繋げてくださった方がいました。異常妊娠のケースではAHPに連絡が入り、ベトナム大使館に診断書などをメールして緊急帰国者のリストに入れてもらって早く飛行機に乗れるようにしてもらいました。そういうルー

トは作ったけれど情報拡散は限られていて、やはり口コミというアナログが活躍しますね。民間なので限界はありますが、でも各地で様々な支援活動があったと思いますよ。

7. 多文化共創が拓く「安心の居場所」

川村：技能実習生やケアワーカーが国境を越える時、心理学者アドラーの適応モデルがとても参考になります。心理学者アドラー（Adler、P.S. 1975）の「カルチャーショックと適応モデル」では、人が越境を果たし新奇性に満ちた時期を通過し、新しい社会に適応し困難に直面する時期は、移住後2～3年目としていました。移住者の心理的変容の第1段階は、国境を越えて異文化圏を体験する「接触の位相」です。異文化接触に好奇心をそそられ、興奮を覚え感動する段階です。やがて周囲は特別扱いしなくなり、生活に困難を感じる時期がきて、ホームシックや自信喪失、無気力になる、第2段階の「崩壊の位相」がきます。周囲は、外国人技能実習生が、悩みを打ち明ける親密な友人がなく孤独になっていることに配慮する必要がありますね。母国にSOSを発している人も少なくありませんね。SNSの情報発信は人権意識にも影響を与えています。第3段階は、主体性を取り戻そうと努力する「再統合の位相」で、気づきと励まし合いがあり、重要な段階です。第4段階は、自文化と異文化の差異と共通点に気づき、異文化間介護の正当を認め、落ち着きを取り戻す「自律の位相」です。つまり外国人への心理的安定に着目し、職場において自主的に学び・語り合う「安心の居場所」を心がけることが大切ですね。技能実習生と話すと、アドラーが「人は第2の文化について適切な理解、それを操作する技能を感じ取り、自分の能力として身につけることができる」と指摘したように、周囲との円滑な人間関係を保ち、異文化である日本文化について自分なりの理解ができ自信を持つと、心理的安定感があることが読み取れました。この人格特性は、環境に対する柔軟な対応力と適切な対応技術、つまりサバイバル・ストラテジーを伸ばしているのです。

　介護現場でも、外国人雇用を推進することは、CSR（企業の社会的責任）にも通じる社会貢献と思います。外国人雇用の成功の秘訣は、「自律の位相」

で、困難を克服し、越境社会でサバイバルできる能力を獲得できる点に着目することです。なぜなら「独立の位相」は、実質的市民権と繋がっています。多文化とは「差異の承認」であり、「独立の位相」を得て自律・自立した人は、移住先で洗練された対話的能動性をもち、SNSを駆使して情報発信し、責任感をもって人権尊重の地域社会を創造することに貢献しています。第5段階の位相から、別の場所に越境し、移民の適応モデルがグローバルな地域社会に息づくこともあります。一方、企業と地域社会は、移民を受容し包摂して鍛えられ、人権意識を高めています。ホスト社会は移住者との遭遇を契機に協働・共創しようとする多文化共創能力を創出してきたのです。とかく人口減少と労働力不足という視座からのみ非熟練と熟練労働者と家族移民、ケア労働などが語られますが、留学生や技能実習生など若い世代の「共創・協働」の接触領域に光をあてることが大事です。日本人の多様性にも視座を拡げて一人ひとりの個性に着目し、異論・反論も自由に語れる場がだいじですね。ともに学び、ともに働く職場が「安心の居場所」であることが、「人権尊重」の基礎となりますね。

マイ：いま東大阪市で製造業の会社に関わっていますが、その会社に行った二人のベトナム人は3年間の実習生期間を終えて、特定技能者に切り替わりました。すでにちゃんとした戦力になっています。今は入社3年目の日本人と給料も賞与も同じになって、喜んで働いています。会社に認められた、という喜びがあります。川村先生がおっしゃる、「安心の居場所」ですね。

川村：それはよかったですね。企業側が働く外国人の心理面をよく理解してあげないといけませんね。私も企業から「人権教育」を依頼されることがあるのですが、工場長が外国人の名前を覚えきれず、雇用した外国人を番号で呼んでいたところもありました。「今日は5番さんが風邪ひいたから3番さんお願いします。」というような状態でした。「まず名前を覚えてください」とお願いしました。「受け入れる」ということは、彼らの脆弱性を利用することではなく、対等にお互いの文化を尊重し合えるように努力することですね。それには多文化教育とライフサイクルの視座が重要です。人間のライフサイクルを学ぶ点で介護ケアは貴重な経験です。人は、病気になって看取りがあり、お墓をお参りする。他の仕事と違って、生老病死を見守り、人生観

や死生観が生まれます。だから介護ケア労働はとても尊い営みですね。介護労働は、双方にいたわりと幸せ感を育むことが大切です。まさにウェルビーイング(Well-being)の世界です。

マイ：ありがとうございます。うまく喩えられるかどうかわかりませんが、日本政府は今、外国人介護職員を蛇口から出てくる水を受けるようにチョロチョロと受け入れています。本当は川の水が流れるようにどんと受け入れてくれたらいいのにと思います。もちろんある程度フィルターをかける必要はありますが、たくさん受け入れてみないといいか悪いかの判別はつかないと思います。介護は門戸が狭い中で結果を出さないといけないので、今は医療系の短大と連携しているのですが、医療系学校の卒業生は介護の道に進む割合が高いです。仕事に対する覚悟もあるから離職率も低いです。それ以外の学校から来た人が介護をやるのは2割くらいですね。

岡田：私たちの施設に2022年11月で来日3年目を迎える方が8人います。今後どうするかの面談をしているのですが、「実習生の期間は日本で頑張ったので一度ベトナムに帰りたい」と言ってます。でも「また戻ってきて特定技能に切り替えたい」という方も「在留資格介護にチャレンジしたい」という方もいます。その後が我々の課題ですが、特定技能から在留資格介護を取ろうと思うとそれなりに勉強が必要です。みんなN2を取っていて日本語能力は高いですが、専門教育をどうしていくか。試験的にEPA介護福祉士の方が教えてくれています。そうやって自国の方がアドバイスしてあげられるようになると、よくなるのかなと思います。

川村：私は、技能実習からステップアップしてステータスを上げていけるなら、帰国して母国で人生を振り返る時、その年代は貴重だと思います。実質的グローバル市民として自信がつくし将来に希望が持てる。今の制度を見直し、その有効性を残し、彼らの脆弱性を利用するのではないことを経営理念として、しっかりと掲げるべきですね。愛他精神に満ちた技能実習制度の蓄積と成功例がフォーカスされれば、さらなる国際貢献にも繋がる可能性は高いと思います。ライフサイクルの視座を重視して、母国に帰国後のフォローアップが重要ですね。実証できることが多々あります。

8. 人材の多様性と介護業務の特殊性

二文字屋：例えば、外国人職員も日本人職員と同じ待遇にしているので日常業務も同じようにやるのが当然だという話をよく聞くのですが、それは外国人職員には要求が高いと思うのです。母国で、せいぜい長くても1年程度の日本語学習で来日しているので当然日本語は流暢ではない。でも日本人と同一賃金という点に平等性を持たせて、日本人と同じ働き方を期待するのは相当なプレッシャーになります。相手国には日本のような介護施設も介護士教育もない事をわかって受け入れています。いわば日本人の助っ人的存在ですから、待遇は日本人並みだけど業務はその人に合わせて柔軟にと思います。多様性が求められる社会ということで、外国人人材の可能性とかダイバーシティとかよく言われますけど、介護は保険制度での業務ゆえに多くの決め事があり自由度が狭いこともあって、多文化主義的というより同化主義的と思います。良い悪いではないのですが。

川村：介護が同化主義にならないために、ベトナム人だけじゃなくてインドネシア、フィリピン、ミャンマーと、多様な国の人が一緒に働く多文化共創の職場にはできないんでしょうか。図1をご覧ください。

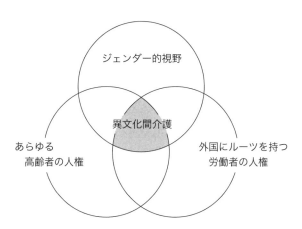

図1　異文化間介護と人権の概念の重なり

多文化共創とは、外国人労働者や移民や難民だけでなく、障がいをもった

方々、ひとり親家庭、LGBTQ、そして孤立する高齢者など多様な人びとが隣人として市民として積極的に交流する地域コミュニティを基礎とします。異種混淆性に理解ある幸福度の高い社会をつくりたいですね。それには行政と企業と市民団体と医療機関・教育機関との連携やマスメディアの役割が大きいですね。日本社会がビジネスと人権意識に根ざした未来の展望とビジョンをもつことが大事だと思います。

マイ：企業の体力にもよりますが難しい宿題ですね。外国人を受け入れるところには指導員が必要です。その人の好奇心や気力にもよると思いますが、3カ国の人がいたら3つの国の文化や慣習を理解してあげないといけない。向いている指導員ならそれでも面倒見られるかもしれないけれど、指導員にもその人の仕事があります。「うち無理や」と根を上げてしまったら終わりですし。

岡田：奈良のある法人さんですが、ベトナム人の介護実習生10人くらいを雇っていたら良くも悪くもコミュニティのような強さが生まれてきたそうです。そこで「違う国の実習生を受け入れたいな」とおっしゃっていました。受け入れ人数によるところは大きいと思います。私のところには、EPAや学生、インターンシップを含めるとタイ、ベトナム、フィリピン、中国、スリランカ、インドネシアから来た方々がいますよ。

川村：そういう多国籍の方々がいる雰囲気はすごくいいと思います。尼崎市のある特養では、入所している高齢者も在日コリアンや多国籍の外国人でバラエティがありました。介護する方もバングラデシュやあちこちの国の方でした。身障者の人も介護していました。

　サンフランシスコの高級住宅街では、英語の達者なトンガ人とフィリピン人介護士がペアを組んでする訪問介護が好評で、定着していました。体力があるトンガ人の介護士が重いものを運ぶ係で、その間にフィリピン人介護士が違う仕事をして分担する。それに老人って歳をとるにつれて笑わなくなるそうです。でも、トンガ人はユーモアがあってケラケラ笑うお国柄です。「私がハッピーだからみんな思わず笑っちゃうのよ」って話していました。実際にアメリカ人の高齢者もよく笑うようになったのです。それが非常に人気になっていました。日本の介護施設も現場に笑いを起こせるようになってもい

いのかな、と思いました。歌ったり踊ったりするのもいいなぁと思います。

安里：今は少なくなったかもしれないけれど、外国人介護従事者が笑ったり明るく談笑しているのを見た日本人スタッフが「真面目じゃない」と指摘するようなことがかつてありました。逆に、外国人スタッフは、日本人がパタパタと忙しそうに働いているのを見て、「高齢者が緊張するよ。もっとゆっくり歩いて楽しくやらないと」という指摘をしたこともありました。今では、施設を明るくする多様なスタッフがいることは入居者にとってもいいという認識になっています。こうした感性を持ったスタッフが管理職になっていってもいいですよね。

岡田：そのような方向性を目指したいと思います。でも今は外国人が管理職に就いてもらうには難しい課題があります。まず、現場には日本人が圧倒的に多い。遠慮もするし、巻き込まれたくないとか静かに働いていたいという気持ちもある。万一ミスをしてしまったらつつかれてしまう。日本の介護現場にはゆとりがないと思われているんだと思う。これは制度設計上の問題なんでしょうかね。「やらないといけない」「こなさないといけない」と思わされてしまう。海外の方はそういう日本人スタッフに囲まれて、必死で合わせていくしかない。以前に二文字屋さんと一緒に台湾で見た介護現場には、ある意味制度などありませんでした。自由な現場だったんですね。でもあの自由を、日本人は自由として見られないと思います。私たちは同国人の管理職からスタートしています。自国のスタッフをまとめてもらう役割です。課題が生じたとき、どうしてズレが起きてしまうのか、そもそも直せるものなのかを相談して、日本人と共有してもらうわけです。私個人としては、先生方がおっしゃるように介護現場は明るくていいじゃないか、と思っています。日本のスタッフは、業務に追われているときに高齢者の笑顔をどこかに置いてしまっている気がします。これは我々だけじゃなくて日本の介護現場の現状だと思う。日本の介護現場は独特であることを理解して、彼ら外国人がどういうふうに見ているのかを理解して、介護の考え方や仕事への向き合い方を再度見直していく必要性を感じています。

9. これから浮き彫りになる課題

二文字屋：万城目さんは、外国人介護職員の導入について、これから何が問われてくると思われますか。

万城目：滞在年数や勤続年数に応じて介護のスキルが向上するとともに賃金が上がっていくような、介護人材としてステップアップしていける好循環が実感できる仕組みにしていくことが必要かなと思います。アフターコロナになれば、特定技能制度の下で外食業による受け入れが本格化するかもしれません。都市部の飲食店での仕事は、外国人の若者に魅力的に映るでしょう。

次に、外国人労働者受け入れの適正化も必要ですが、人数も考えないといけないと思うところがあります。65歳以上の人口は2050年代になると減少することが見込まれています。つまり次の10年から20年が高齢化社会を迎えている日本にとって苦しい時期ともいえると思います。このタイミングで受け入れた外国人も、長期に滞在すると、いずれ高齢化していきます。数年前に日系ブラジル人社会のアンケート調査を実施したときに、日系ブラジル人も高齢化社会の入口に来ている様子がわかりました。派遣・請負で長期間働いてきた方が多いのだと思いますが、老後の生活に不安を抱いているという方が多いという実態も見えてきました。日本人だけでなく、外国人の高齢者の医療や介護をどうするかという問題も考えておくべき課題となります。だからこそ、外国人労働者の適正な受け入れと適正な規模を両輪として、あるべき制度を検討する、その際に企業も個人もステップアップしていける仕組みを考える、というのが大枠として必要なことだと思います。

川村：長寿国としては日本が平均寿命ランキングで世界のトップで、続いてシンガポール、韓国、スイス（2024年）となっています。でもOECDが出している世界幸福指数で幸福度ランキングを見ると、日本はずっと下の方です。長寿で、医療制度もいいのになぜ幸福度がドーンと落ちてしまうのか。

日本政府は、高齢者の生活の満足度や健康や幸福感を調査すべきではないでしょうか。まず国勢調査において外国にルーツをもつ人びとの実態調査を行う、というのが私の提案です。これまでも何度も提言してきたのですが行われていない。介護についてもアンケート調査も実態調査も十分には行われ

ていない。

　岡田さんのところのような施設が、実は全国にいくつもあるかもしれない。そういう研究がなされていない。全国的な調査をしてデータが取れれば、ヒントが見えてくる。メリットを集約するとか、新たなやり方が見つかるかもしれない。こんな状況なので移民政策をやる・やらないという議論の前に、これまでの蓄積と成功例を知る必要がありますね。代替案もなく「技能実習制度は廃止すべき」というのではなく、各国の国際法と国内法のズレとか、日本への思いなど多面的に調査し語り合うことが大切です。こうした基本的なところを押さえる調査と分析をして、世界に向けて自信をもってビジョンを発信していくことが大切だと思います。

安里：政府は「移民国家ではない」と宣言しているので、そこに制度的な矛盾が生まれてしまっています。「総合的対応策」によって社会統合政策が示されたことは大きな進展ですが、こうした「対応策」は法律ではなく繰り返しの閣議決定でしかありません。「移民国家ではない」との一貫性を保つためです。総合的対応策は、社会統合政策の必要性を示すものなので、制度と実質を一致させて社会の方向性をわかりやすく示す必要があります。また、縦割り行政の弊害もかなりあると思います。例えばEPAだと1年間の日本語教育が公費で行われ日当も付きます。他方で配偶者になった方や日系人で介護職に従事する場合には、全く日本語を学ぶ機会がない。日本は長期滞在者にとっては日本語学習や職業訓練の機会の乏しい社会です。このままだと介護職に従事する外国人労働市場も二分化されていくと思います。日本語ができる人とできない人に分かれて、できない人は特定業務に従事するとなっていくでしょう。他にも、制度間格差の是正があります。EPAと特定技能、技能実習、介護留学、さらには家事支援と比べても、EPAは斡旋料ゼロでも技能実習では高額斡旋料が無くならない現状がある。制度があまりにも複雑な状況をわかりやすく透明化していかないと、来日する人も合理的選択ができず、日本政府も各制度に人員配置をしなければならず制度維持のコストもかさむでしょう。つまり、送り出しと受け入れ双方にとって無駄が多くなると言えます。

二文字屋：日本に定住させたくない、ローテーションが良い、という考えが

政府側に根強いのでしょうか。

万城目：技能実習はローテーション方式として出発しました。しかし、この30年間で滞在可能な期間が最長1年から2年、3年、5年と延びて、特定技能ができて、徐々に定住までの道が開けてきた。良し悪しは別にしてそういう経緯をたどってきた、ということだと思います。

技能実習生は有期の雇用契約を結びます。技能実習生が増加した2000年代以降は、日本の労働市場全体で有期雇用が増加した時期でもあります。技能実習生が増加した背景については、労働市場や中小企業政策の観点から検討する視点も大切だと思います。

技能実習と同時期にスタートした南米の日系人の受け入れは、定住者という在留資格です。日系人の場合は、ローテーション方式ではありません。家族も帯同可能です。日本社会は、技能実習だけでなく、定住者として受け入れた30年に及ぶ日系人受け入れの経験も踏まえて議論することが必要ではないかと思います。

二文字屋：ところでマイさん、こんなにもわかりにくい日本の仕組みですけど、どういう思いで仕事を続けてきたんですか。

マイ：なんででしょうねぇ、ここまでやってきたのは(笑)。

安里：わかりにくいから、必要なんですよ。彼のような専門家がいないと素人は選べないんです。

万城目：そうですね。今の制度でマイさんのような人は必要です。ただ、日本もステップを踏みながら進んできて今があるのです。今がスタートじゃなくて、30年前からの積み重ねであることを我々は忘れてはならないと思います。特に地方の中小企業や農家、漁師、介護事業者もそうだと思いますが、初めて国際線の飛行機に搭乗したのは技能実習生の採用試験の時であったという話をよく聞きます。外国人とほとんど接したことのない地方の中小企業の方たちが、外国人を募集・採用し、自社に迎え入れて外国人を雇用してきたのです。そのためには制度上も、細かな要件を設けて、準備を入念にしてもらう必要があったのです。書類作りも含めて詳細な段取りとチェックをしないと、事実上、受け入れていくことができなかったのです。そうやって外国人雇用のノウハウを蓄積して今に繋がっているという経緯を忘れては

ならないと思います。

二文字屋：新聞沙汰になるようなトラブル例は、実習生のどのくらいの人が経験していることなんですか。

万城目：おそらく1割未満くらいではないかと思います。入管庁による「令和2年度在留外国人に対する基礎調査報告書」をみると、生活環境全般について、技能実習生の6.4％が「どちらかといえば満足していない」、2.9％が「満足していない」と回答しています。ただ、技能実習生の総数が急増していますので、その分、トラブルの総数も増えているのだと思います。あっちにもこっちにもトラブルがあるではないか、と言われればそれは否定できないと思います。

でも「人材として育成・支援しないといけないよ、そういう環境を作りなさい」というルールのもとに外国人を受け入れているのが技能実習制度です。労働者を数合わせで受け入れているようなところは、岡田さんのように「我々はこのようにして彼らを育成しているんだ」と熱っぽく語ることはできないと思います。そのように語れる人が総数として増えているとも言えるのだと思います。だからこそ、90.7％の技能実習生が、生活環境全般に「満足している」または「どちらかといえば満足している」と回答しているのだと思います。

この話とは別に、特定技能に切り替えると「労働者だから家賃は自分で払いなさい」となって、賃金が上がっても手取りの金額が減ってしまう状況があると聞きました。

岡田：技能実習から特定技能に切り替えたのに手取りを減らしてしまうと、日本に残る気がなくなってしまうので、家賃補助を使ったりして手取りが上がるように設定しています。そうしないと残念な気持ちを抱えてしまう。この歪みは考えていかないといけないですね。

川村：企業が外国人雇用を進めるなかで、今日みなさんが話されていたようなことを知らない人は多いと思います。これはメディアの責任もあると思います。失踪されてこんなに大変だ、失踪せざるを得ないくらい不幸な状況だ、というようなエピソードが、メディアで放送されています。その結果、制度批判の声がたくさん上がります。皆さんの話を聞いて考えたのですが、

地方の中小企業向けに無料セミナーや無料講座を日本全国で開けないでしょうか。「外国人雇用とダイバーシティマネージメント」をテーマにして。分厚い本を読みこなすのはすごい労力が必要ですけど、講座形式なら外国人雇用をする経営者も耳を傾けてくれる。ダイバーシティマネージメントを身近なテーマとして考えて、自社に相乗効果をもたらすことがわかってもらえたらいいなと思う。農業でも漁業でも、自社の生き残りのために技能実習制度をきちんと利用することが大事なんだとわかってもらえたらいいと思います。

二文字屋：技能実習制度を廃止したらその先にどういう絵を描けるのか。またこの制度を活かすにはどう手直しすればいいのか、その瀬戸際にあると思います。メディアのおかげで国民的な話題になってきたのはいいことですが、好事例はなかなかニュースにはなりません、現場の発信力が問われていると思います。

川村：そうですね。グッドプラクティスの報道も大切です。失敗事例ばかりが英訳されて国連に情報が回って、国連から「日本は外国人に対して差別的な国だ」と勧告を受けると、日本国内ではそう思い込んで自信喪失となってしまいますね。

安里：私は、実態の本質的なところを共有して考えるべきだと思いますね。日本の法律では紹介料を労働者から取っちゃいけないとなっていながら、技能移転で国際貢献の枠組みである技能実習制度は本人から80万円とか100万円を徴収している二重基準になっている。日本だけの問題じゃないので是非を問うことは難しいけれど、まずはそれを理解することが大事です。次に、この制度を利用している日本の中小企業についてですが、企業としては、経営のために生産性を上げて苦境を乗り切るか、低賃金で乗り切るかの選択があります。そうすると一定の割合で「低賃金で」という企業が出てくるでしょう。そこでは日本人とか外国人とか関係なく労働基準法違反の状態で働かせざるを得ない企業がでてくるでしょう。ここで考えなければならないのは、技能実習は何を目指しているのかです。高い生産性を目指す、イノベーションのある企業の担い手を育成する制度なのか、あるいは倒産寸前の低生産性・低賃金の企業を温存するための人材として期待する制度か、と

いうことです。制度はその国の哲学を表現します。技能実習制度は、日本社会を映し出す鏡であり、その制度自体が国のあり方を表現しています。

二文字屋：技能実習生を受け入れているところは悪い企業じゃないかと思われやしないかと、不安がる企業もあると思う。

安里：そういう意味でこの制度は可哀想なんです。ちゃんとやっている事業者が浮かばれない。国際的に非難されて、人身売買じゃないかとまで言われていて、良識のある企業であれば腹も立つでしょう。本来、市場は良貨が悪貨を駆逐するようにならないといけないのに、逆に悪貨が良貨を駆逐するようになってしまうのは不幸です。良識的な企業を支えてあげられる制度にしたいですよね。

二文字屋：以前は保証金、今は手数料として実習生の負担が重くのしかかっている状態を適正化しようと動いていますが、ベトナムからすると海外に労働者を斡旋するのだから費用がかかる。その中の一つが日本で、他国では問題ないのになぜ日本では大きな問題になるのかと。ベトナムの実習生が日本で虐待されたり、賃金未払いの被害に遭遇したりと、ベトナム国内のニュースを見ていると、意外に日本はやばいのではないかと思われているようですね。

マイ：他の先進諸国に比べて日本は安い方ですが、実習生募集が難しくなってきています。

安里：期待賃金を下げれば斡旋料は安くなり、上がれば斡旋料も高くなります。市場メカニズムはその意味ではわかりやすく合理的です。ただ、合理的であることと、人道的であることは違っているので、価格管理が必要なのです。さもなければ国際労働市場の失敗を正すことはできないでしょう。

川村：日本は平均寿命（84.3才）も健康寿命（74.1才）も世界一です（出典WHO2023）。日本はいま、世界一の長寿国なのですから、世界一健康で、幸せな長寿国にしたいです。幸せな老後は、幸せな介護を受けられる老後です。そのためには介護する人が、幸せでなくてはならない。まず、外国人介護士の幸せな人生を一番先に考える。日本人介護士と外国人介護職員との連携もうまく行く。そういう Global Awareness と Well-being という視点からビジョンのある制度を作っていきたいです。

二文字屋：パンデミックや円安などの影響で今後の外国人労働者の流れにも、また制度にも変化が出てくると思いますが、現場は外国人介護職員と上手く連携しながら変化に対応する柔軟性があります。

　研究者の皆様から異なる視点のお話は、受け入れ側の私たちの指針になるとても貴重なことでこれからの活動に活かしていきたいと思います。

　本日は長い時間、どうもありがとうございました。

（2022年7月9日、箱根強羅にて収録。ただし、データなどは座談会後のものに更新した部分もある。）

執筆者紹介（執筆順）

NPO 法人 AHP ネットワークス（Asian Human Power Networks）

アジアにおける医療・福祉人材育成と支援を行う NPO 団体で 2010 年 4 月に設立しました。医療、福祉関係者等で構成され、主にベトナムでの医療・福祉人材育成を行っています。構成メンバーの法人では独自にベトナムや他の国々と人材育成プロジェクトを実施しているところもあり、それらの経験を共有して活動に活かしています。

また世界銀行東京開発ラーニングセンターと共にベトナム向けに「精神看護学」や「老年看護学」講座を開発してベトナムでセッションを実施したり、またベトナム看護協会等と作成した「老年看護・介護」教科書は、現在看護短大で使用されています。

また AHP 活動の一つとして、日本で就労しているベトナム人看護師や助産師と協力して日本で働くベトナムの方々の相談にも応じています。

本書は 2019 年度トヨタ財団から助成を受けた「家族介護の国から介護保険の国へ…日本の高齢者介護施設等で働く外国人介護士の安定化と異文化協働の構築」プロジェクトの成果でもあり、これを機に新たな出発としたいと願っています。

二文字屋修（にもんじや　おさむ）

NPO 法人 AHP ネットワークス執行役員。
1994 年から 2008 年まで「ベトナム人看護師養成支援事業」に携わる。2018 年ベトナム語版「老年看護介護」出版委員として関わる。

　主な著書に川村千鶴子編『多文化共創社会への 33 の提言』外国人介護士の項担当（都政新報 2021）、神村初美編『介護と看護のための日本語教育実践』第 4 章担当（ミネルヴァ書房 2019）、宮崎里司編『外国人看護・介護人材とサスティナビリティ―持続可能な移民社会と言語政策』第 4 部第 5 章担当（くろしお出版 2018）。

剣持敬太（けんもち　けいた）

社会福祉法人さつき会理事。特別養護老人ホーム袖ケ浦菜の花苑施設長。
学校法人土岐学園中央介護福祉専門学校非常勤講師。社会福祉士／介護支援専門

員。社会福祉法人で勤務しながら訪問介護員養成校主任講師・介護福祉士養成校非常勤講師も勤める。2004年より外国人介護士受け入れ及び養成に従事。
法人内介護福祉士受験対策講座主宰。法人内介護福祉士受験対策講座主宰。座右の銘は「対人援助専門職は芸人であれ」。学校ではウルトラマン先生。

岡田智幸（おかだ ともゆき）
医療法人健和会奈良東病院事務局長。医療法人健和会 本部事務部長。奈良東病院グループ海外事業統括責任者。
当グループでの介護老人保健施設に介護職員として高齢者介護に従事。その後、通所リハビリテーション責任者、介護老人保健施設事務長など歴任。
2006年にフィリピン人看護師の日本語学校留学支援から海外事業に携わる。EPA、在留資格介護、技能実習生、特定技能実習生、約100人以上の外国人スタッフの受け入れをそれぞれの環境に寄り添いながら支援している。最近では、在留資格介護（介護福祉士養成校への留学後の就労）を基本にしながら、質の高い人材を送り出せることができるシステム構築を目標に活動している。

原国芳（はら くによし）
社会福祉法人千寿会理事本部事務長。
神戸大学大学院自然科学研究科博士前期課程微生物機能化学専攻修了。日本福祉大学福祉経営学部医療・福祉マネジメント科卒業。日本メナード化粧品（株）製造技術職、（株）リクルートの求人広告の営業を経て、2012年社会福祉法人千寿会に入職。2012年国立ダナン医薬技術大学看護学部に開設したKAIGO研修生が初来日した。それ以来千寿会でのベトナム人KAIGO研修事業に関わっている。

桝豪司（ます たかし）
学校法人田島学園近畿社会福祉専門学校学校長・理事。
社会福祉法人大和清寿会奈良介護福祉中央学院学校長。
大阪介護福祉士養成施設連絡協議会会長。
大阪介護福祉士養成施設連絡協議会留学生教育研究班班長。
大阪府介護・福祉人材確保戦略連絡会議構成委員。
日本介護福祉士養成施設協会近畿ブロック大阪府代表。
日本介護福祉士養成施設協会外国人支援委員会近畿ブロック代表。
現在も日々教壇に立ち授業を行い、留学生教育や指導を日々実践している。

中之庄まき（なかのしょう　まき）
介護老人保健施設ロータスケアセンター総括部長
東邦大学理学部生物分子科学科卒業後、医療法人弘仁会介護老人保健施設ロータスケアセンター入職。介護福祉士、介護支援専門員、認知症介護指導者、介護福祉士実習指導者等。
現在、現場の支援、管理業務や介護支援専門員として利用者のマネジメント業務を行っている。千葉県の認知症介護実践者研修・リーダー研修の講師としても活動、認知症の人がどこに居ても自分らしく生活できる支援ができるよう努めている。

Le Thi Bich Hop（レ　ティ　ビック　ホップ）
1999年にベトナムの高校を卒業し、ベトナム人看護師養成支援事業プログラムにより留学。2004年3月東京都立荏原看護専門学校を卒業し、2008年までの4年間、千葉にある病院で主に外科病棟の看護師としての臨床経験を積んだ。帰国後、改めてベトナムのThanh Tay大学に入学して看護学士を取得。その後ハノイ近郊にあるハードン医療短期大学（1960年設立、在校生約5000名）教員として勤務し、主に基礎看護の授業を担当している。また様々な学会やシンポジウムなどの日本語通訳や日本人駐在員の医療通訳等もしている。2019年に兵庫県立大学で医療マネジメント修士、現在大阪歯科大学で後期博士課程在学中。

Pham Duc Muc（ファム　ドゥック　ムック）
ベトナム看護協会会長。
小児病院の看護師をしながら看護師の地位向上に努める。
1992年に保健省健康管理部門に就任。全国の病院（150床以上）に看護室を設置する組織強化に取り組む。2005年ベトナムで初めての「看護研究方法」を刊行する。2012年から看護協会会長に就任。全国に800支部があり会員数は13万人。
2012年「ベトナム看護師のための基本的コンピテンシースタンダード」を開発し、看護学校卒後臨床研修の標準化に取り組む。
2020年に政府決定により「介護士」の職業コードが決められ、看護協会がベトナム初の介護士教育の教材を開発した。

矢田高裕（やだ　たかひろ）
社会医療法人社団さつき会理事長、社会福祉法人さつき会理事長、NPO法人AHPネットワークス代表理事。
さつき会は1983年の開設以来、地域に根差した医療機関として一般急性期医療、精神科医療、リハビリテーション医療の充実を図り、また、施設介護・予防医療・

在宅ケアを整備し、医療・保健・福祉が一体となる統合的なサービスを実施している法人である。ベトナムとはAHPネットワークスと共に約30年に渡り、医師・看護師・介護士の育成支援に関わり、近年では高齢化するベトナムでのKaigo（介護）教育支援に従事している。

大田泰正（おおた　たいせい）

社会医療法人祥和会理事長。2012年に脳卒中地域連携の会をNPO法人化して、びんご脳卒中ネットワーク理事長に就任。2016年に社会福祉法人祥和会を設立。2017年より（公社）全日本病院協会常任理事。全日本病院協会では外国人材受け入れ事業部が介護の技能実習生受け入れを行っている。2011年からベトナム・ダナン総合病院の医師と交流を図っている。ベトナムの他にミャンマー、カンボジア、タイを視察して廻り、現在はベトナムとミャンマーから実習生を受け入れている。趣味はスキーとトライアスロン。家族は妻と息子3人。

神村初美（かみむら　はつみ）

Ph.D.（日本語教育学、東京都立大学）。創価大学文学部教授。東京都都立大学国際センター特任准教授、同健康福祉学部特任准教授、東京福祉大学教育学部准教授、ハノイ工業大学外国語学部日本語学科学科長、日越大学日本語教育プログラムJICA専門家を経て現職。

　主な著書に『介護と看護の日本語教育実践―現場の窓から』（単編著、ミネルヴァ書房2019）、『利用者の思いにこたえる―介護のことばづかい』（共著、大修館書店2019）など。

川村千鶴子（かわむら　ちずこ）

Ph.D.（学術、総合研究大学院大学）。大東文化大学名誉教授、多文化社会研究会理事長。東アジア経営学会国際連合産業部会、NPO太平洋協力機構顧問。
国内外の多文化共創ケアの実態と本質を探究。介護によって加齢の価値を知り、高齢期が人生の「統合」であることを認識する。多文化共創ケアは、生の保障と幸福な老いに繋がり、介護士にとって自己実現に向かう人間形成の重要なプロセスとなる。ケアは多様な人生観とウェルビーイングへの気づきをもたらすものとなる。社会統合政策に関する講演多数。

　主な著書に『異文化間介護と多文化共生』（共編著、明石書店2007）、『多文化都市・新宿の創造―ライフサイクルと生の保障』（単著、慶應義塾大学出版会2015）、『いのちに国境はない―多文化『共創』の実践者たち』（編著、慶應義塾大学出版会2017）、『多文化共創社会への33の提言』（編集代表、都政新報社2021）他多数。

安里和晃（あさと　わこう）

京都大学大学院文学研究科准教授。

2000年より香港、台湾、シンガポールにおいて家事労働者、介護従事者の調査を実施。その後、アメリカ、スウェーデンにおける調査を通じ、ケアのグローバル化と国際分業論に関心を持つ。2004年頃より経済連携協定の交渉過程に関する調査に従事する。コロナ禍においてはフードバンク団体と提携して、国内の外国人世帯を中心に食糧支援に従事。200世帯（のべ1000世帯）に食糧を配布しながら生活実態に関するアクションリサーチを行っている。

　主な著書に『外国人介護人材の国際比較』（地域ケアリング2020）、編著『国際移動と親密圏―ケア・結婚・セックス』（京都大学学術出版会2018）など多数。

万城目正雄（まんじょうめ　まさお）

東海大学教養学部人間環境学科教授。

国際研修協力機構勤務を経て現職。専門は国際経済、国際労働移動。

　主な著書に『移民・外国人と日本社会』（共著、原書房2019）、『インタラクティブゼミナール新しい多文化社会論』（共編著、東海大学出版部2020）、『岐路に立つアジア経済―米中対立とコロナ禍への対応（シリーズ：検証・アジア経済）』（共著、文眞堂2021）などがある。政府、政府機関、公益法人で委員等を務め、メディアでも発言が取り上げられている。

MAI ANH（マイ　アィン）

国際協力サービス(株)会長。

ハノイ外国語大学日本語学部（現ハノイ大学）在学中に北海道教育大学留学（日本国文部省の奨学金による）芥川龍之介初期作品研究を行う。

1998年ハノイ大学日本語学部を卒業し、日系企業に就職。

2009年1月ベトナム国共産党外務委員長来日に同行し、EPA交渉の通訳を務める。

2015年ベトナムにて知的障碍者の自立支援を目指すNPO法人G-CoCoRo設立。

あとがき

　AHP の皆で本を出そうということになり、私が世話役になった。慣れない手つきで本の構成を考えていた頃は新型コロナウィルス感染が拡大していた。四苦八苦しながらも原稿が出来上がった頃にはロシアとウクライナの戦闘が始まった。そして編集部から紙面のレイアウトが届いた頃にイスラエルとハマスの先の見えない戦闘が激化していった。そして私のスマホの世界時計にはキーウに次いでエルサレムとガザが追加された。

　晩冬の穏やかな週末、友人のインド人ファミリーが家庭料理で楽しい時間を作ってくれた。ご夫妻のお宅にお邪魔すると、土曜日だけ食べるという特別の料理が並べられたテーブルに、一人の青年も招かれていた。彼はイスラエルから来日した若者で、日本語が堪能で田舎巡りが楽しいという。「久しぶりに日本に来れて、とても良かった」と語っていた。

　私の仕事場の書棚に数冊の文庫本が並んでいる。隣り合った二冊の一つは三浦綾子氏の『それでも明日は来る』ともう一つは村上龍氏の『海の向こうで戦争が始まる』だ。並んだ二つの背表紙をつくづくと眺めて、希望があって無いような、救済が無くてあるような、今を象徴するタイトルに見えた。

　本書は外国人介護職員と共により良い高齢者介護の創造を試みたものである。ひつじ書房編集部の長野幹氏から送られてきたずしりと重い全編のゲラを読みながら、高齢者に寄り添う介護は平和を創る仕事であると改めて思った。さて、来週からまたベトナムへ行こう。

2024 年 6 月
二文字屋修

受け入れ現場から考える外国人労働問題と介護の取り組み
Addressing Foreign Labor Issues and Caregiving Initiatives from the Perspective of Acceptance Sites
Edited by NPO Asian Human Power Networks

発行	2024 年 11 月 11 日　初版 1 刷
定価	3000 円＋税
編者	©NPO 法人 AHP ネットワークス
発行者	松本功
装丁者	中垣信夫＋中垣呉（中垣デザイン事務所）
組版所	株式会社 ディ・トランスポート
印刷・製本所	株式会社 シナノ
発行所	株式会社 ひつじ書房
	〒 112-0011 東京都文京区千石 2-1-2 大和ビル 2 階
	Tel.03-5319-4916　Fax.03-5319-4917
	郵便振替 00120-8-142852
	toiawase@hituzi.co.jp　https://www.hituzi.co.jp/

ISBN978-4-8234-1206-6

造本には充分注意しておりますが、落丁・乱丁などがございましたら、小社かお買上げ書店にておとりかえいたします。ご意見、ご感想など、小社までお寄せ下されば幸いです。

[刊行書籍のご案内]

やさしい日本語の時代に、やさしい介護のことばを
遠藤織枝著　　定価 2,600 円＋税

2008 年に EPA（経済連携協定）の外国人の看護・介護の専門家を養成する事業が始まり、介護福祉士候補者の日本語支援に関わることになった。初めて、現場の日本語に接した時の衝撃は忘れない。申し送りや介護記録の用語は、日常の語と全く異なり難解であった。調べていくうちにそれらは明治以来踏襲の語とわかった。漢字の環境も、働く人の実際も大きく変化した現在、難解な語のままにしておいていいのだろうか。

[刊行書籍のご案内]

ベトナム人に日本語を教えるための発音ふしぎ大百科

金村久美・松田真希子著　　定価 3,200 円＋税

近年、ベトナム人の日本語学習者が急増しており、彼らの発音指導に困難を感じている指導者が多い。どうしてこのような発音になるのか？　彼らの母語のベトナム語にはどのような仕組みがあるのか？　どのように指導すれば上手になるのか？　本書は、ベトナム語母語話者に日本語の発音を教える際の悩みの声に応える1冊である。ベトナム人学習者のさまざまな発音の特徴を解説し、その原因と効果的な指導法を紹介する。

［刊行書籍のご案内］

迷走する外国人看護・介護人材の受け入れ
布尾勝一郎著　　定価 1,600 円＋税

少子高齢化を背景に、看護・介護人材の受け入れの必要性が叫ばれている。本書は、経済連携協定 (EPA) に基づく看護師・介護福祉士候補者の受け入れを題材に、日本における日本語教育政策や言語文化観の問題点について論じた書である。国会や厚生労働省での議論や新聞報道の分析を通して、候補者受け入れがいかに場当たり的であったか、日本語学習やイスラム教についていかに粗雑な議論が行われてきたかを浮き彫りにする。今後の外国人受け入れについての示唆に富む 1 冊。